高等职业教育新形态精品教材

大学生创新创业基础与实践

主　编　张　丹　　尹江艳
副主编　张也弛　任路平　齐小琳
参　编　杨　斌　赵　昕

北京理工大学出版社
BEIJING INSTITUTE OF TECHNOLOGY PRESS

内 容 提 要

本书以提高大学生的创业综合素质为编写宗旨,从高等院校实际情况出发,有针对性地阐述了大学生创新创业的可能性与重要性,带领学生学习、体验创新创业基本流程。本书采用任务书的形式编写,主要包括体验新时代创新与创业、组建优秀创业团队、提升创新思维能力、捕捉用户痛点、提供解决方案、开发创业项目、探索商业模式及制订创业计划。

本书可作为高等院校各类专业的教学用书,也可作为大学生进行创业的参考用书。

版权专有　侵权必究

图书在版编目（CIP）数据

大学生创新创业基础与实践 / 张丹,尹江艳主编.
北京：北京理工大学出版社,2024.8（2025.1重印）.
ISBN 978-7-5763-4441-7

Ⅰ．G647.38

中国国家版本馆CIP数据核字第2024MP7016号

责任编辑：	武君丽	**文案编辑**：	武君丽
责任校对：	周瑞红	**责任印制**：	王美丽

出版发行 /	北京理工大学出版社有限责任公司
社　　址 /	北京市丰台区四合庄路 6 号
邮　　编 /	100070
电　　话 /	（010）68914026（教材售后服务热线）
	（010）63726648（课件资源服务热线）
网　　址 /	http：//www.bitpress.com.cn
版 印 次 /	2025 年 1 月第 1 版第 2 次印刷
印　　刷 /	河北鑫彩博图印刷有限公司
开　　本 /	787 mm×1092 mm　1/16
印　　张 /	13
字　　数 /	283 千字
定　　价 /	42.50 元

图书出现印装质量问题,请拨打售后服务热线,负责调换

FOREWORD 前言

党的二十大报告提出:"教育是国之大计、党之大计。培养什么人、怎样培养人、为谁培养人是教育的根本问题,育人的根本在于立德。全面贯彻党的教育方针,落实立德树人根本任务,培养德智体美劳全面发展的社会主义建设者和接班人。坚持以人民为中心发展教育,加快建设高质量教育体系,发展素质教育,促进教育公平。"在这个充满机遇与挑战的时代,培养具有创新精神、创业意识和实践能力的高素质人才,对于促进国家繁荣昌盛、实现个人价值具有重要意义。为此,编者编写了本书。

本教材在编写过程中,始终秉持"理论与实践相结合、知识与能力并重"的原则,力求为广大学子提供一套既符合时代要求又贴近实际需求的创新创业学习指南。我们充分汲取了国内外创新创业教育的先进理念,紧密结合当前经济社会发展的新形势、新特点,注重培养学生的创新思维、创业精神和实践能力。

在内容安排上,本教材涵盖了创新创业的各个方面,从基本概念、理论基础到实践技能、案例分析,都进行了深入细致的讲解。我们特别注重培养学生的问题意识、批判性思维和解决问题的能力,通过引导学生参与案例分析、模拟创业等实践活动,让他们在实践中学习、在学习中成长。本书从体验新时代创新与创业、组建优秀创业团队、提升创新思维能力、捕捉用户痛点、提供解决方案、开发创业项目、探索商业模式、制订创业计划八个方面,为大学生创新创业提供了一盏盏指路明灯。

同时,本教材还注重培养学生的综合素质,包括团队合作能力、沟通协调能力、领导力以及社会责任感等。我们相信,这些素质的培养对于学生未来的创新创业活动以及个人成长都将起到至关重要的作用。

本书注重系统性、全面性和实用性,既有助于激发学生的学习兴趣,又丰富了课堂教学的内容与形式,能让学生掌握创新创业的基础知识和理论,了解创新方法和基本的创业流程、方法,具备必要的创新创业能力和素质,激发自主创新创业的意识和兴趣,树立科学的创新与创业观念。本书主要有以下特点。

(1)注重素养教育。主要体现在拓展案例模块中,在培养大学生能力的同时,旨在提升大学生的道德品质和修养。

(2)配套资源丰富。为了响应党的二十大报告"推进教育数字化,建设全民终身学习的学习型社会、学习型大国"这一要求,本书加入了二维码形式的拓展阅读,学生可利用碎片化时间学习,不受时间、空间的限制。

(3)案例详实实用。每个任务都配有案例模块,贴近学生创新创业生活,突出创新创业能力锻炼，使学生的知识储备得以提升。

（4）实践任务高效。每个任务都配有实践任务单，一步步地指导学生利用本任务所学知识开展实践，让学生能融会贯通，将所学知识为己所用。

本书由张丹、尹江艳担任主编，并负责教材内容的整体设计，由张也弛、任路平、齐小琳担任副主编，杨斌和赵昕参与本书部分章节内容的编写工作。

在编写过程中，我们得到了众多专家学者的悉心指导和大力支持，也参考了许多优秀的教材和研究成果。在此，我们向所有为本教材编写做出贡献的人们表示衷心的感谢！同时，我们也期待本教材能够得到广大师生的认可和喜爱，为创新创业教育事业贡献一份力量。

由于编写时间仓促，编者的经验和水平有限，书中难免存在不妥之处，恳请读者和专家批评指正。

编 者

CONTENTS 目录

任务一　体验新时代创新与创业 ··· 001
   知识点 1　创业与人生发展 ··· 002
   知识点 2　创业者思维 ·· 008
   知识点 3　互联网创业 ·· 014
   【知识拓展】··· 018
   【实践反思】··· 020

任务二　组建优秀创业团队 ··· 022
   知识点 1　组建创业团队 ··· 023
   知识点 2　科学设计团队组织结构 ···································· 028
   知识点 3　管理创业团队 ··· 031
   【知识拓展】··· 036
   【实践反思】··· 039

任务三　提升创新思维能力 ··· 046
   知识点 1　创新设计思维 ··· 047
   知识点 2　创新思维的训练方法 ······································· 049
   知识点 3　创新思维训练 ··· 059
   【知识拓展】··· 069
   【实践反思】··· 073

任务四　捕捉用户痛点 ··· 079
   知识点 1　发现社会痛点 ··· 080
   知识点 2　真假痛点博弈 ··· 084
   知识点 3　创业机会评估 ··· 089
   【知识拓展】··· 095
   【实践反思】··· 097

任务五　提供解决方案 ……………………………………………………………… 099

知识点 1　产品创新 …………………………………………………………… 100
知识点 2　服务创新 …………………………………………………………… 102
知识点 3　科技创新 …………………………………………………………… 106
知识点 4　商业模式创新 ……………………………………………………… 109
知识点 5　设计创新 …………………………………………………………… 119
知识点 6　组合创新 …………………………………………………………… 121
【知识拓展】…………………………………………………………………… 124
【实践反思】…………………………………………………………………… 130

任务六　开发创业项目 ……………………………………………………………… 132

知识点 1　开发项目客户 ……………………………………………………… 133
知识点 2　开发产品和服务 …………………………………………………… 139
知识点 3　整合创业资源 ……………………………………………………… 144
【知识拓展】…………………………………………………………………… 153
【实践反思】…………………………………………………………………… 157

任务七　探索商业模式 ……………………………………………………………… 159

知识点 1　创新设计商业模式 ………………………………………………… 160
知识点 2　制订市场营销计划 ………………………………………………… 167
【知识拓展】…………………………………………………………………… 176
【实践反思】…………………………………………………………………… 177

任务八　制订创业计划 ……………………………………………………………… 179

知识点 1　了解创业政策 ……………………………………………………… 180
知识点 2　拟订创业计划 ……………………………………………………… 184
知识点 3　创业融资路演 ……………………………………………………… 191
【知识拓展】…………………………………………………………………… 199
【实践反思】…………………………………………………………………… 200

参考文献 ………………………………………………………………………………… 202

任务一
体验新时代创新与创业

【学习目标】

知识目标

1. 了解创业的概念、特征、分类及过程。
2. 了解创业对人生发展的作用。
3. 了解创业者的概念、类型及素质。
4. 掌握成为一名合格创业者应具备的思维。

能力目标

能运用所学知识对创业者进行素质评价。

素质目标

培养学生成为一名合格创业者的意识。

【学习导图】

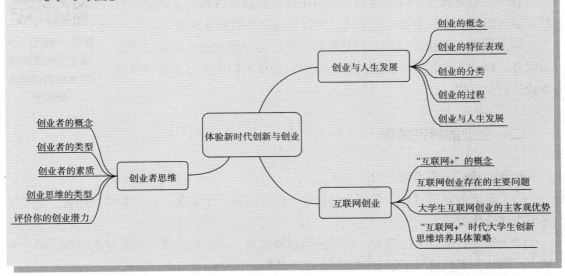

> **实践理论**
>
> 大学生创新创业，先要敢于面对自己所缺失的创业者思维，并不断学习、改进、开拓创业思维，才能不断提升自我能力，取得创业的成功。

知识点 1 创业与人生发展

一、创业的概念

创业是指创业者对自己拥有的资源或通过努力对能够拥有的资源进行优化整合，从而创造出更大经济价值或社会价值的过程。创业是一种劳动方式，是一种需要创业者运营、组织、运用服务、技术、器物作业的思考、推理和判断的行为。创业有广义和狭义之分。

广义的创业是指社会生活各个领域里人们为开创新的事业所从事的社会实践活动，它强调的是主体在其能动性的社会实践中所体现的一种特定的精神、能力和行为方式。

狭义的创业属于经济学范畴，是指主体以创造价值和就业机会为目的，通过组建一定的企业组织形式，为社会提供产品服务的经济活动。

综上所述，创业是一个人们发现和捕捉机会并由此提供新颖的产品或服务，以及实现其潜在价值的复杂过程，是从人们产生创业意识到企业成长的全过程。

视频："00后"大学生创业卖预制菜 大胆尝试闯出新路子

二、创业的特征表现

创业的特征表现为以下四个方面。

（1）复杂的创造过程。在创业过程中不仅要面临一个复杂的社会和市场环境，还需要多元个体合作完成。

（2）需要付出巨大的努力。创业活动想要成功，需要创业者花费大量的时间、精力和体力。因为大多数情况下创业初期都是很艰苦的。

（3）需要承担一定的风险。创业面临的风险表现形式各有不同，主要涉及资源、市场、财务、技术等几个方面，创业者要有一定的魄力和胆识。

（4）预期会带来回报，包括精神和物质两个方面的回报。这是创业者从事创业活动的主要原因，也是其在创业活动中奋勇向前的动力。

三、创业的分类

创业之路各不相同，可以从不同的角度对其进行分类。

（1）创业依创业目的可分为机会型创业和生存型创业。

1）机会型创业。机会型创业是创业的出发点，不是为了谋生，而是为了抓住、利用市场机遇。它以市场机会为目标，以创造新的需要和满足潜在需求，因而会带动新产业的发展。

2）生存型创业。生存型创业是指创业者为了谋生而自觉或被迫地创业，大多偏于尾随和模仿，因而往往加剧市场竞争。

（2）创业依创业起点可分为创建新企业和既有组织内创业。

1）创建新企业。创建新企业是指创业者从无到有地创建新企业的过程。这个过程充满机遇和刺激，但风险和难度也大，创业者往往缺乏足够的资源、经验和支持。

2）既有组织内创业。既有组织内创业是指在现有组织内有目的地创新的过程。以企业组织为例，既有组织内创业可指企业由于产品营销及组织管理体系等方面的原因，在企业内进行重新创建的过程。例如，企业流程再造正是通过二次、三次乃至连续不断的创业，使企业的生命周期不断地在循环中延伸。

（3）创业依创业者数量可分为独立创业和合伙创业。

1）独立创业。独立创业是指创业者独立创办自己的企业。其特点在于产权归创业者个人所有，企业由创业者自由掌控，决策迅速；但创业者要独自承担风险，创业资源整合比较困难，并且受个人才能限制。

2）合伙创业。合伙创业是指创业者与他人共同创办企业。其优势和劣势正好与独立创业相反。

（4）创业依创业项目性质可分为传统技能型创业、高新技术型创业和知识服务型创业。

1）传统技能型创业。传统技能型创业适用于使用传统技术工艺的创业项目，如酿酒、饮料、中药、工艺美术品、服装与食品加工、修理等。这些独特的传统技术项目在市场上表现出经久不衰的竞争力。

2）高新技术型创业。高新技术型创业是指知识密集度高，带有前沿性研究开发性质的新技术、新产品创业项目。例如，将航天等高新技术领域的研究成果实现产业化，形成新产品，微波炉进入千家万户。

3）知识服务型创业。知识服务型创业是指为人们提供知识、信息等的创业项目，如会计师事务所、工程咨询公司等各类知识型咨询服务企业。这类企业投资少、见效快，竞争日渐激烈。

（5）创业依创业方向和风险可分为依附型创业、尾随型创业、独创型创业及对抗型创业。

1）依附型创业。依附型创业可分为两种情况：一是企业依附于大企业或产业链而生存，在产业链中，企业明确自己的角色，为大企业提供配套服务，成为大企业的供应商，这是许多创业者在初期的选择。二是特许经营权的使用，如创业者利用品牌效应和成熟的经营管理模式，通过连锁加盟等方式进行创业。

2）尾随型创业。尾随型创业系模仿他人创业，行业内已经有同类企业或类似经营项目，新创企业尾随他人之后学着别人做。这一类型的创业者虽为模仿，但应当有特色，如质量更高、价格更低等，否则无法在市场上胜出。

3）独创型创业。独创型创业是指创业者提供的产品或服务能够填补市场空白，大到独创商品，小到商品的某种技术，如环保洗衣粉等。

4）对抗型创业。对抗型创业是指创业者进入其他企业已形成垄断地位的某个市场，与之对抗较量。例如，针对20世纪90年代初外商在我国市场上大量销售合成饲料的局面，希望集团建立了我国西南地区最大的饲料研究所，研发自己的产品，定位于与外商竞争市场，一举取得成功。

（6）创业依创新内容可分为基于产品创新的创业、基于营销模式创新的创业、基于组织管理体系创新的创业。

1）基于产品创新的创业。基于产品创新的创业是指创业者基于科技创新或工艺创新的成果，用新产品产生新的消费者群体，从而导致创业行为的发生。例如，企业通过工艺创新，将原先的玻璃杯做成紫砂杯，甚至紫砂保温杯，从而使一批品茶爱好者买到中意的茶杯。

2）基于营销模式创新的创业。基于营销模式创新的创业是指创业者采取了一种有别于其他厂商的市场营销模式，因而可能给消费者带来更高的满足感。零售店的开架销售模式就是最典型的例子，从中进一步开发出的连锁超市更是日用商品零售端的革命性变革，超大规模购物中心在一定程度上改变了人们的购物习惯。

3）基于组织管理体系创新的创业。基于组织管理体系创新的创业是指创业者采取一种有别于其他厂商的企业组织管理体系，能够有效地实现产品的商业化和产业化，例如，组织推行事业部制，既保留了直线职能型组织模式的优点，又使组织的管理和控制规模得到较大的发展，在一定程度上抵消了"大企业病"对组织的危害。

四、创业的过程

创业的过程包括从产生创业想法到创建新企业并获取回报的整个过程，通常包括以下六个主要环节。

（1）产生创业动机。创业动机是创业者创业的原动力，它能够推动创业者去发现和识别市场机会。创业活动的主体是创业者，创业活动的开展首先取决于一个人希望成为创业者。同时，创业动机不仅是创业者打算创业的一时冲动，更是其对创业目标与预期收益的深思熟虑。

（2）识别创业机会。识别创业机会是指创业者对可能成为创业机会的诸多事件的分析和对创业预期结果的判断。国家产业政策的调整、新技术的出现、人口和家庭结构的变化、人们物质需求和精神需求的变化、流行时尚的变化等都可能带来创业机会，创业者应具有敏锐的观察力，能够及时、准确地识别创业机会，并对创业机会进行评估和筛选。

（3）整合有效资源。资源是创业的基础条件，整合资源是创业者开发机会的重要手段。之所以强调资源整合，是因为创业者可以直接控制的可用资源往往很少，许多创业者都需要白手起家。创业者需要整合的资源包括基本信息（如市场环境等）、人力资源（如合作者、雇员等）、财务资源等。

（4）创建新企业。创建新企业需要进行大量的准备工作，其中，创业计划、创业融资和注册登记尤为关键。创业想法能否变成现实，关键看创业者能否制订一个周密的创业计划；资金短缺往往是制约企业发展的"瓶颈"，因此，创业融资在企业的创建过程中起着至关重要的作用；创业者完成创业计划并获得企业融资之后，就可以按照法定程序进行注册登记，包括确定企业的组织形式、设计企业名称、向市场监督管理机关提出企业登记注册申请、领取营业执照等步骤。

（5）实现机会价值。创业者整合资源、创建新企业的目的是实现机会价值。实现机会价值是创业过程中的重要环节。在创业过程中，确保新创建的企业得以生存是创业者必须面对的挑战，但创业者更应考虑到企业若不成长，就无法生存得更好，在激烈竞争的环境中尤其如此。因此，创业者必须了解企业成长的一般规律，预见企业在不同成长阶段可能面临的问题，以便采取有效措施，予以防范和解决，使机会价值得到充分的实现，同时应不断地开发新的机会，把企业做活、做大、做强。

（6）收获创业回报。追求创业回报是创业者开展创业活动的目的。创业回报可以是多种多样的，创业者对创业回报的满意度在很大程度上取决于其创业动机。有调查显示，部分创业者的创业动机首先是自己当老板，其次才是追求财富。对于这些人来说，当老板的感受就是一种创业回报。

五、创业与人生发展

（1）创业有利于提升个人综合能力。创业能力是"自我创业"能力的一种突出创业特性行为表现，包括专业技能、经营能力、社会沟通、实践分析与问题解决等能力，以及信息的接收、分析和把握好市场商机的能力。创业是一种生活目标，通过自主创业，创业者可以把自己的兴趣与职业紧密结合，做自己认为最值得做的事情，最大限度地发挥自己的才能。由于创业过程相对复杂和困难，这对创业者的综合素质提出了相当高的要求，只有兼具管理知识和实践能力的创业者，才能在这条路上走得更远。

1）创业能力具有一定的普遍性与适应性。创业能力中所包括的捕捉机会、整合资源的意识，以及领导、沟通等能力，具有普遍性与适应性。创业的核心要素是创业者的个人能力，而这主要体现在判断力和团队管理能力上。良好的判断能力能让大学生感知并把握创业机会，并在创业过程中作出关键的正确决策。这需要大学生创业者在创业前期充分准备，通过阅读相关书籍、多与成熟创业者交流、参加体验性创业活动来提升个人能力，最重要的是需要通过实践来判断自己是否具备创业能力。

2)创业有助于增加抗压能力。根据《中国青年创业发展报告（2020）》，在企业初创期，由于创业前景不确定，加之创业者身兼数职，往往面临极大压力，80%的青年创业者有一定的心理压力，其中1/3的青年创业者表示心理压力很大。当创业遇到失败、挫折时，唯有坚定不移的创业激情才能够重燃创业者的斗志，激起创业者新一轮的行动，从而不断向前。

（2）创业有利于拓展职业生涯。当今社会用人单位不仅看重大学毕业生是否掌握在大学中所学到的理论知识，还更加看重大学毕业生在经过训练后能否取得长足进步、是否具备执行任务的能力。企业需要的是具有全方位、多层次能力的大学生，从企业对人才素质结构需求来看，企业较为看重毕业生的知识迁移能力和创新能力，强调毕业生在实际工作中的创新意识和创新能力。

创业教育注重培养学生的创新精神与实践能力，在增强学生的创业意识、创业知识及创业能力方面有着不可替代的作用，有利于拓宽大学生的就业渠道，创造就业机会。无论是创业还是高质量就业，都需要建立在大学生自身的综合知识结构和创新能力结构上。以高校为主体开展创新创业教育，既能够在创新理论教育中训练大学生的创新思维，又能够在创新实践活动中训练大学生的创新素质和锤炼大学生的创新人格，从而从内涵上提升大学生的就业能力。综合知识结构能够帮助大学生建立宽广的视野，寻求到与所学专业匹配的岗位，从而实现高质量就业。无论从事什么样的行业或职业，创新创业能力都将在职业生涯中发挥积极的作用。实际上，创业的道路其实也是学习的道路，需要不断摸索，扎扎实实地获取每一项技能。

（3）创业有利于实现自我价值。创业是实现个人自我价值的一种途径。对于许多人来说，创业是追逐梦想、实现人生理想的机会。通过创业，人们可以选择和追求自己真正热爱、擅长的领域，从事自己热衷的工作。相比于固定的乏味工作，创业给予了人们实现自身潜力和能力的空间与机会。根据《中国青年创业发展报告（2020）》统计，超过90%的创业者同意创业带来了成就感和幸福感，仅有7%的创业者完全没有感受到创业带来的成就感和幸福感。创业者创造的企业为社会提供了产品或服务，同时也为社会创造了价值。企业融入社会再生产的大循环之中，从多个环节为国家和社会作出了贡献，这种贡献使创业者个人能够从中收获巨大的成就感。一旦创业成功，创业者会有巨大的成就感，完成财富增长与精神追求的双丰收。

21世纪既是改革的时代，也是创新的时代。全球各国为加强自身的国际竞争力，纷纷实施创新驱动发展战略，加速在各级、各类教育中发展创新创业教育。大学生创新创业能力的培养需要学生、高校乃至社会的共同努力，大学生可以利用互联网资源加强创新创业能力的自主性学习与培养，提升创新创业的综合素质和实战经验。

> 【案例】

大学生订外卖订出财富传奇

"饿了么"创始人张旭豪还是一名在校生的时候，因为打电话订外卖时经常被商家以各种理由拒绝，由此发现了餐厅市场的先机。于是，他和几位同学一起创办了首个订餐网络平台——"饿了么"，目前"饿了么"已成为中国餐饮O2O平台之一。虽然张旭豪的主修专业并不是计算机、互联网，但他勇于尝试挑战研发网络订餐平台，自主创业。在开发初期，为了给"饿了么"筹集资金，张旭豪参加各种创业大赛，最终获得了45万元的奖金，得到第一笔创业资金，开启了电商服务平台的市场竞逐。在早期的创业过程中，"饿了么"曾被知名新闻媒体报道出旗下商家存在各种违规性操作。张旭豪得知此消息后，在一星期内处理了违规餐厅5 257家、违规商家258家，给了广大消费者一个满意的答复。

"饿了么"创造历史性瞬间

"饿了么"在张旭豪的带领下，实现覆盖全国2 000多个城市，拥有加盟餐厅200万家，用户量更是达到2.6亿。"饿了么"创立的初衷，是在顾客与商家之间搭建一个完整的网络订餐服务平台，最后形成通过互联网的定位，为顾客提供以位置服务信息为背景的外卖订餐服务。对于商家来说，他们可以通过安装"饿了么"客户端直接接收客户订单，自行管理外卖餐厅的各类数据统计，以此来有效、迅速地管理不同类型客户的口味、需求、服务等数据。虽然这是网络订餐系统的基础设置，但是"饿了么"这样一个完全没有计算机和互联网专业背景的团体，能做到这样满足顾客和商家双方的不同需求，不禁让人心生敬意。

"饿了么"融入强大的阿里，实现质的飞跃

不仅如此，"饿了么"创始人还加入了阿里新零售产业链，并且与口碑业务合并，覆盖了2 000多个市县，让外卖服务平台成为一个本地新生活化的切入点。有媒体报道，2018年，中国即时配送行业用户达到3.55亿人，第三季度的订单数量已有55.93亿，"饿了么"蜂鸟配送占据市场份额最高，占比达33.4%。

"饿了么"的发展已渐入佳境，张旭豪选择加入更庞大、更优秀、更完善的阿里巴巴平台未尝不是一个明智的选择。面对如今市场的激烈竞争，为了未来十年"饿了么"更长远的走向，找到拥有共同目标的搭档，是张旭豪加入阿里巴巴的初衷。

【讨论互动】

"饿了么"张旭豪创业成功的原因有哪些？如何准确把握创业的时机和途径呢？

活动：快问快答

1. 活动目的：能够理解创业的含义。
2. 活动内容：以下情况哪些属于创业？分别处于创业的什么阶段？

（1）一位家庭主妇喜欢为家庭聚会制作开胃食品，朋友们经常称赞她，告诉她这些食品有多么美味，后来她成立了一家公司来制作和销售开胃食品。

（2）一位从事生物化学基础研究的科学家有了能推动该领域前沿发展的重要发现，但是他对该发现的实际用途没有兴趣，并且从未尝试那样做。

（3）从管理职位上被"裁员"以后，一位中年人忽然有了一个用旧轮胎制作花园装饰品的创意。

（4）一位年轻的计算机专家开发出了比目前市面上任何软件都要好得多的新软件，并寻求资金创建一家公司来销售该产品。

知识点 2　创业者思维

创业思维是创业成功的关键因素之一。它不仅能够帮助创业者看清未来的机遇和挑战，还能够帮助他们掌握核心竞争力，抢占市场份额，提高企业投资回报率。

一、创业者的概念

一般认为，创业者是指创业活动的主体，既可以是一个单独的个体，也可以是一个创业团队。创业者有狭义和广义之分，狭义的创业者是指参与创业活动的核心人员；广义的创业者是指参与创业活动的所有人。

二、创业者的类型

创业者可以从不同的角度进行分类，本书主要从创业背景和动机、创业者承担角色两个不同角度作出分类。

（1）按照创业背景和动机划分。

1）生存型创业者。生存型创业者多数因某种原因所迫，为谋生而创业。

2）主动型创业者。主动型创业者又可以分成以下三种情况。

①盲动型创业者。盲动型创业者大多做事冲动、极度自信，这样的创业者很容易失败；如果成功，则会成就一番大事业。

②冷静型创业者。这是创业者中的精英，其特点是不打没准备的仗，他们或掌握资源，或拥有技术，创业成功率很高。

③为实现理想的创业者。这类创业者并不缺少资源，他们对赚钱没有明显的目的性，也从来不考虑自己创业的成败、得失，这类创业者大多数过得很快乐，为理想而奋斗，有很强的精神支柱。

3）机会型创业者。该类型创业者善于利用已有资源，积极主动抓住市场机遇创造新需求。

（2）按照创业者承担角色划分（表1-1）。

表1-1　按照创业者承担角色划分的创业者类型

类型	概念	优势	劣势	风险性
独立创业者	自己出资、自我管理	自己做主、自由发挥、自主支配、利益独享	缺乏管理经验、资金、技术等资源要素；蛋糕无法做大	如规模大，风险大；如规模小，风险相对较小
主导创业者	创业团队中带领创业的人	发挥领导者的优势；有智囊团辅助；获得的利润高	负主要责任；付出的成本高	高风险，高回报

续表

类型	概念	优势	劣势	风险性
跟随创业者	在创业团队中除主导创业者外的成员	投入少，成本低；承担一定责任；有一定的利润	不具自主权，听从他人指挥；利润低	小
依附创业者	依附大企业而生存的创业者	品牌、口碑等声誉好；节省宣传费；有固定客源；成本小，回报率高；快速站稳市场，积攒人脉和资金	如果大企业倒闭或解除依附关系，一切要从头开始	较小

三、创业者的素质

什么样的人能够成为一个成功的企业家？或者说一个小企业的创业者应具备哪些素质？一般来说，要成为一名成功的创业者，应具备以下素质。

（1）强烈的创业意识。创业要想取得成功，创业者必须具备自我实现、追求成功的强烈的创业意识。强烈的创业意识，可以帮助创业者克服创业道路上的各种艰难险阻，将创业目标作为自己的人生奋斗目标。创业成功是思想上长期准备的结果，事业的成功总是属于有思想准备的人，也属于有创业意识的人。

（2）强健的身体素质。俗话说："身体是革命的本钱。"几乎所有的企业家都认为，良好的身体素质是成功创业的第一大前提。在创业之初，受资金、环境等各方面条件的限制，许多事都是创业者亲力亲为，他们要不断地思考如何改进经营，加上工作时间长、心理压力大，若没有充沛的体力、旺盛的精力、敏捷的思维，必然力不从心，难以承担创业重任。

（3）良好的心理素质。创业的成功在很大程度上取决于创业者的心理素质。因为创业之路不会一帆风顺，在创业的过程中，创业者难免会遇到诸多的挫折、压力，甚至失败，这就需要创业者具有非常强的心理调控能力，能够始终保持一种积极、沉稳、自信、自主、刚强、果断的心态，具有健康的创业心理素质。如果创业者不具备良好的心理素质，一遇到挫折就垂头丧气、一蹶不振，那么在创业的道路上是走不远的。创业者只有具有临危不惧的良好心理素质和越挫越勇的顽强意志，才能在创业的道路上自强不息、竞争进取、顽强拼搏，才能从小到大、从无到有，闯出属于自己的一番事业。

（4）自信、自强、自立、自主的创业精神。自信就是对自己充满信心。自信心能赋予人主动积极的人生态度和进取精神，不依赖、不等待。要成为一个成功的创业者，必须坚持信仰如一，拥有使命感和责任感；信念坚定，顽强拼搏，直到成功，信念是生命的力量，是创立事业之本，是创业的原动力，创业者要相信自己有能力、有条件去开创自己未来的事业，相信自己能够主宰自己的命运，成为创业的成功者。自强就是在自信的基础上，不贪图眼前的利益，不甘于过平淡的生活，勇于实践，不断增长自己各方面的能力与才干，勇于使自己成为生活与事业的强者。自主就是具有独立的人格，具有独立思维能力，不受传统和世俗偏见的束缚，不受舆论和环境的影响，能自己选择自己的道路，善于设计和规划自己的未来，并采取相应的行动。创业者要有远见，有敢为人先的胆略和实事求是的科学态度，能把握自己的航向，直至到达成功的彼岸，自立就是凭借自己的头脑和双手，凭借自己的智慧和才能，凭借自己的努力和奋斗，建立起自己生活和事业的基础。

（5）丰富的知识储备。创业者的知识储备对创业起着举足轻重的作用。创业者要运用创造性思维，作出正确的决策，就必须掌握广博的知识，具有一专多能的知识结构，具体来说，创业者应该具有以下几方面的知识：掌握相关法律知识，能够用法律维护自己的合法权益；了解科学的经营管理知识和方法，不断提高管理水平；掌握与本行业、本企业相关的科学技术知识，依靠科技进步增强竞争能力；具备市场经济方面的知识，如财务会计、市场营销、国际贸易、国际金融等方面的知识。

（6）良好的人格品质。

1）使命感和责任心。使命感和责任心是驱动创业者勇往直前的力量源泉，成功的创业者往往具有高度的使命感和强烈的责任意识，创业活动是社会性活动，是各种利益相关者协同运作的系统，只有对自己、对家庭、对员工、对投资人、对顾客、对供应商，以及对社会拥有高度的使命感和责任心的创业者，才可能赢得人们的信任、尊重和支持。

2）冒险精神。创业的开创性需要创业者有冒险精神，需要创业者有胆识，同时，创业者在创业实践中也要有风险意识，要注意冒险精神和风险意识的平衡，保持理性思维，降低风险损失。

3）坚忍执着的品质。创业是对人的意志力的挑战。面对险境、身处逆境能否坚持信念、承受压力、坚持到底，常常决定着创业的成败，创业的成功离不开企业领军人物坚忍执着的品质。

4）真诚、诚信。真诚、诚信是创业者必备的品质，它体现了成功创业者的人格魅力；讲信誉，守诺言，言行一致，身体力行，胸襟广阔，厚人薄己，勇于承担责任，勇于自我否定，尊重人才，以人为本，倡导团队合作和学习，帮助团队成员获得成就感，坚持顾客价值、公司价值和社会价值的创造，具有良好的口碑，可以帮助创业者凝聚人心，鼓舞士气，赢得更多合作者的信任和支持。

（7）竞争意识。竞争是市场经济最重要的特征之一，是企业赖以生存和发展的基础，也是一个人立足社会不可或缺的精神。人生即竞争，竞争本身就是提高，竞争的目的只有一个——赢得市场，随着我国社会主义市场经济从低级向高级发展，竞争越来越激烈：从小规模的分散竞争发展到大集团的集中竞争；从国内竞争发展到国际竞争；从单纯的产品竞争，发展到综合国力的竞争，创业者如果缺乏竞争意识，实际上就等于放弃了自己的生存权利，创业者只有勇于竞争，敢于竞争，善于竞争，才能取得成功。创业者创业之初面临的是一个充满压力的市场，如果创业者缺乏竞争的心理准备，甚至害怕竞争，就只能是一事无成。

拓展阅读：
毛驴与白马

四、创业思维的类型

创业思维的类型有以下八种。

（1）忧患意识，不进则退。在这个日新月异的时代，创业者必须有忧患意识，不进则退。失掉了忧患意识，就是失掉了看问题的前瞻性和洞察能力，便无力应对风险和挑战。

（2）反向行走。创业者在创业中常犯这样的错误：做别人做成功的事，什么最火就干什么，以为这样就是稳妥的。其实不然，可能那并不是一个很好的选择，也并不一定适合创业者去做。市场已经被占领得差不多了，余下的可盈利份额将会变得很少，必然存在更多的风险。反之，用反向行走的思维把目光放在一些不太起眼的项目上，经过认真的调研和审核，成功率会增大。

（3）学会借力。创业讲究实干和价值，要学会借力，要学着利用好的平台和载体进行有效的努力，不要什么事情都自己做，否则尽管万分努力，也不见得能把事做好。

（4）改变自己。常有这样的人：数年里都在创业，却总是创业失败，他们会抱怨店铺位置不好，也会觉得自己时运不济，可是换了地方依然没有成功。事实上，他们可能从来没有想过创意、产品、模式、服务好不好，自己到底好不好，从来都没有过这样的反思，他们又怎么能成功呢？如果一直做不好，极有可能不是外在因素的问题，而是个人的问题，最应该做的就是改变自己。

（5）周边思维。什么是周边思维呢？例如，一条街上，有人开了一家饭店，生意兴隆；随后第二个人来了，开了一家超市，生意依然很好；这时第三个人看到了，过来又开了一个奶茶店，客人络绎不绝；后来又有人开了药店、小超市……这条街很快繁华起来。这就是周边思维，也是反向思维的一种延伸。假若来的第二个人看别人开饭店生意好，也去开饭店，第三个人也如此，那么这条街上的生意就变得单调了，再好的菜肴吃久了也会厌烦，最后大家都不一定有生意可做。如果想创业，不一定非要盯着一个行业，可以看看这个行业衍生出来的项目，这也是一个思路。

（6）包装营销。既然要创业，那就得有市场，想要打开市场，就得有包装营销的思维。要将自己的品牌推向市场，这样才有更多的机会，这也可以理解为品牌定位。一个苹果平时就是一个简单的苹果，如果将其包装成圣诞节的水果，包装成象征喜庆的礼物，那么它的价值就可能翻倍。因此，包装和营销是很有必要的，虽然有点类似炒作，但这也不失为一个非常规的思维方式。

（7）用户思维。"知己知彼，百战不殆"，作为一个创业者要有用户思维，知道揣摩用户的想法，站在用户的角度思考问题，考虑用户体验，定位精准的客户人群，最终作出对自己有利的判断。

（8）抱团取暖。对于同行业的竞争对手，不要总是以一副对待敌人的姿态面对，抱团取暖也是一个很好的方式。大家既是竞争，又是合作关系，共同将市场撑起来，一起挣钱。很多的创业者没有这样的格局，见不得别人领先自己、比自己做得好，其实没有必要。抱团取暖可以让大家的业务量更多，规则导向对自身更有利，资源也会相对更多。

五、评价你的创业潜力

本测评没有对错，要求实事求是地回答，在符合或接近你的情况的答案上做标记。

（1）第一题：

A. 不用别人告诉我做什么，我会独立完成一些事情

B. 如果有人告诉我做什么，我会顺利完成一些事情

C. 尽管事情很简单，但除非是我必须做的，否则我不会去做

（2）第二题：

A. 我喜欢与人交往，愿意与任何人进行沟通

B. 我有很多的朋友，我不需要再与其他人沟通了

C. 我认为与其他人交往非常麻烦

（3）第三题：

A. 当开始做事时，我会与别人一起合作

B. 当开始做事时，我会让其他人去做，如果喜欢，我会与别人合作

C. 当开始做事时，我会让其他人去做，我不愿意和其他人一起做事情

（4）第四题：

A. 我愿意负责事情

B. 如果必须我做，我会负责，但是我更愿意让他人负责

C. 周围总有人愿意显示他们的聪明，就让他们去负责吧

（5）第五题：

A. 我喜欢在事情开始前做计划。我经常将事情安排得井然有序

B. 我会做好大多数的事情，但如果太困难，我就会放弃

C. 如果有人安排和处理整件事情，我就随遇而安了

（6）第六题：

A. 只要是我需要做的事情，我不介意为此而努力工作

B. 我会努力工作一段时间

C. 我不会为了有成就就去努力工作的

（7）第七题：

A. 我能很快地作出决定，并且大多数都是对的

B. 如果我有足够的时间，我就能够作出决定

C. 我不喜欢做决定，因为我经常作出错误的决定

（8）第八题：

A. 人们相信我说的，我从来不说谎话

B. 我大多数时间都讲真话，但有些时候做不到

C. 我经常说谎话

（9）第九题：

A. 如果我决定做什么事情，就不会让任何事情阻止我

B. 如果没有其他的事情干扰，我通常会完成自己的事情

C. 我经常会改变方向或放弃

（10）第十题：
A. 我的健康状况非常好，我几乎不生病
B. 我有足够的精力去做我想做的事情
C. 在我的朋友看来，我的身体非常不好

测评结果说明如下。

（1）多数选择是A，如7～10个：你是个优秀的创业者。

（2）少数选择是A，多数选择是B，如小于7个A或7～10个B：如果独自创办企业，你可能会遭遇很多困难，建议寻找一个或两个能够弥补劣势的合作者。

（3）大多数选择是C，如7～10个：目前你不适合创办和经营企业，如果你希望创办企业，那么需要努力提高个人的创业素质。另外，你也可以先在一个企业里工作或从事其他你更感兴趣的工作。总之，不要气馁！

【案例】

希尔顿酒店的创始

著名的希尔顿酒店产业创始于20世纪20年代。当初，创始人康拉德·希尔顿（Conrad Hilton）在达拉斯商业街漫步，发现这里竟然没有一家像样的酒店，便萌生了建一家高级酒店的想法。

希尔顿是一个创造力与行动力都很强的人，想到就去做。他很快就看中一块"风水宝地"。酒店属于典型的服务业，对这个产业影响最大的因素就是地皮，选择一块好的地皮，即使初始投资较大，也会很快在后续的有利经营中收回。所以，希尔顿下定决心要买下这块"风水宝地"。

这块地的出让价格为30万美元，而他眼下可支付的资金仅有5 000美元！况且，解决地皮之后，还要筹集大量的建设资金。所以，表面上看，这个项目显然不可行。

但他没有放弃，他对这个难题进行了分解。首先，他把30万美元的地皮费用分摊到了每年每月。他对土地拥有人说："我租用你的土地，首期90年，每年给你3万美元，按月支付，90年共支付270万美元。一旦我支付不起，你可以拍卖酒店……"对方感到占了大便宜。

签订了土地租赁协议，希尔顿马不停蹄地将自己开酒店的方案及诱人的经营远景讲给投资商听，很快便与一个大投资商达成了协议，合股建设酒店，酒店如期建成，经营效益超出先期预料，获得了巨大成功。从此，希尔顿走上了"世界级酒店大王"之路，一度跻身全球十大富豪之列。

上述案例是以经济为线索，以时间为切入点，对租金问题进行了分解法再思考，用现有的有限资金作为签订协议的资本，将未来的项目利润作为履约资本。接着，他又以经济为线索，以结构性和利益性为切入点，把自己的协议权用智慧放大为股份资本，将建设的资本压力变成另一位投资商的投资动力，解决了全部建设资本。智慧资本成就了著名的希尔顿。

【讨论互动】
如何培养创业思维？

知识点 3 互联网创业

一、"互联网+"的概念

1. 互联网

互联网始于 1969 年美国的阿帕网。互联网是网络与网络之间所串联成的庞大网络，这些网络以一组通用的协议相连，形成逻辑上的单一巨大国际网络。通常，Internet 泛指互联网，这种将计算机网络互相连接在一起的方法称作"网络互联"，在此基础上发展出覆盖全世界的全球性互联网络称作互联网，即互相连接在一起的网络结构。

2. "互联网+"

"互联网+"是创新 2.0 下的互联网发展的新业态，是知识社会创新 2.0 推动下的互联网形态演进及其催生的经济社会发展新形态。"互联网+"是互联网思维的进一步实践成果，推动经济形态不断地发生演变，从而带动社会经济实体的生命力，为改革、创新、发展提供广阔的网络平台。

通俗地说，"互联网+"就是"互联网+各个传统行业"，但这并不是简单地将两者相加，而是利用信息通信技术及互联网平台，互联网与传统行业深度融合，创造新的发展生态。它代表一种新的社会形态，即充分发挥互联网在社会资源配置中的优化和集成作用，将互联网的创新成果深度融合于经济、社会各域之中，提升全社会的创新力和生产力，形成更广泛的以互联网为基础设施和实现工具的经济发展新形态。

3. "互联网+"时代的特征

（1）跨界融合。"互联网+"的"+"本身就是跨界、变革、开放的意思，是一种重塑融合。只有实现了跨界，创新的基础才能更坚实；只有融合协同了，大范围的群体智能才会实现，从研发才到产业化的路径也才会更垂直。

（2）创新驱动。现如今，人们处在时刻动态变化的时代，如何正确应对这个特定阶段的变化显得越发重要。中国以往粗放式资源驱动型增长早就难以为继，必须转变到创新驱动发展上来，这正是互联网的特质，用互联网思维求变、革命，更能发挥创新的力量。

（3）重塑结构。随着信息革命、全球化、互联网的深入发展，原有的社会结构、经济结构、地缘结构、文化结构被打破，权力、议事规则、话语权也随之不断发生变化。"互联网+"社会治理则是新时代下的新兴社会治理方式。

（4）尊重人性。互联网力量的强大之处在于它对人性最大限度的尊重、对人的体验的敬畏、对人的创造性发挥的重视，这种尊重人性的特性，也是其实现快速普及的重要原因。

（5）开放生态。依靠创新、创意、创新驱动，同时进行跨界融合、协同发展，就一定要优化生态、实现生态创新，如技术和金融结合的生态，产业和研发连接的生态等。生态本身就是开放的，推进"互联网+"，一个重要的方向就是要化解过去制约创新的环节，把孤岛式的创新连接起来，实现价值的最大化。

（6）连接一切。马化腾在"互联网+"上致力于要建设一个连接一切的生态，该定义体现了互联网未来将会对这个社会、世界施加重要影响，因此，在理解"互联网+"时一定要把握它和"连接"的关系，可能连接会有层次化、有差异性，但连接一切是"互联网+"的终极目标。

二、大学生互联网创业的主客观优势

（1）政府出台了有利于大学生创新思维培养的相关政策。用创新创业的方法带动社会就业现已被大家广泛认可，政府为支持大学生创新思维发展，促进"大众创业、万众创新"，制定了大量针对大学生创新创业的优惠政策。例如，高校毕业生申请创业项目时，可通过快捷通道优先注册，同时还可减免大学生创业的各类手续费用、行政管理费用。另外，国家就大学生的创新创业活动出台了诸多文件，特别是关于创新创业教育方面，为大学生创新思维的培养提供了实质性的支持。

（2）大学创新创业教育推广力度不断加大。大学生思维活跃，大学期间是培养他们创新思维和创新能力的重要阶段。现如今，处处充斥着创新创业意识的萌芽，大学生逐渐成为我国创新创业的生力军。四十多年的改革发展带来了创新创业教育新面貌，培育了众多有创新精神、有担当意识的创新创业人才，积累了许多可复制、可延续的人才培养经验。新时代创新创业教育已成为高校大学生的必修课程，从课程设置到课程教育再到师资力量等关于创新的系统教育体系已日渐完善，培养出更多能吃苦耐劳、拥有创新精神、能肩负起民族振兴大任的新青年，是当今我国高等教育需要解决的极具时代意义的紧急课题。

（3）互联网时代创业门槛较低。互联网时代背景下，创新创业对大学生的学历、工作经验、专业知识掌握等方面不再设置过多具体的要求，只要有创新点，就可以通过专业系统的培训或自我探索的方式掌握关于经营的秘诀。同时，与以往创业不同的是，通过创业提高自己的能力，基本不再受原有知识结构及自身技能储备等方面的限制，这就大大降低了创业的门槛，真正地让"大众创业、万众创新"成为可能。

（4）互联网时代大学生创业选择范围较多。

1）互联网丰富了大学生创新创业的平台选择。传统创业模式一般借助规模化的生产与制造流程，再通过多种渠道将产品送达消费者手中。互联网的大数据，给大学生的创业选择带来了更多的可能性。

2）"互联网+"丰富了大学生创新创业模式的选择范围。"互联网+"创业新模式，吸取传统"单打独斗"式创业模式的精华，创造出了创新性强、价值高且充满未知的新型创业模式，极大地丰富了大学生创新创业模式的选择范围。

3)"互联网+"丰富了大学生创新创业的市场选择。与传统创业模式以实际市场为重点不同,"互联网+"下的市场选择开始打破实际市场开拓的经济条件和人脉关系的限制,通过智能化操作可以不断扩大消费市场,发掘潜在客户,创业者可在第一时间拿到创业领域的最新资料,作出有利判断,进而确定下一步方向。

三、"互联网+"时代大学生创新思维培养具体策略

积极转变观念。"互联网+"时代大学生创新思维培养的落脚点在于学生。大学生作为创新思维培养的对象,想要培养自己的创新思维,不仅要利用好浩瀚大海里蕴藏着的丰富资源,而且要培养好自身能力,改变自身观念。不仅要持续学习、综合学习、终身学习,利用优质丰富的资源努力提高自身学识,不断更新自己的知识库,而且要让学习成为一种习惯。同时,大学生要学会利用网络上各种便捷的信息获取渠道,努力寻找合适的项目进行实践,也可以通过返乡创业实践,持续地积累经验与学习技能,逐步掌握创新创业的方法,提高创新创业能力。

> 【案例】

20个月赚130亿:28岁华裔YouTube创始人陈士骏

第一阶段:辞别学校

在硅谷的创业历史上,YouTube有着它的一席之位。在2005年以前,没有多少人在网上发布和分享视频。YouTube的发布激活了"视频分享"这一潜能无限的网络需求,从此开创了"视频传播""视频社交""视频营销"等一系列崭新的互联网生活方式。陈士骏出售了视频网站YouTube,从而变成一个"亿万富翁"。那一年,他28岁。他的创业,要先从急急忙忙辍学就业说起。

陈士骏1978年8月出生于中国台湾,从小就爱捣鼓计算机,小学6年级时即写下自己生平的第一个程序,高中时期因对BASIC语言、C语言的掌握赚得一定的青春荣耀。进入伊利诺伊大学香槟分校(计算机专业在全美名列前茅)后,整日与计算机爱好者为伍,把正常学业抛到九霄云外。1999年的一天,抵不住硅谷工作的诱惑,虽离毕业只有半年时间,陈士骏毅然辍学就业,加盟创业不到1年的PayPal公司。

用陈士骏自己的话说:"我在最后一个学期辍学,别人是辍学创业,我当时的情况是辍学就业,只因硅谷的工作机会太诱人了。"加入PayPal除个人兴趣外,很大程度上是因为对同学关系的信任,还有就是年轻气盛。很多人过于理性思考,最后变作瞻前顾后,畏缩不前。

陈士骏如果不急忙到PayPal工作,可能3年内变不成百万富翁,也结识不到未来的创业伙伴,或许也站不到技术时潮浪尖之上。从这一点来说,辍学就业对陈士骏是未来高调人生的必要基础。

当然,客观地说,在陈士骏所处的环境中,辍学就业所需的勇气要比我们小得多。

下面让我们了解一下陈士骏所在的伊利诺伊大学香槟分校的一点背景吧。伊利诺伊大学香槟分校是美国中部最好的大学，强项是工科和计算机，其杰出校友可谓阵容强大：与陈士骏最相关的要属 PayPal 联合创始人麦克斯·拉夫琴，硅谷创业标杆人物网景公司创始人马克·安德森，另外，《花花公子》杂志创始人休·海夫纳、通用电气原 CEO 杰克·韦尔奇，IC（集成电路）的发明者杰克·基尔比也在校友名册中。

第二阶段：辞去工作

陈士骏是幸运的，加盟的 PayPal 公司最终成功上市，自己也变成了百万富翁。更多人遭遇的是以下三种情况，致使自己从此苦命连连：被学长强烈推荐的公司是烂公司；拼命冲击上市的公司最终却没能上市；公司上市了却没自己的股份。

能享受到上市果实是陈士骏的幸运之处，更大的幸运则是认识了未来的创业伙伴查德·赫利。陈士骏在书中介绍说，查德·赫利是 PayPal 早期唯一的设计师，来自东海岸，毕业于印第安纳大学美术系。临近大学毕业时，查德看到 PayPal 杂志的招聘广告，在面试中，被要求为 PayPal 设计一个公司标志，这个标识被 PayPal 采用并沿用至今。

人们羡慕陈士骏第一份工作的好运，陈士骏则在书中分享了对查德·赫利桃花运的又爱又恨之心情。"查德尤其幸运，他在一次晚会上遇到了凯西·克拉克，他们相爱并且最终结婚了。凯西的父亲就是大名鼎鼎的吉姆·克拉克，就是那位传说中的人物！创办了硅谷图像公司，还和马克·安德森一起创办网景的吉姆·克拉克。"

陈士骏说："2002 年 2 月，PayPal 在纳斯达克上市，不光是让我们成为百万富翁，还让我们建立起自己的朋友圈，在硅谷扎下根来。"因为与查德·赫利及贾德·卡林姆后来共同创办了 YouTube，陈士骏才有资格说在硅谷扎下根吧。

因 PayPal 和 eBay 的相互依存度太高，在 PayPal 上市 5 个月之后，eBay 迅速收购了 PayPal。eBay 的企业文化让陈士骏等老 PayPal 员工难以适应，与 PayPal 初创时期最明显的区别是工程师丧失了"话语权"，只能听上层大人物的调遣了。

在 eBay 憋了 3 年之后，陈士骏最后终于鼓足勇气辞职而去了。

"我实在太想尝试一下决断力了，而且我满脑子都是创业的想法，没法不把它们都写出来"。

第三阶段：辞离公司

那是一个录像设备流行的时代，小型的录像机和带有录像功能的手机是年轻人手中的时髦玩意儿，许多人都喜欢带上录像机去聚会，之后再一遍遍回看朋友间相互开玩笑甚至恶作剧的镜头。陈士骏和查德注意到了许多让人惊愕的视频和它们在人群中引发的热潮，但当时的情况是，朋友之间分享照片很容易，但要分享视频、电影却很难。这激发了他们的创业冲动。为什么把 YouTube 做成了分享而不是交友平台？陈士骏的回答是，并非所有的成功都像小说里写的那样开端于某个石破天惊的故事，它通常只是一个简单的想法，某种小需求的冲动，然后是调整、再调整。YouTube 的开端也是如此，没人知道它最后会变成什么样子，只是他们喜欢，觉得会给越来越多的人带来便利，就继续往前走。

每一次创业的成功都免不了运气的成分，陈士骏的创业例子也少不了这一点。无论是他遇到了一家创劲十足的公司，还是遇到了完美创业拍档，抑或是赶上视频传播技术成熟的大背景。但是，更需注意的是，每个人都会拥有运气，重要的是能不能抓牢它。"在正确的时间做正确的事。"对我们来说，永远是一个挑战。

陈士骏认为，要做到这一点，创业者们得培养自己分析和理解技术趋势的眼光，否则只能任运气溜走。

当然，陈士骏决定创业，还有一个非常重要的原因，就是创业合作伙伴归位了。几年前结婚后搬去西雅图的查德·赫利，带着妻子和刚出生的孩子搬回了硅谷。他们共同决定创造点什么，于是创业开始了。创业艰辛地开始了，传奇也正式开写了：前10名工程师从PayPal的旧同事中招纳，没有风险投资，没有薪水；购买服务器和带宽刷爆信用卡；拿到了来自红杉资本的第一轮投资350万美元……

2006年11月，YouTube作价16.5亿美元卖给了Google，陈士骏与众多硅谷人一样，出售自己的公司之后，离开变成了必然选择。

"我的最爱是沉湎于高尔夫和网球吗？不是！是享受Google的高薪和假期吗？也不是。如果大公司不是我的最爱，那么我就离职，如果最爱的还是创业，那么就在硅谷租一间办公室重新开始。"陈士骏在人生得意时如此自问自答。

【讨论互动】

YouTube互联网创业成功的主要因素有哪些？

知识拓展

> 【拓展案例——思想认同】

如何始终保持干事创业精神状态

习近平总书记指出，社会主义是干出来的，新时代是奋斗出来的。通过干事创业，我们党带领全国各族人民用几十年走过了西方几百年的工业化道路，实现全方位、跨越式发展。新征程上，必须保持艰苦奋斗、奋发有为的精气神，敢于斗争、善于斗争，勇于担当作为，全力战胜前进道路上各种困难和挑战，依靠顽强斗争不断打开事业发展新天地。

从马克思主义政党本质认识和把握始终保持干事创业精神状态

习近平总书记强调，先进性和纯洁性是马克思主义政党的本质属性。我们党自诞生之日起，就把马克思主义鲜明地写在旗帜上，把先进性和纯洁性建设作为党加强自身能力建设的根本要求及永恒课题。要把始终保持干事创业精神状态与永葆党的先进性和纯洁性统一起来，将实现好、维护好、发展好最广大人民根本利益作为干事创业精神状态的靶向标，作为检验党的先进性和纯洁性的试金石，坚守人民至上根本立场，紧扣民心这个最大的政治，坚持权为民所用、利为民所谋，始终造福人民，充分彰显马克思主义政党没有自身特殊利益的鲜明底色。

中国共产党立志于中华民族千秋伟业，百年恰是风华正茂，百年仍需风雨兼程。要坚定共产主义远大理想和中国特色社会主义共同理想，坚持用马克思主义中国化时代化最新成果武装头脑，深刻领悟"两个确立"的决定性意义，不断增强对习近平新时代中国特色社会主义思想的政治认同、思想认同、理论认同、情感认同，淬炼锐利思想武器，铸就干事创业信仰之基。

弘扬伟大建党精神，坚守共产党人的初心和使命

习近平总书记指出，一百年前，中国共产党的先驱们创建了中国共产党，形成了坚持真理、坚守理想，践行初心、担当使命，不怕牺牲、英勇斗争，对党忠诚、不负人民的伟大建党精神，这是中国共产党的精神之源。新时代新征程上，我们会遇到各种风险挑战，甚至是难以想象的惊涛骇浪，而与之斗争，不仅是物质的角力，更是精神的对垒。要大力弘扬伟大建党精神，牢记共产党人的初心和使命，激发党员干事创业的不竭精神动力。要以学习党章为根本，以各级党委（党组）理论学习中心组集体学习、"三会一课"、全党的学习教育等为抓手，强化组织学习，坚定初心使命。要聚焦"关键少数"，把学习和阐释伟大建党精神的课程纳入党员领导干部培训的必修课，提升党性修养；综合考量政治理论水平、道德素质水平和当地政治生态等因素，加强对领导干部党性修养的识别和考察并强化结果运用，充分发挥示范引领作用。伟大建党精神的形成和发展得益于中华优秀传统文化的滋养，丰富了中华民族精神的时代内涵，是我们宝贵的精神财富。要结合时代要求加强宣传引导，用好红色资源、讲好革命故事、做好理论研究，阐释好、宣传好伟大建党精神，推动全党弘扬光荣传统、赓续红色血脉，永远把伟大建党精神继承下去、发扬光大。

不断加强作风建设，发扬谦虚谨慎、艰苦奋斗优良传统

谦虚谨慎、艰苦奋斗是党的优良作风和高尚品格，也是我们党取得革命胜利和不断推进中国特色社会主义建设的一贯优势。要深刻把握党中央出台八项规定的政治考量和十余年来一以贯之的良苦用心，巩固中央八项规定堤坝，坚决遏制不正之风滋生蔓延，更要激发全体党员艰苦奋斗、干事创业热情。坚决查处违反中央八项规定精神问题，坚持露头就打、绝不姑息，发现一起、查处一起，狠刹歪风邪气，纠治顽瘴痼疾。找准问题的突出表现和新情况新动向，一个问题一个问题解决，推动作风建设持续走深走实。准确认识享乐主义、奢靡之风是衍生形式主义、官僚主义的根子，形式主义、官僚主义为享乐主义、奢靡之风提供滋生蔓延的土壤，针对不同阶段不同地域不同特征精准施治。坚持纠"四风"树新风并举，发挥中华优秀传统文化涵育人心作用，开展廉政文化建设，以优良党风带动社风民风全面好转，让"庸懒散奢"无处可藏，让艰苦创业蔚然成风。

发扬斗争精神，增强斗争本领

马克思主义的产生和发展，中国共产党的诞生、中华人民共和国成立、实行改革开放、推进习近平新时代中国特色社会主义事业，都伴随着艰辛的斗争。习近平总书记强调,中华民族伟大复兴,绝不是轻轻松松、敲锣打鼓就能实现的。要坚定正确政治方向,把党的政治建设放在首位,学懂弄通做实党的创新理论,掌握蕴含其中的马克思主义立场观点方法,深刻把握共产党人的斗争是有方向、有立场、有原则的,大方向就是坚持中国共产党领导和社会主义制度不动摇。要奔着矛盾问题、风险挑战去,既要敢于面对、努力解决显性问题,又要预先研判、提前化解潜在风险,该斗争的就要斗争,头脑清醒、立场坚定,科学研判、抓住重点,敢于出击、敢战能胜。要着力增强斗争本领,加强思想淬炼、政治历练、实践锻炼、专业训练,让干部在艰苦岗位、重大斗争中磨砺,在复杂严峻的斗争中经风雨、见世面、壮筋骨,真正锻造成为烈火真金。

坚持实事求是,勇于担当作为

习近平总书记深刻指出,实干是成就事业的必由之路。新征程是充满光荣和梦想的远征,没有捷径,唯有实干。始终保持干事创业精神状态,最终要落脚到实干实绩,否则再美好的蓝图也只是空中楼阁。要坚持实事求是的基本思想方法、工作方法、领导方法,在新的历史条件下从实际情况出发谋划事业和工作,提出的点子、办法、政策符合客观规律和科学精神,以创造性工作把党中央决策部署落到实处。要树立正确政绩观,坚定推动高质量发展,坚持功在当下、利在长远,不搞表面文章、不要花拳绣腿、不搞繁文缛节,坚决反对大而化之、撒胡椒面,坚决反对搞不符合实际的"面子工程",涵养"功成不必在我"的精神境界和"功成必定有我"的历史担当。要深学习、实调研、抓落实,深入研究和把握新形势下工作的特点及规律,做到心中有底气、脑中有办法,在矛盾面前不躲闪,挑战面前不畏惧,在关键时刻和危急关头豁得出来、顶得上去、经得住考验。要以钉钉子精神担当尽责,一张蓝图绘到底,滴水穿石、久久为功,一件事情接着一件事情办,一年接着一年干,脚踏实地把既定的行动纲领、战略目标、工作蓝图变为现实。

(来源:旗帜网)

知识回顾

本任务从创业与人生发展、创业者思维、互联网创业三个方面,以理论与案例相结合的方式,阐述了创业创新的发展与创业者应具备的思维方式。

创业与人生发展、创业者思维、互联网创业是紧密相关的。创业是一种人生选择,它能够带给人们更大的成长和发展机会。互联网创业在互联网时代背景下具有更广阔的市场和创新空间。创业者思维是成功创业的关键,它强调机会发现、创新能力、决策能力和执行力。创业者需要具备创业者思维,并在创业过程中不断追求自我成长和价值实现。创业者应该不断学习和适应变化，勇于追求挑战和机会，保持积极的心态和坚定的决心，才能在激烈竞争的商业环境中获得成功。

任务单（表1-2）

表1-2 任务单

姓名		班级	
实践任务		创业者素质评价	
实践内容			
1. 创业者应具备哪些素质？			
2. 你认为如何提升自己的素质？如心理素质、道德素质及专业素质。			
3. 你认为自己具备哪些创业者的素质？自己还有哪些不足？			
4. 在实际工作或学习中，你如何练习和提高自己的创业素质？			

学习评价（表1-3）

表1-3 学习情况评价表

评价课程：　　　　　　　　　　评价时间：

姓名		班级		小组	
评价项目	评价内容	分值	学生自评	小组互评	教师评价
学习态度	上课认真听讲，作业完成认真，积极参与课堂讨论	20			
专业能力	达到本任务知识目标、能力目标、素质目标的要求	30			
创新能力	积极参与课堂讨论，具有创新思维，能够提出合理的创新方法	30			
协作能力	善于与人合作，虚心听取别人的意见，能够启发他人思维	20			
评价汇总		100			
总评分数					

任务二 组建优秀创业团队

【学习目标】

知识目标

1. 了解创业团队的概念、要素、基本原则及影响因素。
2. 了解组织结构的概念、目的及注意事项。
3. 了解创业团队的三维结构管理。
4. 掌握创业团队的组建程序。
5. 掌握创业组织结构的优点、缺点及适用性。
6. 掌握团队管理的技巧和策略。

能力目标

能运用所学知识为创业成员进行职责分工。

素质目标

培养学生养成团队合作的意识。

【学习导图】

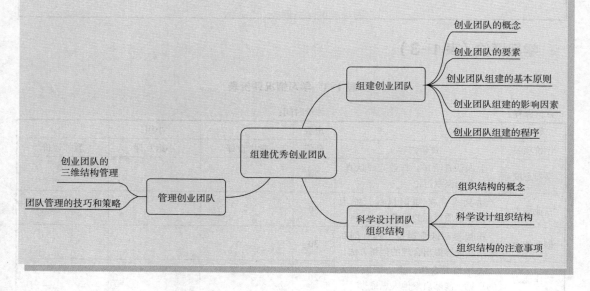

> **实践理论**
>
> 与个体创业相比，团队创业具有多方面的优势，对创业成功有着重要作用。如何知人善用、人岗匹配，发挥创业团队作用，是大学生创业者应该掌握的一项关键技能。

知识点 1　组建创业团队

团队在创业中具有重要的意义。20世纪80年代后期，随着西方社会中团队创业成为一种主要的创业方式，创业团队研究日益受到重视，尤其是大学生创业，单凭个人力量很难成功，因为一个人很难拥有创业所需的全部资源、能力、技术等，需要多人给予帮助并参与其中，光靠创业者个人的力量是远远不够的，团队创业比单人创业的成功率要高很多，团队创业是大学生创业的主要模式。

一、创业团队的概念

创业团队是指由两个或两个以上具有一定利益关系的，共同承担创建新企业责任的人组成的工作团队。创业团队是团队而不是群体。团队与群体的差别在于团队成员具有共同的目标、相互之间有利益关系，并且遵守共同的行为准则和规范，而群体则没有这些特征。

创业团队按其成员构成的不同，可分为狭义的创业团队和广义的创业团队。狭义的创业团队由一群才能互补（分工）、责任共担、愿为共同的创业目标而奋斗的人组成，而且是能做到利益让渡的合伙人团队。合伙人团队是由创业初期投资并参与创业的多个个体组成，是创业团队的核心部分。合伙人团队的技术、知识、经验、社会关系网络等资源是新创企业最有价值的资源。是否拥有较高的受教育程度、前期的创业经历和相关的产业经验与广泛的社会关系网络等是合伙人团队能否取得日后成功的重要决定因素。广义的创业团队包含狭义的创业团队，也包含创业过程中的一切利益相关者，如风险投资机构、董事会成员和专家顾问等。

二、创业团队的要素

目标、定位、权限、计划和人是一个创业团队中不可缺少的五个要素。对这五个要素明确定位，是提高企业创新能力和凝聚力必不可少的条件。

1. 目标

目标是指建立团队的原因和希望通过建立团队达到什么样的目的。高效的团队能明确认识到自己想要达到的目标，并坚信达到这一目标具有非常重大的意义和价值。创业团队是一个比较特殊的团队，它的目标就是在一定的创业阶段内完成公关、技术、组织、管理、市场、规划等工作。所以，在创业刚开始的一段时间内，创业者应当让团队成员充分参与讨论并确定创业目标。一致的、远大的目标能够振奋团队成员的精神，激发他们各自的积极性和创造性，最终获得意想不到的成功。

2. 定位

创业团队的定位不能太过陈旧、死板，可创造出新的组织形式，并与现有的组织结构相结合，让来自不同领域的人形成一个无缝对接的团队。

（1）团队层次的定位。要确定由谁选择和决定团队的组成人员，谁对创业团队负责，采取什么样的方式来鼓励团队成员等。

（2）成员层次的定位。要确定每个成员在创业团队中起着怎样的作用，充分发挥他们的能力，人尽其才。

3. 权限

权限是指为了实现创业团队中每个成员间的良好合作，所赋予的每个成员的权力。对于创业活动来说，所面临的是多变的市场环境和复杂的管理事务，每个团队成员都需要承担较多的管理事务，客观上也需要具有一定的权力，以便能够在特定的条件下进行决策。因此，在团队中合理分配权力有利于提高团队的运作效率。

4. 计划

计划是指创业团队未来的发展规划，也是目标和定位的具体体现。在计划的帮助下，创业者能够有效制订创业团队的短期目标和长期目标，提出有效的实施方案，以及实施过程中的控制和调整措施。

注意，这里所讨论的计划尚未达到商业计划书的复杂程度，但是，从团队的组建和发展过程来看，计划的指导作用自始至终都是存在的。

5. 人

人是创业团队最核心的组成要素，创业的共同目标是通过人来实现的。不同的人通过分工共同完成创业团队的目标，如有人出主意，有人制订计划，有人实施，有人去协调，还有人去监督创业团队的工作进展、评价创业团队的最终贡献等。因此，人员的选择是组建创业团队时需要重点考虑的方面，创业者应充分考虑团队成员的能力、性格等因素。

以上是团队构成的五个要素，但是在创业之初，创业者往往会面临很多困难，团队的建设并不像想象中的那样简单，这需要创业者有心理准备。有时创业过程会与团队组建一起完成，由于创业活动的特殊性，创业团队不必具备每一个因素。随着企业发展逐步成熟，团队建设也应该逐步完善，创业者应当时刻记得一句俗语，"三个臭皮匠，抵个诸葛亮"，这正说明创业团队在创业过程中的重要性。

视频：稻盛和夫的创业故事——创业团队领导力是怎样炼成的

三、创业团队组建的基本原则

1. 目标明确合理原则

目标必须明确，这样才能使团队成员清楚地认识到共同的奋斗方向是什么，从而真正达到激励的目的，目标也必须是合理的、切实可行的。如果目标不明确，则团队成员不知道该往哪个方向努力。如果目标过高、过大，当团队成员意识到自己无论怎么努力都不可能达到目标时，就会失去信心。

2. 互补原则

创业团队的互补是指由于成员知识、能力、心理特征和教育、家庭成长环境等方面的差异，为避免对创业活动产生不利影响，通过组建团队来发挥成员各自的优势，弥补彼此的不足，从而形成一个同时具备知识、能力、性格、人际关系资源的创业团队。只有当团队成员相互间在知识、技能、经验等方面实现互补时，才有可能通过相互协作发挥出"1+1>2"的协同效应。一个创业团队要想获得成功，就必须能包容范围非常广泛的信息，当团队成员在技能、兴趣、知识等各方面非常类似时，整个团队所获得的信息量是非常有限的，这会导致决策偏离最佳的发展方向。团队成员之间的团结固然重要，但也不能为了团结而放弃提出问题，团队需要敢于说出事实真相的人，这可以促进整个团队乃至企业不断发现自身问题并不断修正错误，以保持团队的生命力。

3. 精简高效原则

为了减少创业期的运作成本、最大比例地分享成果，创业团队的人员构成应在保证企业能高效运作的前提下尽量精简。那么，一般团队规模多大合适呢？经济学家罗伯斯在研究了美国的大学实验室的新创企业之后发现，他们的团队平均拥有两个创业成员，极少有企业超过六个。大规模团队能带来多元化的信息，但同时也带来效率低下的弊端。创业者应选择对企业有热情且踏实肯干的人加入团队。信念是事业成功的基础，团队成员应具有创业成功的信念并愿意为之努力。在创业初期，很多创业者包括他们的团队每天超负荷工作，创业环境艰苦，生活环境艰苦，压力巨大。如果团队成员没有这种吃苦精神，往往会忍受不住而选择退出团队，这对于创业是十分不利的。

4. 利益共享原则

当创业企业取得成就时，一定要和其他成员共同分享。要知道，企业的成功是靠大家、靠团队的力量的，要明白"众人拾柴火焰高"的道理。根据经济学原理，人们在经济活动中都有追求利益最大化的倾向。单个人总认为自己付出得比别人多，理应多得，这种想法会导致团队不稳定，相当多的团队都是因为利益分配问题而导致分裂的。蒙牛乳业集团的创始人牛根生曾说："这世上的企业，最初成立时情况其实都差不多，几个小兄弟，几条破枪，每个人总共也发不了几颗子弹，就和正规军干上了。可是，这后面的差距逐渐就扩大了，有的人越干声势越大，有的人越干动静越小。原因当然是多方面的，但有一条很有共性，那就是'财聚人散，财散人聚'。"

四、创业团队组建的影响因素

创业团队的组建受多种因素的影响,这些因素相互作用、共同影响着组建过程,并进一步影响着团队建成后的运行效率。

1. 创业者

创业者的能力和思想意识从根本上决定了是否要组建创业团队、团队组建的时间表,以及由哪些人组成团队。创业者只有在意识到组建团队可以弥补自身能力与创业目标之间存在的差距,才有可能考虑是否需要组建创业团队,以及对什么时候需要引进什么样的人员才能和自己形成互补作出准确判断。

2. 商机

不同类型的商机需要创业团队的类型也不尽相同。创业者应根据创业者与商机之间的匹配程度,决定是否组建团队,以及何时、如何组建团队。

3. 团队目标与价值观

共同的价值观、统一的目标是组建创业团队的前提,团队成员若不认可团队目标,就不可能全心全意为此目标的实现而与其他团队成员相互合作、共同奋斗。而不同的价值观将直接导致团队成员在创业过程中脱离团队,进而削弱创业团队作用的发挥。没有一致的目标和共同的价值观,创业团队即使组建起来,也无法有效发挥协同作用,缺乏战斗力。

4. 团队成员

团队成员的能力总和决定了创业团队的整体能力和发展潜力。创业团队成员的才能互补是组建创业团队的必要条件。而团队成员之间的互信是形成团队的基础。互信的缺乏将直接导致团队成员间出现协作障碍。

5. 外部环境

创业团队的生存和发展直接受到制度环境、基础设施服务、经济环境、社会环境、市场环境、资源环境等多种外部要素的影响。这些外部环境要素从宏观上间接地影响着对创业团队组建类型的需求。

五、创业团队组建的程序

由于现实条件的差异,组建创业团队并没有一个既定的程序,一些创业者可能先有项目,再按需找人,一些创业者可能会在社交关系中组建队伍,再准备创业。但无论如何,组建创业团队都需要经历一些程序。

(1)勾勒创业愿景。一些创业者可能带着明确的愿景去寻找成员,一些创业者则与成员一起勾勒未来的愿景,但无论如何,创业都需要确立愿景。愿景是创业团队天然的黏合剂,各个成员都怀着同一个愿景,创业团队才能达成创业目标。

(2)评估成员需要。创业团队需要什么样的成员,需要哪些成员,对此创业者需要在前期有一个大致的规划，对创业活动的规划越清晰，对团队成员的要求就越具体。

（3）充实团队成员。充实团队成员是组建创业团队的核心步骤，创业者既要考察预选成员的能力、技能、知识，也要考虑其价值观、个性，从而使团队成员之间互相契合。同时，创业者还要注意控制团队规模，团队规模对团队运转有非常重要的影响：团队规模过小则无法发挥团队的功能和优势；团队规模过大则会导致团队交流障碍甚至分化，影响团队的工作效率。

（4）构建创业团队制度体系。创业团队制度体系的作用是对成员进行控制和引导，创业团队制度可以分为约束制度和激励制度两类：约束制度主要包括纪律条例、组织条例、财务条例、保密条例等，其作用是约束团队成员的行为，保证团队的秩序稳定；激励制度主要包括利益分配方案、奖惩制度、考核标准、激励措施等，其作用是充分调动团队成员的积极性，最大限度发挥团队成员的作用。

（5）团队整合。要想使团队成员真正凝聚在一起，发挥强大的力量，创业团队还需要在实际运行中不断调整。随着团队的运转，创业团队在人员安排、制度设计、职权划分等方面的不合理之处会逐渐暴露出来，这时就需要对创业团队进行整合。

【案例】

俞敏洪创业团队

俞敏洪，1980年考入北京大学西语系，毕业后留校担任北京大学外语系教师，1991年9月，俞敏洪从北京大学辞职，开始自己的创业生涯。

1993年，俞敏洪创办了新东方培训学校。创业伊始，俞敏洪单枪匹马，仅有一个不足10平方米的漏风的办公室；在冰天雪地中，他拎着糨糊桶到大街上张贴广告，招揽学员。

1994年，俞敏洪已经投入20多万元，新东方已经有几千名学员，在北京也已经是一个响亮的牌子，他看到了一个巨大而诱人的教育市场。对教师职业的热爱和新东方的发展壮大，让他决定他不仅要做一个教师、一个校长，还要做一个教育家。

1. 聚集人才

在新东方创办之前，北京已经有三四所同类学校，参加新东方培训的人多是以出国留学为目的。培训学校普遍做不大是有原因的，由于对个别讲师的过分倚重，每个讲师都可以开一个公司，但是每个公司都做得不大。所以，俞敏洪需要找到更多的合作伙伴，帮他控制住英语培训各个环节的质量。1994年，在北京做培训的杜子华接到了俞敏洪的电话，几天后，两个同样热爱教育并有着共同梦想的"教育家"会面了。这次会面改变了杜子华单打独斗实现教育梦想的生活，杜子华决定在新东方实现自己的追求和梦想。1995年，俞敏洪来到加拿大温哥华，找到曾在北大共事的朋友徐小平。随后，俞敏洪又来到美国，找到当时已经进入贝尔实验室工作的同学王强。就这样，从1994年到2000年，杜子华、徐小平、王强、胡敏、包凡一、何庆权、钱永强、江博、周成刚等人陆续被俞敏洪网罗到了新东方的门下。

2. 构建团队

作为从事教育行业的企业，师资构成了新东方的核心竞争力，但是，如何让这支高精尖的队伍最大限度地发挥作用呢？俞敏洪合理架构自己的团队，寻找和抓住英语培训市场上别人不能提供或忽略的服务，使新东方的业务体系得以不断完善。徐小平、王强、包凡一、钱永强等人分别在出国咨询、基础英语、出版、网络等领域各尽所能，为新东方搭起了一条顺畅的产品链。俞敏洪的成功之处是为新东方组建了一支年轻而又充满激情和智慧的团队，俞敏洪的温厚、王强的爽直、徐小平的激情、杜子华的洒脱、包凡一的稳重，五个人的鲜明个性让新东方总是处在一种不甘平庸的氛围当中。

俞敏洪成功的一个关键因素就是他本人所具备的包容性，帮助他带领着一帮比他厉害的能人，不仅将新东方从小做大，还完成了让局外人都为之捏了一把汗的股权改制。新东方的一系列成就无一不在说明团队组建的重要性。

【讨论互动】

俞敏洪构建团队的成功之处在于哪些因素？

知识点 2　科学设计团队组织结构

一、组织结构的概念

组织结构是指对于工作任务如何进行分工、分组和协调合作，是表明组织各部分排列顺序、空间位置、聚散状态、联系方式及各要素之间相互关系的一种模式，是整个管理系统的"框架"。

创建企业组织结构，动态地反映外在环境变化的要求，协调好组织中部门与部门之间的关系、人员与任务间的关系，使员工明确自己在组织中应有的权利和应承担的责任，有效地保证组织活动的开展。

二、科学设计组织结构

对于创业企业而言，可以选择的企业组织结构主要有直线型、职能型、直线职能型和动态网络型。

（1）直线型组织结构。直线型组织结构没有职能机构，最高级管理者直接管理若干个作业人员，整个组织形式如同直线，纵向领导和集权。

（2）职能型组织结构。在职能型组织结构中，除主管负责人外，企业将会从上到下按照相同的职能将各种活动组织起来，设立一些职能机构，主管负责人会把相应的管理职责和权力交给这些相关的职能机构,即各职能机构在自己业务范围内可以向下级行政单位发号施令。因此,下级行政负责人除接受上级行政主管人员指挥外,还必须接受上级各职能机构的领导。

(3)直线职能型组织结构。直线职能型组织结构又称为 U 形组织、简单结构或单一职能型结构、单元结构。该组织结构将企业管理机构和人员分为两类:一类是职能机构和人员按专业化原则,从事组织和各项职能管理工作,作为直线指挥的人员,只能进行业务指导,不能对直接部门发号施令;另一类是直线领导机构和人员,按统一指挥原则对各级组织行使指挥权,其在自己的职责范围内有一定的决定权和对所属下级的指挥权,并对自己部门的工作负全部责任。

(4)动态网络型组织结构。动态网络型组织结构是依靠其他组织以合同为基础进行制造、分销、营销或其他关键业务的经营活动的结构,是当前十分流行的一种新的组织设计形式,使管理层对于新技术或来自海外的低成本竞争具有更大的适应性和应变能力。

各种企业组织结构的优点、缺点和适用性见表 2-1。

表 2-1 各种企业组织结构的优点、缺点和适用性

企业组织结构	优点	缺点	适用性
直线型	结构简单,责权明确,决策集中迅速,内部容易协调	对经营者要求高,要求经营者不仅要具备全面的业务知识和管理能力,还要能够直接管理各项事务	是一种最简单的高度集权式的组织结构形式,较适合处于创业初级阶段的小企业
职能型	有助于减轻经营者负担,实现专业化管理	管理费用高,统一指挥困难,权力分散且职责不清	较适合产品和技术都较为稳定的中小企业
直线职能型	具备直线型和职能型的优点,既保证了集中统一的指挥,又能发挥各专家业务管理的作用	各职能机构自成体系,不重视信息的横向沟通,工作易重复,导致效率不高。若授权职能部门权力过大,容易干扰直线指挥命令系统。职能部门缺乏弹性,对环境变化的反应迟钝,可能会增加管理费用	对产品单一、销量大、决策信息少的企业非常有效
动态网络型	网络型组织结构极大地提升了企业的经济效益,实现质的飞跃。(1)降低管理成本,提高管理效率;(2)实现企业全世界范围内供应链与销售环节的网络型组织结构整合;(3)简化了机构和管理层次,实现了企业充分授权式的管理	(1)可控性差。这种组织的有效动作是通过与独立供应商的广泛而密切的合作实现的,这也相应地增加了一定的风险,如果组织所依存的外部资源出现质量、提价、不能及时交货等问题,组织就会陷入十分不利的被动局面。(2)网络组织还要求建立较高的组织文化以保持组织的凝聚力,但由于项目本身是临时的,也就意味着员工不是固定的,所以员工对组织的忠诚度也比较低	较适合玩具和服装制造公司,也适合制造活动需要低价劳动力的公司

三、组织结构的注意事项

设置创业团队的组织结构时,必须以团队的战略任务和经营目标为依据,具体来说,

需要注意以下几点。

（1）权责分明。团队的任何一项工作都离不开团队成员的配合，只有让彼此互相协作，才能方便管理，才能顺利开展工作。对于初创的创业团队来说，人员分工一般都比较粗放，很多事情不分彼此，往往是一起决策、共同实施。但此时一定要注意权责分明、落实责任，以避免出错或失误后团队成员互相推诿，进而产生矛盾的现象。

（2）分工合理。团队成员的分工一般按照个人能力、专业优势等标准进行，同时合理、均衡地分配工作的任务量。但要注意的是，不要强行分配工作，否则容易产生矛盾。另外，分工也不是越细越好，这是因为分工过细会导致工作环节的增加，引起工作流程延长，从而削弱分工带来的好处。

（3）适时联动。适时联动是指为了完成特定任务，成立打破部门分工、跨越部门职能的专门工作小组。该小组成员具有双重身份，既要向本部门主管汇报工作，又要向跨部门小组组长负责。这种模式适用于已经具有一定规模的创业企业。

创业初期，由于企业规模较小，团队成员只需各司其职，就可以保持企业平稳运行。但随着企业规模的不断扩大，尤其是在新产品更新速度不断加快的过程中和处理一些重大项目时，若缺乏全盘的统筹和协调，就会造成企业运转困难。因此，对于具有一定规模的创业企业来说，设立一个专门负责新项目或一些重大项目的组织协调工作的跨部门小组是非常有必要的。

> 【案例】

金花公司的组织结构

金花公司是一家生产脱水蔬菜的小企业，员工总数约为60人，早期阶段该公司由于没有进行合理的组织结构设计，造成了很大的成本浪费和人浮于事，企业的发展受到了掣肘，如图2-1所示为该公司的原有组织结构。

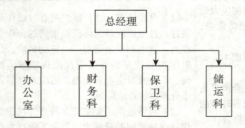

图2-1　金花公司的原有组织结构

后期，金花公司对现有的组织结构进行了大幅度整改，将原来设置的如办公室、储运科、保卫科及财务科等机构按照新的事业部制模型设置成了图2-2所示的新组织结构。

其中，总经办负责金花公司的日常办公接待及保卫等工作；财务部则仍行使原财务科的职权；营销部负责该公司产品的销售和出口；生产部主抓整个公司生产任务的落实；储运部则负责产成品及原料的储运。

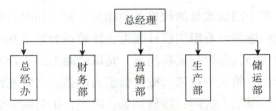

图 2-2 金花公司的新组织结构

按理说，这样一个新的机构设立应该相当明了，各个部门之间相互协调后，公司的整体运营也应该走上正轨，但事实却刚好相反。据财务部统计，在新组织结构设立后的 4 个月内，公司整体开支较前期增长了 10%，即金花公司每月的运转开支要比原来增加 2 万元。而在市场不景气、出口订单减少的客观环境下，则意味着该公司每月要多做 20 万元的销售额才能达到原来的盈利水平，公司上下一时找不到问题出在哪里。

其实，从金花公司的上述结构中，我们不难看出症结所在。虽然新的事业部制组织结构将原来的保卫科、办公室整合成了总经办，而且也根据市场表现新设立了营销部，以前的车间变成了生产部，似乎更加合理了。但仔细一看，端倪显现。对于产品成本有决定因素的采购工作成了"被遗忘的角落"，既不属于生产部，也不属于储运部，成了名副其实的管理"真空环节"。

由于事业部制的设立，整个企业的运转机构人员增加，但市场部门在大环境影响下也一时难有作为，这就造成金花公司 4 个月内企业开支增加了逾 8 万元，导致了整个企业的人心涣散。

【讨论互动】

金花公司怎样才能设置较为合适的组织结构，在企业开支不变的情况下实现更好的工作效率呢？

知识点 3　管理创业团队

一、创业团队的三维结构管理

通常，创业团队可以从三个方面入手来实施结构管理，分别是知识结构、情感结构和动机结构。知识结构反映的是创业团队成功创业的能力素质；情感结构是创业团队维持凝聚力的重要保障；动机结构则是创业团队实现理念和价值观认同的关键因素。

1. 知识结构管理

知识结构管理的核心是建立以创业任务为核心的知识和技能的互补性，强调创业团队有完备的能力来完成创业相关任务。

谈到知识和技能的互补，《西游记》中由唐僧率领的取经团队被公认为一支堪称"黄金组合"的创业团队。四个团队成员的性格各不相同,却又同时有着不可替代的优势。例如,唐僧慈悲为怀,使命感强,有组织设计能力,注重行为规范和工作标准,因此他担任团队的主管,是团队的核心;孙悟空武功高强,是取经路上的先行者,能迅速理解、完成任务,是团队业务骨干和铁腕人物;猪八戒看似实力不强,又好吃懒做,但是他善于活跃工作气氛,使取经之旅不至于太沉闷;沙僧勤恳、踏实,平时默默无闻,关键时刻他能稳如泰山,稳定局面。

2. 情感结构管理

情感结构管理的重点是注重年龄、学历等不可控因素的适度差异。中国文化注重层级和面子关系,如果创业团队成员之间年龄和学历因素差距过大,成员之间在混沌状态下发生冲突和争辩,很容易出现彼此感觉丢面子的情况,从而演变为情感性冲突。一旦出现这种情况,创业团队将不得不把时间和精力浪费于沟通方式设计及内部矛盾化解上,内耗大于建设,不利于创业成功。

3. 动机结构管理

动机结构管理的关键在于注重创业团队成员理念和价值观的相似性。如果创业团队成员之间价值观不同,想做事业的成员可能不会过分关注短期收益,而怀揣赚钱动机的成员则不会认同忽视短期收益的做法。相似的理念和价值观有助于创业团队保持愿景和方向的一致,有助于创业团队迎接创业挑战而逐步成功。

值得一提的是,创业团队的结构管理是兼顾三个方面结构要素的平衡过程,短板效应非常明显。但是在现实中,人们往往过分重视知识结构的互补性,而对情感结构管理和动机结构管理重视程度不够。因此,引发的问题往往会随时间而强化,一旦创业出现困难和障碍,往往会演变为创业团队的内耗和冲突。

二、团队管理的技巧和策略

(1)让合适的人做合适的事。按照人岗匹配的原则,让合适的人做合适的事,是科学的用人原则。这样做的结果对于个人来说,可以保证团队每一位成员的发展,充分调动团队成员的潜能,激发其工作热情,将个人的优势发挥得淋漓尽致;对于团队来说,扬长避短,无疑是提高效率的最佳配置方式。

(2)注重团队凝聚力。团队凝聚力是指团队成员之间为实现共同目标而团结协作的程度。凝聚力表现在人们的个体动机行为对团队目标任务所具有的信赖、依从性乃至服从性上。在创业过程中,团队所有成员都认同整个团队是一股联系密切的力量,团队成员缺一不可,团队的利益高于团队每一位成员的利益,团队成员能够为团队的利益而舍弃自己的小利,这样,团队的凝聚力极强。

"没有完美的个人,只有完美的团队。"虽然创业团队中的每一位成员都可以独当一面,但是合作仍然是团队成员首先要学会的东西。成功的创业企业中,团队的成功远远高于个人的成功。创业者团队核心成员相互配合、相互激励,树立同舟共济的意识、才能成就梦想。

（3）全力以赴地去执行。有了决策，还需要严格地去执行，执行力也是一种显著的生产力。在团队里，也许并不需要每一位成员都异常聪明，因为过度聪明往往会导致自我意识膨胀、好大喜功；相反，团队里需要每个人都具有强烈的责任心和事业心，对于公司制订的业务计划和目标，能够在理解、把握、吃透的基础上，细化、量化自己的工作，坚定不移地贯彻执行下去。对于过程中的每一个运作细节和每一个项目流程都要落到实处。

（4）建立良好的激励机制。激励是团队管理中极为重要的内容，直接关系到创业企业的生死存亡。如何对创业团队进行有效的激励，没有固定的模式可以套用，但可以通过授权、股权激励、薪酬机制等诸多手段来实现。薪酬是实现有效激励最主要的手段，毕竟收益是创业成功的重要表征。在设计薪酬制度时，应该考虑到差异原则、绩效原则、灵活原则，最终目的是通过合理的报酬，团队成员产生一种公平感，激发和促进创业团队成员的积极性，实现对创业团队的有效激励。

（5）制定严格的规章制度。"无规矩不成方圆"，初创团队如果没有严格的规章制度（如绩效考核制度、财务管理制度、行政管理制度等）作为运转保障，就会成为一盘散沙。因此，最初创业时就要把该说的话说到，把该立的规矩立好，把最基本的责、权、利说明白、讲透彻，不要碍于情面而含含糊糊。规章制度清晰明确，有助于规范团队内部各成员的行为，使每个人都能恪尽职守、各司其职，避免新创企业中出现团队成员职、责、权混淆的情况。

（6）建立合理的决策机制。要组建一个具有凝聚力的团队，团队核心人物（决策者）必须学会在没有完善的信息、团队成员没有统一的意见时作出决策，而且承担决策产生的后果。只要是自己认为对的事情，不可以优柔寡断，必须付诸行动。正因为完善的信息和绝对的一致意见，决策能力就成为一个团队能否成功最为关键的因素之一。如果一个团队没有鼓励、建设性的意见和毫无戒备的冲突，决策者就不可能学会决策。这是因为，只有当团队成员彼此间热烈地、不设防地争论，直率地说出自己的想法时，团队核心人物才可能有信心作出充分集中集体智慧的决策。决策的主要内容是公司发展的长期目标与一定阶段的计划，还有一些是与公司发展相关的重大决策。

（7）保持沟通顺畅，营造相互信任的团队氛围。沟通是有效管理团队的最重要的内容之一。顺畅沟通是企业不断前进的命脉。没有沟通，团队就无法运转。首先，沟通使信息保持畅通，实现信息共享，避免因为信息缺失而出现错误的决策与行为。其次，沟通可以化解矛盾，增强团队成员彼此之间的信任。在长期合作共事的过程中，成员之间难免会有矛盾，缺少沟通可能导致相互猜疑、相互抱怨，矛盾会随着时间的推移越来越大，最终可能导致团队的分裂。情感上的相互信任是一个团队最坚实的合作基础。最后，沟通可以有效地解决认知性冲突，提高团队决策质量，促进决策方案的执行。在企业经营管理过程中，团队成员对有关问题会形成不一致的意见、观点、看法，这种论事不论人的分歧称为认知性冲突。优秀的团队并不回避不同的意见，而是进行充分的沟通和交流，鼓励创造性的思维，从而提高团队决策质量，这也有助于推动团

拓展阅读：优化创业团队的6种方法

队成员对决策方案的理解和执行，提高组织绩效。

❖ 活动1：感受团队——哑人排队

1. 活动目标：理解团队和团队精神的内涵，学会沟通和团队协作。
2. 活动过程：

（1）小组成员到一个空场地围成一个圆圈站好。

（2）指导教师宣布：开始限时2分钟的小组沟通（没有任何明确的任务）；沟通时间到了以后，提醒团队所有人原地转2圈，不能发出声音，发出声音后挑战直接失败；同时开始排序，防止作弊。

（3）宣布任务：请小组成员在3分钟内，按生日年月的大小（注意规定方向），依次排成一队，在排队过程中，不允许发出任何声音；其他成员观察排队结果；同时进行对比几组的过程和结果；正确排序且速度最快的团队获胜（建议每组不少于7人）。

（4）参与活动的观察者代表作总结发言。

❖ 活动2：分粥

由7个人组成小团体，其中每个人都是平凡且平等的，但不免自私自利。他们想通过制定制度来解决每天的吃饭问题——要分食一锅粥，但并没有称量用具。那么怎么分才最有效呢？

方法一：指定一个人负责分粥事宜。很快大家就发现，这个人为自己分的粥最多。于是又换了一个人，结果总是主持分粥的人碗里的粥又多又好。阿克顿勋爵得出的结论是"权力会导致腐败；绝对的权力导致绝对的腐败。"

方法二：大家轮流主持分粥，每人一天。虽然看起来平等了，但是每个人在一周中只有一天吃得饱且有剩余，其余6天都饥饿难挨。大家都认为这种办法造成了资源浪费。

方法三：大家选举一个信得过的人主持分粥。开始时这位品德尚属上乘的人还能公平分粥，但不久他开始为自己和溜须拍马的人多分。

方法四：选举一个分粥委员会和一个监督委员会，形成监督和制约。公平基本上做到了，可是监督委员会常常提出种种议案，而分粥委员会又据理力争，等粥分完时，粥早就凉了。

方法五：每个人轮流值日分粥，但是分粥的那个人要最后一个领粥。令人惊奇的是，在这个制度下，7只碗里的粥每次都是一样多。每个主持分粥的人都认识到，如果7只碗里的粥不同，他确定无疑将享用那份最少的。

阅读以上故事，分成小组进行讨论，这个故事给你什么启示？

❖ 活动3：班级展示作品

学生分组组建创业团队，并以小组为单位，将表2-2的内容填写在展示板上，并在课程结束后上交。

表 2-2　组建创业团队

团队名称	
设计 Logo （选做，如果时间不够就课下完成）	
团队口号	
团队愿景	
创业项目	
团队领导者	
团队成员及分工	技术负责人、市场营销负责人、人事、财务负责人、路演人等，具体职位可由项目负责人根据需要确定
团队管理制度或共同的价值观原则	明确项目成员的工作职责，并在组内宣读，由全体组员一致同意，成为项目团队的共同行动纲领，并写在团队展示板上

实践任务单（表 2-3）

表 2-3　实践任务单

姓名		班级	
实践任务		成员分工职责表	
实践内容			

1. 写出所组建的创业团队的目标和需求。

2. 写出创业团队中的关键职能和技能。

3. 根据创业团队成员能力和意愿进行分配，并编制创业团队成员分工职责表。

4. 与创业团队成员进行沟通和确认，解答创业团队成员的问题，并明确职责

知识拓展

【拓展案例 1——协同创造】

博思创业园——"大手拉小手"协同创新，促进创业成果转化

哪里有创业，哪里就被赋予了就业的活力。在福州高新区，博思创业园里正焕发着创新生机和创业激情。

2017 年，福建博思软件股份有限公司引进了孵化器运营团队，创办了博思创业园。福建博思创业园管理有限公司总经理苗鑫接受记者采访时表示，经过多年的努力和实践，博思创业园探索出了"成果转化运营（知识产权运营）+孵化器+龙头企业领办"的科技企业孵化器发展新模式。围绕智慧城市、大数据应用开发，搭建公共技术研发平台，精准服务园区相关企业，实现"大手拉小手"协同创新，在产业链条中"强链、补链、延链"，形成共生共赢的创业创新生态。

1. 打造"创业苗圃—孵化器—加速器"递进式孵化

博思创业园里的在孵企业福建优福农业科技有限公司（以下简称优福农业），是一

家以服务农业为主的创新型科技企业。该公司充分利用博思软件股份有限公司在电子政务20多年的行业经验,组建了专门负责农业领域信息化项目建设的团队。公司目前主要专注中国农业"三品一标"(无公害农产品、绿色食品、有机农产品和农产品地理标志)的政务服务和市场服务平台的研发。

由于人员流动受限,很多企业绿色食品内检员无法到外地进行统一培训。为此,优福农业开创了全国首个绿色食品内检员网上培训系统,涵盖培训考核、证书编制、证书颁发、证书变更、证书续展等多项服务,让内检员相关培训都可在线上完成。茆鑫告诉记者,数字农业产业化有助于更好地吸纳返乡大学毕业生就业。

对于优福农业这样的企业,创业园正在搭建更加友好的创业环境,例如,制定了入孵企业场地租金减免、招聘应届高校毕业生的企业享受一次性扩岗补助等惠企政策,定期举办创新创业大赛等。

"我们按照科技型企业成长路线图,为入孵企业提供全方位孵化服务,搭建'六维+Maker'模式创业孵化平台,将'创业导师、投融资服务、政策咨询、知识产权、创业培训、技术平台'六大创业模块与创业者有效结合,以'创业苗圃—孵化器—加速器'递进式孵化,对应科技企业成长过程中的不同需求,通过创业带动毕业生就业。"茆鑫说。

2. 提供创业平台,以融通创新促成果转化

作为刚从博思创业园完成孵化的"应届毕业生",福州熠和微电子有限公司(以下简称熠和微)认为一个好的创业生态可以让孵化效率快速提升。

熠和微是一家坚持自主创新的芯片设计企业。借助博思创业园的孵化服务和产学研共建平台,熠和微与福建师范大学光电学院合作办班,将课堂延伸到企业实训模块,着重培养在校大学生将来进入职场就业的能力。同时,企业也在与高校的共建中持续培养储备专业技术人才,不断提高自身的创新实力。

茆鑫对记者表示,博思创业园以"坚持政府促进创业、社会支持创业、市场调节创业、劳动者自主创业"为原则,面向所有有志创业的合法公民,提供创业平台,促进创业成果转化,培育和形成创业人才聚集地。

那么,如何成为入孵企业?茆鑫介绍,在筛选上,原则上要求企业成立时间一般不超过24个月,企业主营产业符合国家相关政策规定,符合博思创业园主要孵化行业。同时,企业从事研发、生产的主营项目(产品),应符合国家战略性新兴产业的发展导向,并符合国家节能减排标准。另外,企业开发的项目(或产品),知识产权界定清晰,无纠纷。企业团队要具有开拓精神,对技术、市场、经营和管理有一定能力。

在茆鑫看来,融通创新的关键是要将项目、资本、人才、服务等多种资源汇聚孵化器,促进科技成果转化。"博思创业园的科技企业孵化器发展新模式依托上市母公司福建博思软件股份有限公司,加快推进高校毕业生入职培训计划,并通过与母公司共同举办专业领域的创新创业大赛储备人才梯队。同时,创业园借助毗邻福州大学城的地理优势开展产学合作,通过市场化、专业化模式引入产业创新要素,提升龙头企业带动入孵中小企业协同创新的能力,提高创业带动就业的质量与效率。"茹鑫说。

3. 促进创新要素从"聚合"到"聚变"

要促进创新要素从"聚合"到"聚变",应更好地发挥科技创新载体整合创新要素的功能,对于博思创业园来说更是如此。园区通过多方集聚创新要素,搭建海博高新技术成果转化运营平台(知识产权运营平台)。目前,平台集聚各类科技成果和专利技术1.5万条,收录福建省高新技术企业、专精特新及知识产权优势企业6 400余家,技术专家3 000余名,各类专业服务机构200余家。

在推动相关企业高质量发展的过程中,创业园以"专业研发平台"为支撑,打造了"大数据(智慧城市)公共技术服务平台"。茹鑫告诉记者,创业园建立了数据可视化平台、代码质量管理平台、软件测试流程管理平台等服务平台,实现了平台研发、算力研发、软件测试等通用基础设施的共建共享;同时,组建了共性技术联合攻关团队,搭建研发环境,统一研发标准,固化研发成果,开展技术交流与合作,重点解决企业在发展中遇到的关键技术难题。

"创业园通过创新成果供给梳理,形成技术成果目录,运用智能化精准对接企业需求,构建起一个集技术、成果、资金、人才等各方资源汇聚的平台,促进科技成果转化,畅通知识产权价值实现。"茹鑫对记者说。

对于下一步的发展,茹鑫表示,博思创业园将进一步整合各类创新资源,完善孵化服务功能,加强大学生创新创业服务平台建设,优化大学生创新创业环境。同时,加强对外的交流合作,探索建设若干具有区域影响力的生态型、创新型、服务型的科技企业孵化器,构建良好的科技企业成长生态,通过推动创业带来更多就业机会。

(来源:国家发展和改革委员会)

【拓展案例2——招募合伙人】

北京中关村科学城全球招募"创业合伙人"

2022年8月15日,北京自贸试验区科技创新片区海淀组团创业合伙人招募计划正式启动,招募计划与6~8家大企业共建产业协同创新中心,向全球招募至少200家企业纳入孵化体系项目,为区域产业基金组织对接50个优质项目。

据了解,自2019年开始,该招募计划已经成功举办三届,成为北京海淀北部地区最具影响力的大型产业创新活动之一。招募计划分为大企业创新、融资路演、产业对接、需求成果发布、联名活动五个板块,以国际化视野面向全球开展招募。

其中,龙芯中科、纳通医疗、佳讯飞鸿、交控科技、中关村科技软件等一批前沿科技排头兵将集中释放需求并发起开放创新活动。例如,由翠湖科创与国产芯片龙头企业龙芯中科共建的"龙芯翠湖产业协同孵化基地"将发起龙芯生态伙伴计划，面向龙芯生态圈内的创新型中小企业发布需求，推动企业基于龙芯平台开发产品，丰富龙芯产业生态体系，增强龙芯生态的创新力和竞争力。

由翠湖科创与纳通医疗共建的"纳通翠湖产业协同创新中心"，将联合京津冀国家技术创新中心和鼎晖百孚共同发起医械企业加速营，聚焦大企业开放式研发布局，通过企业沟通、分析调研，以互需性、实操性、协同性为主要原则，为医疗器械产业生态企业赋能。

另外，本次活动针对龙芯生态伙伴计划、医械企业加速营、创新企业评选等活动和大企业、京津冀国家技术创新中心等主体举办一系列融资路演和产业对接专场活动。

(来源：北京学习平台)

【拓展案例3——股权架构基本原则】

创业企业股权结构的基本原则

（1）公平原则：在股权分配中，每个人或机构的贡献和股比应有正向关联，避免"均等"结构。每个岗位在不同阶段对公司的贡献不同，因此，需要根据贡献和股权架构的合理性进行分配。

（2）效率原则：在股权分配中，需要考虑资源的合理配置，如人力、产品、技术、运营和融资等资源。同时，股权架构需要便于公司治理，特别是在涉及重大决策时，能够在议事规则下快速作出高效、正确的决策。

（3）控制原则：股权架构需要有利于创始团队对公司的控制。

（4）资本运作原则：股权架构需要有利于资本的运作，为公司融资和未来上市创造条件。

（5）避免均等原则：避免出现50%、50%和33%、34%、33%这种股权分配结构，以避免在重大决策中出现分歧。

（6）股东之间的资源互补原则：在初创期，股东之间的优势应避免过于相似，以避免在公司发展过程中出现分歧或竞争。

（7）股东之间的信任合作原则：初创企业前期资金有限，只有每个股东相互信任、各司其职，利用自己的优势资源，对公司做出贡献，才能推动企业飞速发展。

实践反思

知识回顾

本任务从组建创业团队、科学设计团队组织结构、管理创业团队三个方面，以理论与案例相结合的方式，阐述了如何组建优秀的创业团队。

创业通常需要一个团队来完成，创业团队的组建和管理往往关系到创业能否取得成功。创业团队既有优势也有劣势，在组建创业团队时，从确定创业目标、制订创业计划书、优势及劣势分析、寻求合作伙伴、职权划分，到最后创业团队的调整和融合，都需要充分考虑、认真谋划。依靠团队、管理好团队才能成就创业事业，铸就企业家精神。

拓展练习

练习1：创业领袖性格测试

创业领袖性格测试依据个人性质的不同，将人区分为五大类型，分别是老虎型、孔雀型、考拉型、猫头鹰型及综合各种特质的变色龙型。

计分规则：非常同意（A），记5分；比较同意（B），记4分；差不多（C），记3分；有一点同意（D），记2分；不同意（E），记1分（表2-4）。

表2-4 创业领袖性格测试

序号	问题	A	B	C	D	E
1	你是一个做事值得信赖的人吗？	5	4	3	2	1
2	你个性温和吗？	5	4	3	2	1
3	你有活力吗？	5	4	3	2	1
4	你善解人意吗？	5	4	3	2	1
5	你独立吗？	5	4	3	2	1
6	你受人爱戴吗？	5	4	3	2	1
7	你做事认真且正直吗？	5	4	3	2	1
8	你富有同情心吗？	5	4	3	2	1
9	你有说服力吗？	5	4	3	2	1
10	你大胆吗？	5	4	3	2	1
11	你精确吗？	5	4	3	2	1
12	你适应能力强吗？	5	4	3	2	1
13	你组织能力好吗？	5	4	3	2	1
14	你是否积极主动？	5	4	3	2	1
15	你害羞吗？	5	4	3	2	1
16	你强势吗？	5	4	3	2	1
17	你镇定吗？	5	4	3	2	1
18	你勇于学习吗？	5	4	3	2	1
19	你反应快吗？	5	4	3	2	1
20	你外向吗？	5	4	3	2	1
21	你注意细节吗？	5	4	3	2	1
22	你爱说话吗？	5	4	3	2	1

续表

序号	问题	A	B	C	D	E
23	你的协调能力好吗？	5	4	3	2	1
24	你勤劳吗？	5	4	3	2	1
25	你慷慨吗？	5	4	3	2	1
26	你小心翼翼吗？	5	4	3	2	1
27	你令人愉快吗？	5	4	3	2	1
28	你传统吗？	5	4	3	2	1
29	你亲切吗？	5	4	3	2	1
30	你工作足够有效率吗？	5	4	3	2	1

活动分析如下（表2-5）。

将第5、10、14、18、24、30题的得分加起来就是你的"老虎型"分数。

将第3、6、13、20、22、29题的得分加起来就是你的"孔雀型"分数。

将第2、8、15、17、25、28题的得分加起来就是你的"考拉型"分数。

将第1、7、11、16、21、26题的得分加起来就是你的"猫头鹰型"分数。

将第4、9、12、19、23、27题的得分加起来就是你的"变色龙型"分数。

假如你有某一项得分远远高于其他四项，你就是典型的这种动物属性。

假如你有某两项得分大大超过其他三项，你就是这两种动物属性的综合。

假如你各项分数都比较接近，恭喜你，你是一个面面俱到、近似完美性格的人。

假如你有某一项得分特别低，想提高自己就需要在某一种动物属性上下功夫。

表2-5 领袖性格类型

项目	领袖性格类型					
	老虎型	孔雀型	考拉型	猫头鹰型	变色龙型
个性特点	有自信，够权威，决断力高，竞争性强，胸怀大志，喜欢评估，企图心强烈，喜欢冒险，个性积极，竞争力强，有对抗性	很热心，够乐观，口才流畅，好交朋友，风度翩翩，诚恳热心，热情洋溢，个性乐观，表现欲强	很稳定，够敦厚，温和规律，不好冲突，行事稳健，强调平实，有过人的耐力，温和善良	很传统，注重细节，条理分明，责任感强，重视纪律，保守，分析力强，精准度高，喜欢把细节条理化，个性拘谨含蓄	中庸而不极端，凡事不执着，韧性极强，善于沟通
优点	善于控制局面并能果断地作出决定	生动活泼，能够使人兴奋，善于建立同盟或搞好关系来实现目标。很适合需要当众表现、引人注目、态度公开的工作	对其他人的感情很敏感，使他们在集体环境中左右逢源	天生就有爱找出事情真相的习性，因为他们有耐心仔细考察所有的细节并想出合乎逻辑的解决办法	善于在工作中调整自己的角色去适应环境，具有很好的沟通能力

续表

项目	领袖性格类型				
	老虎型	孔雀型	考拉型	猫头鹰型	变色龙型
缺点	当感到压力时，这类人就会太重视迅速地完成工作，而容易忽视细节，这时他们可能会不顾及自己和别人的情感。由于他们要求过高，加之好胜的天性，有时会成为工作狂	因其跳跃性的思考模式，常无法估计细节及对事情的完成执着度	很难坚持自己的观点和迅速作出决定。一般来说，他们不喜欢面对与同事意见不合的局面，他们不愿处理争执	把事实和精确置于感情之前，这会被认为是感情冷漠。在压力下，有时为了避免作出结论，他们会分析过度	无个性及原则

练习 2：团队角色自测

对下列问题的回答，可能在不同程度上描绘了您的行为。每题有 8 句话，请将总分 10 分分配给每题的 8 个句子（看到描述马上给分，不要有过多的分析）。

分配的原则：最体现您行为的句子分最高，以此类推。最极端的情况也可能是将 10 分全部分配给其中的某一句话。请根据您的实际情况把分数填入表 2-6，评分填入表 2-7。

表 2-6 团队角色自测

序号	问题	得分
1	我认为我能为团队做出的贡献是（　　）。 A. 我能很快地发现并把握住新的机遇 B. 我能与各种类型的人一起合作共事 C. 我生来就爱出主意 D. 一旦发现某些对实现集体目标很有价值的人，我就及时把他们推荐出来 E. 我能把事情办成，这主要靠我个人的实力 F. 如果最终能导致有益的结果，我愿面对暂时的冷遇 G. 我通常能意识到什么是现实的，什么是可能的 H. 在选择行动方案时，我能不带倾向性，也不带偏见地提出一个合理的替代方案	
2	在团队中，我可能有的弱点是（　　）。 A. 如果会议没有得到很好的组织、控制和主持，我会感到不痛快 B. 我容易对那些有高见而又没有适当地发表出来的人表现得过于宽容 C. 只要集体在讨论新的观点，我总是说得太多 D. 我的客观看法，使我很难与同事们打成一片 E. 在一定要把事情办成的情况下，我有时使人感到特别强硬以至专断 F. 可能由于我过分重视集体的气氛，我发现自己很难与众不同 G. 我易陷入突发的想象之中，而忘了正在进行的事情 H. 我的同事认为我过分注意细节，总有不必要的担心，怕把事情搞糟	

续表

序号	问题	得分
3	当我与其他人共同进行一项工作时，（　　）。 A. 我有在不施加任何压力的情况下，去影响其他人的能力 B. 我随时注意防止粗心和工作中的疏忽 C. 我愿意施加压力以换取行动，确保会议不是在浪费时间或离题太远 D. 在提出独到见解方面，我是数一数二的 E. 我总是乐于支持与大家共同利益有关的积极建议 F. 我热衷寻求最新的思想和新的发展 G. 我相信我的判断能力有助于作出正确的决策 H. 我能使人放心的是，对那些最基本的工作，我都能组织得井井有条	
4	我在工作团队中的特征是（　　）。 A. 我有兴趣更多地了解我的同事 B. 我经常向别人的见解进行挑战或坚持自己的意见 C. 在辩论中，我通常能找到论据去推翻那些不甚有理的主张 D. 我认为，只要计划必须开始执行，我就有推动工作运转的能力 E. 我有意避免使自己太突出或出人意料 F. 对承担的任何工作，我都能做到尽善尽美 G. 我乐于与工作团队以外的人进行联系 H. 尽管我对所有的观点都感兴趣，但这并不影响我在必要的时候下决心	
5	在工作中，我得到满足，因为（　　）。 A. 我喜欢分析情况，权衡所有可能的选择 B. 我对寻找解决问题的可行方案感兴趣 C. 我感到，我在促进良好的工作关系 D. 我能对决策有强烈的影响 E. 我能适应那些有新意的人 F. 我能使人们在某项必要的行动上达成一致意见 G. 我感到我的身上有一种能使我全身心地投入工作中的气质 H. 我很高兴能找到一块可以发挥自己想象力的天地	
6	如果突然给我一件困难的工作，而且时间有限，人员不熟，（　　）。 A. 在有新方案之前，我宁愿先躲进角落，拟订出一个摆脱困境的方案 B. 我比较愿意与那些表现出积极态度的人一起工作 C. 我会设想通过用人所长的方法来减轻工作负担 D. 我天生的紧迫感将有助于我们不会落在计划后面 E. 我认为我能保持头脑冷静，富有条理地思考问题 F. 尽管困难重重，我也能保证目标始终如一 G. 如果集体工作没有进展，我会采取积极措施予以推动 H. 我愿意展开广泛的讨论，意在激发新思想，推动工作	
7	对于那些在团队工作中或与周围人共事时所遇到的问题，（　　）。 A. 我很容易对那些阻碍前进的人表现出不耐烦 B. 别人可能批评我太重分析而缺少直觉 C. 我有做好工作的愿望，能确保工作的持续进展 D. 我常常容易产生厌烦感，需要一两个有激情的人使我振作起来 E. 如果目标不明确，让我起步是很困难的 F. 对于我遇到的复杂问题，我有时不善于加以解释和澄清 G. 对于那些我不能做的事，我有意识地求助于他人 H. 当我与真正的对立面发生冲突时，我没有把握使对方理解我的观点	

表 2-7 评分表

序号	实干家 CW	协调者 CO	推进者 SH	开拓者 PL	外交家 RI	监督者 ME	凝聚者 TW	完美主义者 FI
1	G	D	F	C	A	H	B	E
2	A	B	E	G	C	D	F	H
3	H	A	C	D	F	G	E	B
4	D	H	B	E	G	C	A	F
5	B	F	D	H	E	A	C	G
6	F	C	G	A	H	E	B	D
7	E	G	A	F	D	B	H	C
合计								

活动分析如下。

这 8 种团队角色见表 2-8。

表 2-8 团队角色

项目	团队角色							
	实干家 CW	协调者 CO	推进者 SH	开拓者 PL	外交家 RI	监督者 ME	凝聚者 TW	完美主义者 FI
典型特征	保守、顺从、务实可靠	沉着、自信、有控制局面的能力	思维敏捷、开朗、主动探索	有个性、思想深刻、不拘一格	性格外向、热情、好奇、联系广泛、消息灵通	清醒、理智、谨慎	擅长人际交往、温和、敏感	勤奋有序、认真、有紧迫感
积极特性	有组织能力、实践经验；工作勤奋；有自我约束力	对各种有价值的意见不带偏见地兼容并蓄，看问题比较客观	有干劲，随时准备向传统、低效率、自满自足挑战	才华横溢、富有想象力、智慧，知识面广	有广泛联系人的能力，不断探索新的事物，勇于迎接新的挑战	判断力强、分辨力强、讲求实际	有适应周围环境及人的能力，能促进团队的合作	理想主义者、追求完美、持之以恒
能容忍的弱点	缺乏灵活性；对没有把握的主意不感兴趣	在智能及创造力方面并非超常	好激进争端，爱冲动，易急躁	高高在上，不重细节，不拘礼仪	事过境迁，兴趣马上转移	缺乏鼓动和激发他人的能力，自己也不容易被别人鼓动和激发	在危急时刻往往优柔寡断	常常拘泥于细节，容易焦虑，不洒脱

续表

项目	团队角色							
	实干家 CW	协调者 CO	推进者 SH	开拓者 PL	外交家 RI	监督者 ME	凝聚者 TW	完美主义者 FI
团队中的作用	（1）把谈话与建议转换为实际步骤。（2）考虑什么是行得通的，什么是行不通的。（3）整理建议，使之与已经取得一致意见的计划和已有的系统相配合	（1）明确团队的目标和方向。（2）选择需要决策的问题，并明确它们的先后顺序。（3）帮助确定团队中的角色分工、责任和工作界限。（4）总结团队的感受和成就，综合团队的建议	（1）寻找和发现团队讨论中可能的方案。（2）使团队内的任务和目标成形。（3）推动团队达成一致意见，并朝向决策行动	（1）提供建议。（2）提出批评并有助于引出相反意见。（3）对已经形成的行动方案提出新的看法	（1）提出建议，并引入外部信息。（2）接触保持有其他观点的个体或群体。（3）参加磋商性质的活动	（1）分析问题和情景。（2）对繁杂的材料予以简化，并澄清模糊不清的问题。（3）对他人的判断和作用作出评价	（1）给予他人支持，并帮助别人。（2）打破讨论中的沉默。（3）采取行动扭转和克服团队中的分歧	（1）强调任务的目标要求和活动日程表。（2）刺激其他人参加活动，并促使团队成员产生时间紧迫的感觉

学习评价（表2-9）

表2-9　学习情况评价表

评价课程：　　　　　　　　　评价时间：

姓名			班级		小组	
评价项目	评价内容	分值	学生自评	小组互评	教师评价	
学习态度	上课认真听讲，作业完成认真，积极参与课堂讨论	20				
专业能力	达到本任务知识目标、能力目标、素质目标的要求	30				
创新能力	积极参与课堂讨论，具有创新思维，能够提出合理的创新方法	30				
协作能力	善于与人合作，虚心听取别人的意见，能够启发他人思维	20				
评价汇总		100				
总评分数						

任务三
提升创新思维能力

【学习目标】

知识目标

1. 了解创新思维的概念、特征及作用。
2. 了解创新思维的基础及形式。
3. 掌握创新思维的训练方法。
4. 掌握应克服的思维定式。
5. 掌握避开创新思维的误区。

能力目标

能运用所学知识进行创新思维的训练。

素质目标

培养学生能够突破思维定式，创造性地解决问题，将创新思维运用到实践中的意识。

【学习导图】

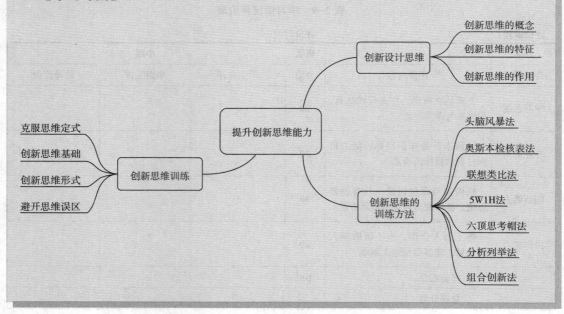

> **实践理论**
>
> 著名教育家陶行知说过:"处处是创造之地,天天是创造之时,人人是创造之人。"良好的创新思维的方法能使人们更好地发挥运用天赋的才能,而拙劣的方法则可能阻碍才能的发挥。创新思维的训练能帮助人们培养创新思维,掌握创新方法,逐步提高创新能力。

知识点 1　创新设计思维

一、创新思维的概念

创新思维是一种有创见的思维,即人脑对客观事物的未知成分进行探索的活动,是人脑发现和提出新问题、设计新方法、开创新途径、解决新问题的活动。

二、创新思维的特征

(1)敏感性。要想打破常规思维的界限,产生新的思维成果,就必须敏感地感知客观世界的变化。

(2)新颖性。创新思维重在创新,体现为在思考的方式上、思路的方向上、思维的角度上具有创造性和开拓性。认识事物时不停留在原有的层面上,而是进行重新的认识和分析,以独特的方法解决问题,用新奇的方式处理事情,产生新产品、新工艺、新方法、新方案等,从而形成和产生新的实用性或新的价值。

(3)联动性。创新思维具有由此及彼的联动性,这是创新思维所具有的重要特征。联动方向有三个:一是纵向,就是看到一种现象,就向纵深思考,探究其产生的原因;二是逆向,就是发现一种现象,则想到它的反面;三是横向,就是能联想到与其相似或相关的事物。创新思维的联动性表现为由浅入深、由小及大、触类旁通、举一反三,从而获得新的认识和新的发现。

(4)开放性。创新思维是开放的,要创新就必须善于学习、勤于思考,实现与外界的物质、能量和信息的交换。

(5)跨越性。创新思维属于非常规性、非逻辑性的思维活动。具有创新思维的人常常独具卓识,敢于质疑,善于破除陈规和思想的禁锢,善于从新的角度思考问题,力求另辟蹊径,得到突破性的新发现。

拓展阅读:青蒿素背后的故事

三、创新思维的作用

（1）创新思维可以为实践开辟新的局面。创新思维具有独创性与风险性，那么它的探索和创新精神就显而易见了，在这种精神引导下，人们对现状的不满，对知识和经验的渴求，对更深层次探索客观世界中未被认知的本质和规律的向往，促使人们进行大量开拓性的实践活动，从而开辟人类实践活动的新领域。中国特色社会主义理论来自中国共产党人的创新思维，当今中国的繁荣和富强，正是在这一创新思维指导下取得的伟大成就。如果人类只关注已有的知识和经验，人类的实践活动就有可能停滞不前。

（2）创新思维可以不断地提高人类的认识能力。想要提高认识能力，就离不开创新思维。创新思维是一种高超的艺术，其中所涵盖的内在内容无法模仿，这里所说的内在内容就是创新思维能力。这种能力要依赖于对历史、现状的了解和敏锐的观察、分析能力，以及知识的积累和知识面的拓展。人们需要通过创新思维过程锻炼自己的思维能力，在这一过程中，不断探索崭新的思维方法、思考角度，用正确的途径去观察问题、分析问题、解决问题，提高自身的能力。

（3）创新思维是未来人类的主要活动方式和内容。工业革命曾经试图把人从体力劳动中解放出来，事实上并没有完全成功。新技术革命后，人类部分地从机械劳动和机器中解脱出来，实现了自动化。人工智能技术得到推广和应用之后，又有一些人从简单的脑力劳动中解放出来，去开展其他创新思维活动。在未来人类的活动方式和内容上，创新思维将把人类文明推向新的高度。

（4）创新思维能不断地增加人类知识的总量，不断推进人类认识世界的水平。创新思维是面向未来的未知领域，不断拓展人们的认识范围，变未知为已知。科学上的任何发现和创造，都为人类储备更多的知识总量，创造条件让人类由"必然王国"进入"自由王国"。

> 【案例】

贷款一美元

一天，富翁哈德走进了纽约花旗银行的贷款部。这位先生衣着讲究、派头不凡，贷款部的经理以为来了大单，亲自过来招呼。

"您好先生，请问有什么事情可以为您效劳吗？"

"哦，我想借些钱。"哈德回答。

"好的，先生，我们花旗银行贷款部是专为贷款而生的。您需要多少钱呢？"一听到借钱，经理眼睛一亮。

"一美元。"哈德回答。

"只需要一美元？"经理有些迷糊，他还从没见过贷款一美元的人。

"不错，只借一美元，可以吗？"哈德重复道。

"当然可以,像您这样的绅士,只要有担保多借点也无妨。"经理感到哈德有些不满,只得这样回答。

"担保,有的。"哈德说道,接着从他豪华的皮包里取出一大堆珠宝堆在写字台上。

"这些珠宝大概能值五十万美元,做抵押够吗?"哈德问。

"当然,当然!"经理看着这些珠宝眉开眼笑,"不过,您只要借一美元?"

"是的。"哈德接过了一美元,就准备离开银行。这让在旁边一直观看的分行行长很吃惊,他怎么也弄不明白这个精明的富商为何抵押五十万美元却只借一美元,于是急忙追上去,说:"这位先生,请等一下,你有价值五十万美元的珠宝,为什么只借一美元呢?哪怕是借三四十万美元,我们也会考虑的。"

"啊,是这样的,"哈德狡黠一笑,"我来贵行之前,去过好几家银行,他们保险箱的租金都很昂贵,而您这里的租金很便宜,一年才六美分(当时一美元贷款的年息是六美分)。"

【讨论互动】

这个案例对你有何启示?

知识点2 创新思维的训练方法

一、头脑风暴法

头脑风暴法又称"智力激励法""自由思考法""畅谈法""集思法",是指无限制地进行自由联想和讨论的方法,其目的在于产生新观念或激发创新设想。

1. 实施原则

实施头脑风暴法时,群体讨论的方式十分关键,即群体能否进行充分、非评价性和无偏见的交流。因此,实施头脑风暴法应遵守以下原则。

(1)自由畅谈原则:即应创造一种自由、活跃的气氛,使参加者不受任何条条框框的限制,放松思想,从不同角度、不同层次、不同方位大胆地展开想象,从而尽可能地提出标新立异、与众不同的想法。

(2)延迟评判原则:即当场不对任何设想作出评价,既不肯定或否定某个设想,也不对某个设想发表评论性的意见,一切评价和判断都要延迟到会议结束后才能进行。

(3)禁止批评原则:即每个人都不得对别人的设想提出批评意见,因为批评对创造性思维会产生抑制作用。即使自己认为是幼稚的、错误的,甚至是荒诞离奇的设想,也不得予以驳斥。

(4)追求数量原则:即尽可能多地提出设想。参加会议的每个人都要抓紧时间多思考、多提方案。至于设想的质量问题,自可留到会后的设想处理阶段去解决。

2. 实施步骤

头脑风暴法是一种群体讨论式的思维创造方法，该方法的操作具有一定的组织规则和流程要求，如果能明确头脑风暴法的具体实施步骤，可确保讨论的顺利展开。

（1）会前准备。会前准备需要明确会议需要解决的问题和与会人员的数量，提前向与会者通报会议议题。同时确定会议的主持人和记录者，并将会议的相关信息通知所有与会者。

1）选好主题。每次头脑风暴的讨论会议开始之前，都要确定一个主题，并且将会议主题提前通知与会者，让与会者有一定准备。

2）了解组织形式。一般头脑风暴法的参加人数为 5～10 人。最好由不同专业或不同岗位的人组成；同时要注意把控会议讨论时间，最好控制在 1 小时左右；另外，还需设置主持人 1 人、记录员 1～2 人，主持人只负责主持会议，对设想不作评论，而记录员则要认真地将与会者的每个设想无论好坏都完整地记录下来，以便后期的创意筛选。

3）确定会议类型。会议的组织形式分为设想开发型和设想论证型。设想开发型是为了获取大量的设想、为课题寻找多种解题思路而召开的会议。因此，与会者要善于想象，语言表达能力要强。而设想论证型则是为了将众多设想归纳转换成实用型方案而召开的会议，与会者要善于归纳和分析判断。

4）提前进行柔化训练。在会前对缺乏创新锻炼的与会者进行打破常规思考、转变思维角度的训练活动，以减少思维惯性，使与会者能从传统、单调、紧张的思考环境中解放出来，以饱满的创造热情投入接下来的设想活动。

5）收集资料。会前需要预先准备好资料，让与会者能够对与会议主题相关的背景材料和最新发展动态有充分了解，与会者自己也需要准备自己的材料，尽可能多地了解相关主题信息。

6）其他事项。与会者要有一定的训练基础，懂得该会议提倡的原则和方法；主持人要熟悉并掌握头脑风暴法的要点和操作要素，摸清主题现状和发展趋势；对会场可进行适当的布置，例如，座椅排成圆环形，营造一种稍显轻松的讨论场景；再如，准备几道趣味竞猜题，在正式开始讨论前供与会者放松大脑、活跃气氛等。

（2）会议实施。头脑风暴法的会议实施可分成以下 3 个阶段。

1）第一阶段，主持人介绍并阐述问题，引起讨论主题，如果与会者对问题感到困惑，主持人可用案例来进行分析。

2）第二阶段，每位与会者各抒己见，同时，指定记录员在黑板等醒目位置记录下所有人提出的全部见解。主持人在会议过程中进行引导，并鼓励与会者自由提出见解。另外，主持人要掌握会议的整体进程，把控好讨论时间，太长时间的讨论会让与会者感到疲惫，影响会议效果；而时间太短可能会让与会者不能畅所欲言。讨论时间最好控制在 30～45 分钟，若该主题需要更长的时间进行讨论，则可将该主题分解成若干小主题进行专题讨论。

在会议过程中，主持人还要在某个时间段恰当地通报当前进展，归纳前期的发言，引导接下来的发言,做到为与会者营造融洽轻松的讨论氛围。

3)第三阶段,创意设想结束后,综合讨论所有意见。若是分组进行,也可让其他组的人评价种种妨碍方案施行的限制因素,最终选出可行性最高的方案。

二、奥斯本检核表法

奥斯本检核表法是针对某种特定要求制定检核表的方法。所谓检核表,是指根据需要研究的对象的特点列出有关问题,形成列表,然后一个一个地来核对讨论,从而发掘出解决问题的大量设想。

1. 奥斯本检核表内容

奥斯本检核表原有75个问题,可归纳为9组问题,其核心是改进。9组问题包括能否他用、能否借用、能否扩大、能否缩小、能否改变、能否代用、能否调整、能否颠倒、能否组合(表3-1)。

表3-1 奥斯本检核表

序号	检核项目	含义
1	能否他用	现有的东西(如发明、材料、方法等)有无其他用途?保持原状不变能否扩大用途?稍加改变,有无别的用途?
2	能否借用	能否从别处得到启发?能否借用别处的经验或发明?外界有无相似的想法,能否借鉴?过去有无类似的东西,有什么东西可供模仿?谁的东西可供模仿?现有的发明能否引入其他的创造性设想之中?
3	能否扩大	现有的东西能否扩大使用范围?能否增加一些东西?能否添加部件、拉长时间、增加长度、提高强度、延长使用寿命、提高价值、加快转速?
4	能否缩小	缩小一些怎么样?现在的东西能否缩小体积、减轻质量、降低高度、压缩、变薄?能否省略?能否进一步细分?
5	能否改变	现有的东西是否可以做某些改变?改变一下会怎么样?可否改变一下形状、颜色、味道?能否改变一下意义、型号、模具、运动形式等?改变之后,效果又将如何?
6	能否代用	可否由别的东西代替,由别人代替?用别的材料、零件代替?用别的方法、工艺代替?用别的能源代替?能否选取其他地点?
7	能否调整	能否更换一下先后顺序?能否调换元件、部件?能否用其他型号?能否改成另一种安排方式?原因与结果能否对换位置?能否变换一下日程?更换一下会怎么样?
8	能否颠倒	倒过来会怎么样?上下能否倒过来?左右、前后能否对换位置?里外能否倒换?正反能否倒换?能否用否定代替肯定?
9	能否组合	组合起来怎么样?能否装配成一个系统?能否对目的进行组合?能否对各种想法进行综合?能否对各种部件进行组合?

(1)能否他用。对于某种物品,思考"还能有其他什么用途?""还能用其他什么方法使用它?"这类问题能使人们的想象力活跃起来。当我们拥有某种材料时,为了扩大它的用途,打开它的市场,就必须善于进行这些思考。

例如,花生有哪些使用方法?有人想出了花生的300种使用方法,仅仅是用于烹调,就想出了煮、炸、炒、磨浆等100多种方法。橡胶有什么用处？有人提出了多种设想，如用它制成床毯、浴盆、人行道边饰、衣夹、鸟笼、门扶手、棺材、墓碑等。当人们将自己的想象投入思维这条宽阔的高速公路上时，就会以丰富的想象力产生更多的好设想。

（2）能否借用。科学技术的重大进步不仅表现在某些科学技术难题的突破上，也表现在科学技术成果的推广和应用上。联想借鉴不仅可以使创新成果得到推广，还可以再次推陈出新，实现二次创新。这样，一种新产品、新工艺、新材料，必将随着它越来越多的新应用而显示出强大的生命力。

例如，当德国物理学家威廉·康拉德·伦琴（Wilhelm Conrad Röntgen）发现X射线时，并没有预见到这种射线的任何用途。但后来人们通过联想借鉴，让X射线不仅可以用来治疗疾病，还能用来观察人体内部的情况。同样，电灯起初只用来照明，后来，人们从电灯的光线中得到启发，改变了光线的波长，发明了紫外线灯、红外线加热灯、灭菌灯等。

（3）能否扩大。在自我发问的技巧中，研究"扩大"与"放大"这类有关联的成分，不仅能提出大量的构思设想，还能使人们扩大探索的领域。例如：

"为什么不用更大的包装呢？"——橡胶工厂大量使用的黏合剂通常装在容量为1加仑的马口铁桶中出售，使用后便扔掉。有位工人建议将黏合剂装在容量为50加仑的容器内，容器可反复使用，节省了大量马口铁。

"能使之加固吗？"——织袜厂加固袜头和袜跟，使袜子的销量大增。

"能增加一些功能吗？"——在牙膏中加入某种配料，便成为具有某种附加功能的牙膏。

（4）能否缩小。如果说"能否扩大"关注的是使用范围、功能、价值等的增加，"能否缩小"则强调某一功能或某一方面的精细化程度。它尽可能地删去或省略多余的成分，是一种精益求精式的思考方法。例如，袖珍式收音机、微型计算机、折叠伞等就是"缩小"的产物。

（5）能否改变。通过改变事物的某些性质，可以为思维另辟蹊径，获得意想不到的结果。例如，改变一下车身的颜色，就会增加汽车的美感，从而增加汽车的销量；给面包裹上一层芳香的包装，就能提高其嗅觉吸引力。另外，女式游泳衣据说是婴儿服装的模仿品，而将滚柱轴承改成滚珠轴承也是改变形状的结果。

（6）能否代用。通过取代、替换的途径，也可以为想象提供广阔的探索领域。例如，用充氢的办法来代替电灯泡中的真空，可以提高钨丝灯泡的亮度；用液压传动来替代金属齿轮，可以在工业生产中节省金属材料等。

（7）能否调整。通过重新调整，通常会带来更多的创造性设想，进而实现创新。例如，在飞机诞生的初期，螺旋桨是安装在飞机头部的，后来，人们将螺旋桨安装在飞机顶部，就发明了直升机；将螺旋桨安装在飞机尾部，就发明了喷气式飞机。又如，商店柜台的重新安排，营业时间的合理调整，电视节目顺序的重新安排，机器设备的布局调整等，都有可能产生更好的结果。

（8）能否颠倒。这是一种反向思维方法，在创造活动中颇为常见和有效。例如，以前的工厂生产模式是工人们围着机器和零件转，又累又低效，后来有人改变了工序，让工人们不动而零件动,就逐渐发展出流水线式生产模式,效率得到了极大的提高。

(9)能否组合。从综合的角度分析问题,有目地将各个部分组合在一起,也可以带来创造性的成果。例如,将铅笔和橡皮组合在一起,就有了带橡皮的铅笔;将几种金属组合在一起,就有了性能各不相同的合金;将几个企业组合在一起,就构成了横向联合。

2. 奥斯本检核表法的步骤

奥斯本检核表法在改良产品方面具有非常优秀的效果,其具体应用分为3个步骤,分别是提出问题、列出设想、筛选设想,如图3-1所示。

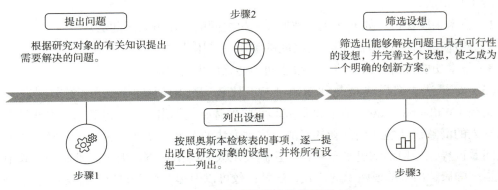

图 3-1 奥斯本检核表法的步骤

运用奥斯本检核表法进行创造性设想时,大学生应该按照检核表逐条核对,不可遗漏,并将对每一项目的思考作为一个单独的创新项目来看,以免受到前面思考的影响。最后,还应该反复进行检核,列出尽可能多的设想,这样才能保证创新成功的概率。

三、联想类比法

1. 联想类比法的含义

联想类比法是根据事物之间都具有接近、相似或相对的特点,由此及彼、由近及远、由表及里的一种思考问题的方法。它通过对两种及两种以上事物之间存在的关联性与可比性,去扩展人脑中固有的思维,使其由旧见新,由已知推未知,从而获得更多的设想、预见和推测。

2. 联想类比法的类型

(1)类比法。类比法就是通过将一种事物与另一种(类)事物进行对比,从而创新的技法。其特点是以大量联想为基础,以不同事物间的相同点、类比为纽带。

1)直接类比:在两事物之间建立直接联系的类比。这种类比可以从已知指向未知,也可以从未知指向已知。

2)拟人类比:将自己同问题对象进行类比。可想象自身处于问题当中,并且是其中的一个角色。

3)因果类比:将已知事物的因果关系同未知事物的因果关系进行比较,从而发现某种类似的问题。

4）结构类比：由未知事物与已知事物在结构上的某些相似，来推断未知事物也具有已知事物的某些属性。

5）对称类比：世界上很多事物都有对称关系，如果知道了已知事物的某种属性，就可以推断与其对称的事物也具有某种属性。

6）综合类比：当已知事物与未知事物内部各要素关系十分复杂，而两者又有相似处时，就可进行全面的综合类比。

（2）移植法。

1）技术手段移植，如电吹风、被褥风干机之间的类比可采用此法。

2）原理移植，如电话、留声机之间的类比可采用此法。

3）技术功能移植，如驿站、电报之间的类比可采用此法。

（3）综摄法。综摄法是一种新颖独特、比较完善的创新技法，由美国创造学家威廉·戈登（William Gordon）在长期研究和实验的基础上提出。它通过隐喻、类比等心理机制调动人的潜意识功能达到创新的目的。这种方法的关键是变熟悉为陌生，好像弯下腰从两腿间看世界，一切都倒过来了一样。这就要求人们跳出司空见惯的思维圈子。其中，隐喻是指一种表达出来的或暗示的比较，这种比较可以引起有意义的智力启发和感情激动。

1）步骤。综摄法的实施步骤如图3-2所示。

图3-2 综摄法的实施步骤

2）特性。综摄法的特性为要求思维主体亲身体验，设身处地换个角度想问题，从中求得对事物的新感觉或新认识。它主要以集体讨论方式让具有不同特点的人在一起取长补短、集思广益。例如，设计自动门，采用《阿里巴巴与四十大盗》中"芝麻开门"的创意；法国雷内克（Laënnec）医生发明听诊器的故事。

四、5W1H法

5W1H法是由美国陆军首创的一种创造技法，通过规定的设问来发现问题，从而找出解决问题的方法，是通往创新成功的桥梁。5W1H由六个提问组成：为什么（Why）、是什么（What）、谁（Who）、何时（When）、何地（Where）和怎样（How）。六个问题形成了解决问题的三部曲：从六个角度对创新对象进行提问，检查其合理性→列出发现的难点、疑问→讨论并分析改进措施。如果现行的方法或产品通过了六个问题的审核，并且已无懈可击，那么此方法或产品判为可取；如果六个问题中有一项不能令人满意，那么此方法或产品还需进一步改善；如果哪个方面的答复具有独到的优点，应该巧妙地加以灵活运用，将此优点发挥到极致。

针对欲解决的目标不同，这六个方面发问的具体内容也不相同。例如：

（1）为什么（Why）——为什么需要？为实现什么目标？为达到什么功能？为取得什么样的经济效益？为达到什么样的工作指标？为达到什么样的质量标准？为什么不用机械代替人力？为什么非做不可？为什么制造这种产品要经过这么多环节？为什么做成这个样子（形状、大小、颜色）？为什么要这样生产？

（2）是什么（What）——是什么发现？是什么产品？是什么方法？是什么材料？是什么样的生产方法？是什么样的商标？目的是什么？重点是什么？与什么有关系？功能是什么？规范是什么？

（3）谁（Who）——谁是设计者？谁是生产者？谁是消费者？谁是销售者？谁来办事方便？谁赞成？谁反对？谁来承担？谁被忽视了？

（4）何时（When）——何时研究？何时实施？何时完成？何时安装？何时销售？何时付款？何时交货？何时是期限？何时最佳？何时产量最高？何时最切合时宜？

（5）何地（Where）——何地研究？何地试验？何地生产？何地安装？何部门采用？何地有资源？何处推广？何处改进？何处最适宜？何处最优越？何处最节省？何处最昂贵？

（6）怎样（How）——怎样省力？怎样速度快？怎样做最好？怎样做效率最高？怎样改进？怎样实施？怎样最方便？怎样更美观？怎样避免失败？怎样增加销路？

另外，还有 5W2H 法和 6W2H 法，其实就是在原有的 5W1H 的基础上加上新问题 Which 和 How many 或 How much，对问题的规模、程度、速度、范围等从量上做进一步的追问，把问题分析得更清楚、更精确。

我国的教育家陶行知先生提出的就是 6W2H 法，他把这种提问模式叫作教人聪明的"八大贤人"。为此他写了一首小诗："我有几位好朋友，肯把万事指导我。你若想问真名姓，名字不同都姓何——何事、何故、何人、何时、何地、何去、何如，好像哥哥与弟弟。还有一个西洋派，姓名颠倒叫几何。若向八贤常请教，虽是笨人不会错。"翻译过来，在 5W1H 基础上，加上"Which"（几何）和"How many"或"How much"。

五、六顶思考帽法

六顶思考帽法是英国学者爱德华·德·博诺（Edward de Bono）博士开发的一种思维训练模式，是一个全面思考问题的模型。六顶思考帽法是平行思维工具，是创新思维工具，也是人际沟通的操作框架，更是提高团队智商的有效方法。

六顶思考帽法是用六种不同颜色的帽子代表六种不同的思维模式。

（1）白色思考帽：象征客观和中立，它收集的是已知的和需要知道的资料及信息。它是寻求纯粹事实和数据的一种简便方法。这些事实和数据以中立而客观的方式提出来，不要加任何解释，只要事实。

（2）黄色思考帽：象征积极和乐观，它可以帮助人们采用积极、乐观的思维方式。它从正面考虑问题，表达乐观的、满怀希望的、建设性的观点。黄帽思维强调价值与肯定。

（3）黑色思考帽：象征冷静、反思或谨慎。黑帽思维强调逻辑与批判，它以探索事物的真实性、适应性、合法性为焦点，运用负面的分析，帮助人们控制风险。从反面探索，人们可以运用否定、怀疑、质疑的看法，合乎逻辑地进行批判，尽情发表负面的意见，找出逻辑上的错误。

（4）红色思考帽：象征感觉、预感和直觉。红帽思维强调直觉与感情，可以说是白帽思维的对立面。它是情绪、感觉和思维的非理性方面，不需要解释，不需要给予任何的理由或依据。人们可以表现自己的情绪，还可以表达直觉、感受、预感等方面的看法。

（5）绿色思考帽：象征创新和改变。绿帽思维强调创新与冒险，它寻找更多的可选方案和可能性，从而获得具有创造力的构想，是一种创新思维。它具有创新思考、头脑风暴、求异思维等功能。

（6）蓝色思考帽：是思维中的思维，是用来管理思维过程的，对思维过程进行控制，负责控制各种思考帽的使用顺序，它规划和管理整个思考过程，并负责作出结论。蓝帽思维强调系统与控制。

以下是六项思考帽法的应用步骤。

（1）陈述问题（白帽）。

（2）提出解决问题的方案（绿帽）。

（3）评估该方案的优点（黄帽）。

（4）列举该方案的缺点（黑帽）。

（5）对该方案进行直觉判断（红帽）。

（6）总结陈述，作出决策（蓝帽）。

六项思考帽法是革命性的，因为它把人们从思辨中解放出来，使人们可以厘清思考的不同方面，帮助人们将所有的观点并排列出，然后寻求解决之道。

六、分析列举法

分析列举法是指运用发散性思维，将研究对象的本质内容（如特性、缺点、希望点）一一列举出来，尽可能地做到事无巨细、全面无遗，然后逐一对其进行分析研究，从中探求出各种创新方案。这种方法有利于人们克服对熟悉事物的思维惯性，重新审视并深入考察以获得事物的新属性，在原有的基础上提出改进意见和建议，从而产生创新。

1. 特性列举法

特性列举法是通过逐一列举创意对象的特征，并进行联想，最终提出解决方案的方法。运用该方法时，首先要仔细分析研究对象，然后探讨能否进行改革或创新。要着手解决的问题越小，越容易获得创新的成功。特性列举法的操作步骤如下。

（1）对创新对象的特性进行列举，对象要具体、明确，列举要全面、详细。注意，列举得越全面、详细，越容易找到创新和改进的方面。

（2）从名词特性、形容词特性和动词特性三个方面进行列举。名词特性是指对象的整体、部分、材质和制作方法等，形容词特性是指对象的形状、性质、颜色等，动词特性则是指对象的效用和功能等。

（3）在上述各项目下尽量对各种可替代的属性进行置换，以便产生新的设想和方案。

（4）提出新的方案并进行讨论和评价，努力按照实际需要进行改进。

2. 缺点列举法

任何一件产品或商品都不可能十全十美。如果不断发现和挖掘事物的缺点，然后用新的技术加以改革，就会创造出许多新的产品。缺点列举法的优点是精力集中，节省时间，容易取得显著效果。有时只要找出原事物的一个缺点并加以改进，就能产生巨大效益。缺点列举法的具体操作步骤如下。

（1）列举缺点阶段。通过会议、访谈、电话调查、问卷调查、对照比较等方式，广泛调查和征集意见，尽可能多地列举事物的缺点。

（2）探讨改进方案阶段。对收集到的缺点进行归类和整理，并对每类缺点进行分析，在此基础上提出改进方案。

3. 希望点列举法

希望点列举法是通过提出种种希望，经过分类、归纳、整理，确定发明目标的创造方法。

从实际操作的角度看，希望点列举法既适用于对现有事物的提高，又适用于在无现成样板的前提下设计新产品、创建新方法等，而且后一种情况更为有效。希望点列举法的具体操作步骤如下。

（1）通过会议、访谈、问卷等方式，激发和收集人们的希望。

（2）对大家提出的各种希望进行整理和研究，形成各种希望点。

（3）从各种希望点中选出目前可能实现的希望点进行研究，制订革新方案，创造新产品以满足人们的希望。

4. 成对列举法

成对列举法是将任意选择的两个事项结合起来，成对列举其特征，或者对某一范围内的事物一一列举，依次成对组合，从而寻求创新设想的方法。成对列举法的具体实施步骤如下。

（1）列举。把某一范围内所能想到的所有事物依次列举出来。

（2）强迫联想。任意地选择其中两项依次组合起来，想象这种组合的意义。

（3）对所有的组合进行分析筛选。例如，要设计新式多功能家具，首先，可以列举各种家具及室内用具：床、箱子、桌子、沙发、椅子、茶几、书架、台灯、衣柜、衣架、镜子、花盆架、电视、音响等。其次，两两配对组合：床与沙发、灯与衣架、桌子与书架、床与箱子、床与灯、镜子与柜子、电视与花盆、音响与台灯等。最后，对所有的组合方案进行分析，并将一些可行的方案落地实施，从而发明出新式多功能家具。

现实中，有些方案已经成为产品，如床与沙发组合成的沙发床、镜子与柜子组合成的带穿衣镜的柜子、床与箱子组合成的床底可兼做储物柜的组合床等。

七、组合创新法

1. 组合创新法的含义

组合创新法是指利用创新思维将已知的若干事物合并成一个新的事物，使其在性能和服务功能等方面发生变化，以产生出新的价值。以产品创新为例，可根据市场需求分析比较，得到有创新性的新技术产物，包括功能组合、材料组合、原理组合等。

2. 组合创新法的类型

常用的组合创新法有主体附加法、异类组合法、同物自组法、重组组合法、信息交合法等。组合创新法的类型及特点见表3-2。

表3-2 组合创新法的类型及特点

类型	特点
主体附加法	以某一事物为主体，添加另一附属事物，以实现组合创新的技法叫作主体附加法。例如，在铅笔上端设计橡皮头、在电风扇中添加香水盒、在摩托车后面的储物箱上装电子闪烁装置，都具有既美观、方便又实用的特点。 主体附加法创造性较弱，只要稍加动脑和动手就能实现，如果附加物选择得当，可产生巨大的效益
异类组合法	将两种或两种以上的不同种类的事物组合，产生新事物的技法，称为异类组合法。其将研究对象的各个部分、各个方面和各种要素联系起来加以考虑，从而在整体上把握事物的本质和规律，体现了综合就是创造的原理
同物自组法	同物自组法就是对若干相同的事物进行组合，以图创新的一种创新技法。例如，在两支钢笔的笔杆上分别签字署名后，一起装入一精制考究的笔盒里，称为"情侣笔"，作为馈赠新婚朋友的好礼物；把三支造型类似但颜色不同的牙刷包装在一起销售，称为"全家乐"牙刷。 同物自组法的创造目的是在保持事物原有功能和原有意义的前提下，通过数量的增加来弥补不足或产生新的意义和新的需求，从而产生新的价值
重组组合法	任何事物都可以看作由若干要素构成的整体。各组成要素之间的有序结合是确保事物整体功能和性能实现的必要条件。如果有目的地改变事物内部结构要素的次序，并按照新的方式进行重新组合，以促使事物的性能发生变化，那么这就是重组组合。 在进行重组组合时，首先要分析研究对象的现有结构特点；其次要列举现有结构的缺点，考虑能否通过重组克服这些缺点；最后要确定选择什么样的重组方式
信息交合法	信息交合法是建立在信息交合论基础上的一种组合创新技法。信息交合法有两个基本原理：其一，不同信息的交合可产生新信息；其二，不同联系的交合可产生新联系。根据这些原理，人们在掌握一定信息的基础上通过交合与联系可获得新的信息，实现新的创造

▶【案例】

候机厅的小卖部

某航空公司在机场候机室二楼设置小卖部。候机厅每天人来人往，可奇怪的是，小卖部自开张之日起便一直门庭冷落。公司经理用"5W1H法"进行了问题筛查，最后发现问题出在Who（谁）、Where（何地）、When（何时）三个方面。

（1）Who（谁）：谁是顾客？机场小卖部在开设时便确定目标顾客是入境的旅客，但是这些旅客不需要上二楼。在二楼停留的大部分是送客或接客的人，他们完全可以在市内商场里购物，不必到机场小卖部来买东西。

（2）Where（何地）：小卖部设置在何地？原来旅客出入境的路线都是经海关检查后，直接从一楼左侧走了，根本不需要走二楼。小卖部的位置没有设在旅客的必经之路上。

拓展阅读：思维导图

（3）When（何时）：何时购物？入境的旅客不上二楼，那么出境的旅客便成了潜在顾客，但是他们也只有在办完行李托运等相关手续后才有时间和精力去小卖部，而机场却规定旅客登机前才能办理行李托运，这样，出境的旅客根本没有时间光顾小卖部。

由此可见，小卖部生意不佳的原因有三：未能留住目标顾客和潜在顾客；小卖部的位置偏离了旅客的必经之路；旅客没有购物时间。

针对这三点，经理与航空公司协商，调整了旅客行李托运时间和旅客出入境路线，从而保证了充足的客源，小卖部的生意日益红火起来。

【讨论互动】

请采用"5W1H法"，对周边某一事项进行分析，并进行交流讨论。

知识点 3 创新思维训练

一、克服思维定式

所谓思维定式，就是根据已有的知识、经验，在头脑中形成的一种固定的思维模式，即思维习惯。遇到问题，会自然地沿着固有的思维模式进行思考。

思维定式是一种按常规处理问题的思维方式，也称为常规思维。一提到思维定式，很多人认为它就是思维障碍，这是片面的。事实上，日常生活中，绝大多数人的行为90%以上都是依赖思维定式思考的结果。换句话说，这种思维习惯既可能成为良好的"助手"，帮助人们形成正确的行为，缩短思考时间，提高效率；也可能成为最坏的"敌人"，把思维拖入特定的陷阱。思维定式就如同一把双刃剑，它有利于常规思考，却不利于创新思考和创造。

常见的思维定式有以下几个类型。

（1）书本定式。书读百遍，其义自见。人们从开始学习知识的那一天起，似乎就对书本产生了一种崇拜之情，也相应地产生了某些依赖。生活中经常有人这样说："书上就是这样写的。"这种对书中的内容不假思索与质疑就全盘接受的现象就是书本式思维。相关知识的积淀是发展创造思维，进行创造性活动的基础。在对书本知识进行学习的同时，不仅要接受书本知识理论的指导，更要防止对书本内容的全部无条件接受，要敢于质疑、活学活用。正如古人所言："尽信书不如无书。"在不断发展变化的现实世界中，虽然人们经常碰到与书本中的描述相同的问题，但是由于问题所处的情境、产生问题的前提，以及问题所指向的对象发生了变化，问题本身的解答也就发生了变化。如果不考虑已经变化的因素，依然按照书本式思维去求索问题，可能会走很多弯路，甚至是错路。

（2）权威定式。权威是指在某种范围里最有地位的人或事物，也可指他们在自己领域内的言论和观点。人们在生活中常遇到的权威有三种类型，如图3-3所示。

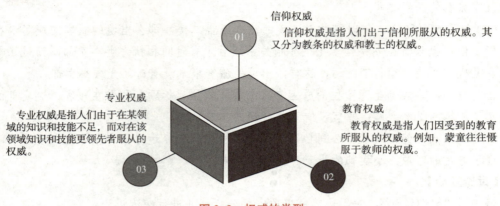

图3-3　权威的类型

权威具有令人服从的力量，个体往往自愿服从和支持权威，认同其观点和看法。如果过分地依赖权威，"以权威之是非为是非"，就会陷入迷信权威的"权威定势"，丧失创新思维的能力。

权威定势来自后天环境，要打破权威定势，大学生需要多思考、多提问，在生活中不把权威的话语当作评判对错的唯一标准，也不因此形成惰性思维，懒于思考，这样才能更好地培养创新能力。

（3）从众定式。从众心理是指放弃独立思考，盲目相信大众，一切跟在别人后面，不出头、不冒尖的心理。这种从众包括学习从众，如高考的热门专业；消费从众，大家都喜欢买的热门商品；恋爱从众，喜欢大家都觉得好的人；作弊从众，因为别人都作弊，所以自己也跟着作弊。殊不知，只有与众不同的想法，才能有与众不同的机会，得到与众不同的收获。

每个人都是独立的个体，也是社会中的一员。作为社会的成员，面对外在的世界，应该通达和顺应，顺应规则、遵从法度、与人交往，这一切都是可以称为外化的东西。但是，一个人之所以成为自己，更应该坚持自己的秉性而不要随波逐流，有自己独特的价值观，有自己独特的风格，有自己内心的秉持。在现实生活中，人们总有一些从众心理，似乎有了不同的意见想法就成了不合群的人，因为怕听到反对的声音而放弃自己独特的想法，与此同时也放弃了改变生活的大好时机。只有那些敢于表达与众不同的想法的人，才能变得与众不同。

二、创新思维基础

人类思维具有逻辑思维、形象思维和创新思维三种形式。钱学森指出："思维学是研究思维过程和思维结果，不管在人脑中的过程。这样我从前提出的形象（直感）思维和灵感（顿悟）思维实是一个，即形象思维，灵感、顿悟都是不同大脑状态中的形象思维。另外，人的创造需要把形象思维的结果再加逻辑论证，是两种思维的辩证统一，是更高层次的思维，应取名为创造思维，这是智慧之花！所以（应）归纳为逻辑思维、形象思维和创造思维。"

钱学森所说的创造思维就是创新思维。由此可见，创新思维是建立在逻辑思维和形象思维基础之上的。

1. 逻辑思维

逻辑思维即抽象思维，它撇开事物的具体形象而抽取其共同的本质，因而具有抽象性的特征。逻辑思维只讲究事物间的共性，而不讲究事物间的差异，是一种求同性思维，是一种用概念、判断、推理来反映现实的思维过程。逻辑思维帮助人们正确认识客观世界，解决常规问题，表达思想。逻辑思维具有严密性，但容易形成思维定式。

2. 形象思维

形象思维又称直觉思维，是一种借助具体形象来开展思维的过程，它反映事物间的差异性，而忽视了事物间的共性，是一种求异性的思维。形象思维具有以下特点。

（1）非逻辑性。形象思维建立在感官认识的基础之上，具有经验性。成语"久病成医"，就是形象思维经验性的体现。

（2）直接性。形象思维可以在需要解决的问题和解决方法之间直接取得联系。例如，鲁班的手被草叶割破了，他直接由草叶的形状而取得突破，发明了锯子。

（3）发散性。发散性也就是想象力，在黑板上画一个圆圈，问幼儿园小朋友画的是什么，小朋友的回答千奇百怪：有的说是圆形石头、有的说是太阳、有的说是油饼、有的说是车轮等。这就是形象思维的想象力。对创新来说，想象力具有重要意义，爱因斯坦指出："想象力比知识更重要，因为知识是有限的，而想象力概括着世界上的一切，推动着进步，并且是知识进化的源泉。"

（4）灵感。灵感是人们在创造活动中受到某种启示，内部知识积淀突然爆发，产生奇思妙想，使长期思考的问题得到解决的思维过程。灵感具有偶然性，也具有必然性，只有知识丰富、有准备的人，才能抓住瞬间出现的灵感解决问题。牛顿被树上掉下来的苹果砸中而获得灵感，成为经典力学的创始人。但一个人如果没有牛顿那样丰富的学识，即便被苹果砸中多次，也不可能得出万有引力定律。

由此可知，逻辑思维和形象思维各有优点及缺点，只有在思维过程中扬长避短、相互补充，才能实现创新思维。

三、创新思维形式

创新思维并非单一的思维，而是多种思维的复合物，逆向思维、发散思维、集中思维、横向思维、多路思维、形象思维、联想思维和分合思维等都是创新思维的组成成分，在创新过程中发挥着各自不同的作用。

1. 逆向思维

逆向思维也称"求异思维",它是对司空见惯的、似乎已成定论的事物或观点反过来思考的一种思维方式。在日常生活中,常规思维难以解决的问题,通过逆向思维却可能轻松化解。例如,当小伙伴落入水缸,急需施救时,常规的思维模式是"救人离水",而少年时期的司马光面对险情,却运用了逆向思维,果断地用石头把缸砸破,"让水离人",从而挽救了小伙伴的性命。

逆向思维的思维方法主要有以下三种。

(1)反转型逆向思维法:是指从通常思考问题的思路的相反方向进行思考的一种思维方法。

(2)转换型逆向思维法:是指由于解决问题的常规手段受阻而转换成另一种手段,或者转换思考的角度,以使问题得到解决的一种思维方法。

(3)缺点型逆向思维法:是指将事物的缺点变为可利用的东西,化被动为主动,化不利为有利的一种思维方法。

2. 发散思维

发散思维是指在创新过程中,充分发挥想象力,突破原有的知识圈,从一点向四面八方想开去,通过知识、观念、信息的重新组合,找出更多更新的可能的答案、设想或解决办法。这种思维既无一定的方向,也无一定的范围,可以"海阔天空""异想天开",从已知的领域去探索未知的领域。在创新的初始阶段,科学构想往往会由于思维定式的强烈作用,使人们总是在一个固有的思维框架中挣扎;而采用发散思维,则能使人们摆脱束缚。由于发散的思路广阔,选择余地大,这就为最终敲定某一种方案创造了条件。以砖为例,在讲到砖的用途时,一般职工只能提到砖可以造房子、砌墙、铺路等,总离不开"建筑材料"这一功能范围;而一个发散思维好的人,则可以讲出更多用途,如可以当榔头敲东西、作为武器自卫、叠起来当凳子、在水泥地上当笔用、当枕头、压毛毡等。

3. 集中思维

集中思维是与发散思维相对而言的,又称为求同思维或聚敛思维,就是从已知的种种信息中产生一个结论,从现成的众多材料中寻找一个答案。集中思维是一种异中求同的思考方式,在大量创造性设想的基础上,通过分析、综合、比较、判断,选择最有价值的设想。集中思维就是鉴别、选择、加工的思维,因而也是创新思维的一个要素。创新思维活动实际上是发散思维和集中思维有机结合、循环往复而构成的思维活动。其活动过程:集中→发散→再集中→再发散→集中→再发散→再集中。集中思维与发散思维不同,发散思维一开始就要"放",而集中思维则是在"放"的基础上"收"。因此,也有人称集中思维为收缩思维或求同思维。例如破译"生命天书",人类基因组草图的绘制向人们展示了广阔的前景。根据人类基因组图谱,科学家可以从事生命科学研究,可以研究基因医疗,可以研制基因药品,也可对其他动植物进行研究等,这些都是"放"。在此基础上,科研人员根据自己所学的专业知识,根据社会发展的需要,可能选择其中一种,这就是"收"。

4. 横向思维

横向思维是一种打破逻辑局限,将思维往更宽广领域拓展的前进式思考模式,它的特点是不限制任何范畴，以偶然性概念来逃离逻辑思维，从而可以创造出更多匪夷所思的新想法、新观点、新事物的一种创造性思维。例如，游客有时会从帕特农神庙的古老立柱上砍下一些碎片，雅典当局对此非常关心，虽然这种行为是违法的，但是这些游客仍旧把它作为纪念品带走。当局如何才能阻止这一行动呢？管理当局从原来维修帕特农神庙时所用的矿石场里收集了一些大理石碎片，每天把这些碎片散放在帕特农神庙的周围。游客以为他们捡起来的碎片是从古老的立柱上掉下来的，因此他们感到很满意。

拓展阅读：
巧使货车通过天桥

> **【课堂小训练】**

打破思维局限

目的：训练横向思维。

要求：邀请两位同学按照所给定的要求解决问题，先解决的同学获得胜利。

请思考：如图3-4所示为一间房子，如何在不使用任何工具的条件下使其变成两间房子？

图3-4 房子

5. 多路思维

多路思维是指对一个有多种答案的问题，朝着各种可能解决的方向，去扩散性思考该问题各种正确答案的思维。从不同角度、不同逻辑起点、不同思维程序考察客观事物，形成多方面、多层次、多因素、多变量的整体认识。例如，以"电线"为蓝本，设想它的各种用途，学生们自然地将它和"电""信号"等联系起来，作为导体；也可以把它当作绳子，用来捆东西、扎口袋等。如果把电线分成材质、质量、体积、长度、韧性、直线、强度等要素再去思考，则会发现电线的用途无穷无尽，如可加工成织针，弯曲后作为鱼钩，可以做成弹簧，缠绕加工制成电磁铁，铜丝熔化后用以铸铜字、铜像，变形加工后可以做外文字拼图，做运算符号进行运算等。

6. 形象思维

形象思维是基于对直观形象和表象认识的思维过程，属于人的本能思维，具有普遍性。在日常的生活、学习和生产活动中，形象思维一直起着重要作用。没有形象思维，人类就无法形成对事物的感性认识，也就无法应用逻辑思维从中抽象出概念，形成理性认识，可以说，形象思维是思维的起点。

形象思维所反映的对象是事物的形象，既生动又直观，往往是创新思维的起点。但是形象思维中往往会不自觉地带有想象的成分，需要在后面的思维过程中仔细分辨。

7. 联想思维

联想思维是指在原先并不相关的事物之间搭起一座桥梁，将其联系起来的一种思维方式。人们常说的"由此及彼""由表及里""举一反三"等就是联想思维的体现。联想思维可以使人们扩展思路、升华认识、把握规律，联想思维能力越强，越能把意义上跨度很大的不同事物联结起来，从而使构思的格局变得更加广阔。

联想思维的形式一般分为以下几种。

（1）接近联想。接近联想是指由一个事物联想到时间、空间或某种联系上相接近的另一个事物。例如，由"桃花"想到"阳春三月"，由"蝉声"想到"盛暑"，由"大雁南去"想到"秋天到来"，由"天安门"想到"人民大会堂"等。

（2）类比联想。类比联想是指由一个事物想到另一个与其在性质、形态上接近或相似的事物。例如，由"大海"想到"海浪"，想到"鱼群"，想到"轮船"，想到"海底电缆"，想到"资源的开发和利用"等。又如，文艺作品中用"暴风雨"比喻"革命"，用"雄鹰"比喻"战士"等。

（3）对比联想。对比联想是指由一个事物联想到与其具有相反特点的另一个事物。例如，由"白"想到"黑"，由"高"想到"矮"，由"胖"想到"瘦"，由"高兴"想到"忧伤"，由"自由"想到"禁锢"，由"朋友"想到"敌人"，由"战争"想到"和平"等。对比联想使人容易看到事物的对立面，对于认识和分析事物有重要的作用。

8. 分合思维

分合思维是一种将思考对象的有关组成部分或构成因素在思维过程中有目的地分解或组合，从而创造出新产品的一种方法。科学技术的发展，一方面不断出现新的分化，另一方面又不断出现新的组合。无论是分化还是组合，只要能出新，经过分化或组合之后的东西在原来的基础上有发展、有提高，就是创新。最早的汽车只有一种，是客货混装的。随着科学技术的进步，特别是人们生活和工作的需要，人们对最早的汽车进行了分解，出现了客车和货车，而且有了许多新的品种。以客车为例，有大客车、面包车、吉普车、小轿车等，而且型号繁多，这就是分解。再看组合，以前打字与油印是分开的，现在的计算机打字机能将两者有机地结合起来，而且计算机的综合性表现在许多方面，仅以文字处理为例，它可以排版、画图、储存资料，而且迅速准确。计算机的组合性是科技创新的结果。

> **【课堂小训练】**
>
> **联想思维的训练**
>
> 联想思维可以在日常生活中培养和自我训练，也可以在教师的指导下进行强化训练。强化训练的注意事项如下：
>
> （1）在读完题目后，要立即进入题目的情境，设身处地地进行联想，虚拟的情境

越逼真,效果就越好。

(2)开始联想后,每联想到一件事物,就填写在题目后的表中,直到不能再想为止,但不要急于求成。

(3)一般可用2~3分钟完成一道题目,时间一到,马上转入下一道题目。

下面开始联想思维的训练。

(1)在两个没有关联的信息间寻找各种联想,将它们联结起来。

例如,粉笔—原子弹:粉笔—教师—科学知识—科学家—原子弹。

1)足球—讲台。

2)黑板—聂卫平。

3)汽车—绘图仪。

4)油泵—台灯。

(2)分别在下面每组字上加同一个字,使其组成不同的词。

1)自、睡、味、触、幻、感。

2)阔、大、博、东、告、意。

3)具、教、理、士、边、家。

四、避开思维误区

人们在进行思维创新时,往往会遇到图3-5所示的思维误区,这些思维误区会严重制约创新思维的产生,因而,大学生在创新活动中要尽量避开这些思维误区。其中,"关注结果,忽略过程"是指唯结果论,不注重过程的把控和经验的积累;"经验、地位、利益的偏见"是指过分重视经验、地位、利益的作用,思维偏颇;"犹豫不决,难以抉择"是指在创新思维产生的过程中,无法及时作出有效的决策;"追求完全的理性"是指只认可理性的、万无一失的创意;"忽视偶然性"是指不关注偶然的成功或失败,不挖掘其背后的原因;"拒绝与时俱进"是指不能主动、积极地吸收新知识、新观点,不能使自己的思维保持更新。

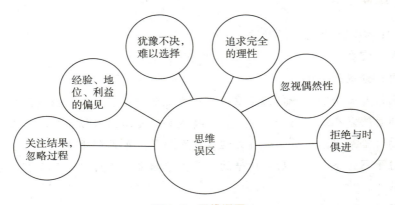

图3-5 思维误区

> 【案例】

吸尘器的产生

为了有效地清除房间中的灰尘，人们希望有一种能够迅速清理灰尘和脏物的机器。人们首先采用的是吹的方法，即用机器把灰尘吹掉。很快，美国人梅尔维尔·比塞尔（Melville Bissell）制造出了清扫器，并将它用于宫廷和高尔夫球场的清洁工作。

1901年，在英国伦敦举行了一场车厢清扫器公开表演活动，桥梁建筑师休伯特·塞西尔·布斯（Hubert Cecil Booth）也应邀参加。当表演活动开始时，灰尘被清扫器吹得漫天飞舞，使人睁不开眼睛。布斯对这种方法并不赞成，他心想：不应该采用吹的方法来除尘，应该反过来，先把灰尘吸入机器中，再清理机器中的灰尘。

布斯回到家后，用手帕蒙住口鼻，趴在地板上用嘴使劲吸气，结果发现手帕的背面沾满了灰尘。1901年8月，根据自己的实验结果，布斯终于发明了第一台真正意义上的真空吸尘器。

后来，人们在此基础上进行了改良，使吸尘器小型化，成为适合普通家庭使用的小家电。

【讨论互动】

除了案例所述的创新思维形式，在你的身边还存在哪些值得进行创新思维形式的事物？

活动1：即兴故事

活动目的：锻炼学生面对问题时的演讲与表达力，同时也可在演讲的过程中激发学生的想象力。

教师让每个学生写一些各种不相关话题（可以是任意内容，如足球、可乐、网络、WTO等）的纸条并收集起来。每个演讲的学生再随机抽取任意三个关键词，由教师宣读内容后，不允许有任何思考时间，就所抽内容进行不短于1分钟、不长于2分钟的即时演讲。活动结束后，由教师对所有演讲人员的情况进行总结和打分，并现场评述。

活动2：集体造句

活动目的：训练学生的思维能力。
道具：笔、空白纸。
参加人员：分成若干小组。
活动规则：每一小组第一位组员准备好一支笔和一张空白纸，游戏开始时，由每个小组的第一位组员随意在纸上写一个字，然后将笔和纸传给第二位组员，第二位组员按要求写完一个字后交给第三位组员……直到组成一个句子。如果到排尾，句子没有结束，则排尾的组员将句子写完整，写完后将所造的句子高举起来，最后以句子通顺，先举起造好句子的小组为胜。

可以根据课程时间进行2~3轮游戏，建议每组不低于10个人。

实践任务单（表 3-3、表 3-4）

表 3-3　实践任务单一

姓名		班级	
实践任务	思维训练——头脑风暴		
实践内容			
自拟一个社会问题，如"如何改善城市拥堵的交通情况""如何改变城市空气污染"等，围绕此社会问题，采用头脑风暴的思维训练方法设计此次实践活动，并将此次实践活动分解成若干步骤，在空白区域作答			

表 3-4 实践任务单二

姓名		班级	
实践任务	思维训练——制作思维导图		
实践内容			

1. 大学期间，你自认为最难的课程是哪门？并说明理由。

2. 针对问题 1，采用思维导图的方式，简明扼要地列出该课程教材的脉络。

3. 绘制一张思维导图，尽可能多地列出冰块或肥皂的用途。

4. 绘制一张思维导图，尽可能多地列出"缓解上班高峰期电梯拥挤"的方法

知识拓展

【拓展案例1——理论自信】

为中国式现代化提供强大思想指引

习近平新时代中国特色社会主义思想坚持把马克思主义基本原理同中国具体实际相结合、同中华优秀传统文化相结合，不断回答中国之问、世界之问、人民之问、时代之问，不断开辟马克思主义中国化时代化新境界。党的二十大报告提出了继续推进实践基础上的理论创新，即必须坚持人民至上、必须坚持自信自立、必须坚持守正创新、必须坚持问题导向、必须坚持系统观念、必须坚持胸怀天下。这"六个必须坚持"，是习近平新时代中国特色社会主义思想的立场观点方法的重要体现，为中国式现代化提供了强大思想指引。

中国式现代化与马克思主义中国化时代化是紧密联系在一起的。随着马克思主义中国化时代化的不断推进，中国式现代化在理论和实践上不断创新突破。

必须坚持人民至上

人民性是马克思主义的本质属性，党的理论是来自人民、为了人民、造福人民的理论。习近平新时代中国特色社会主义思想是当代中国马克思主义、21世纪马克思主义，是指导人民认识世界和改造世界的强大思想武器。在这一重要思想的科学指引下，中国式现代化不断向前发展。中国式现代化是人口规模巨大的现代化。我们党团结带领14亿多中国人民走向现代化，代表了最广大人民的根本利益，体现了为全体人民谋幸福的责任担当。中国式现代化是全体人民共同富裕的现代化。共同富裕是中国特色社会主义的本质要求。坚持把实现人民对美好生活的向往作为现代化建设的出发点和落脚点，着力维护和促进社会公平正义，着力促进全体人民共同富裕，坚决防止两极分化，体现了习近平新时代中国特色社会主义思想的鲜明本色和根本立场。

必须坚持自信自立

我们党历来坚持独立自主开拓前进道路，坚持把国家和民族发展放在自己力量的基点上，坚持中国的事情必须由中国人民自己作主张、自己来处理。习近平新时代中国特色社会主义思想体现着独立自主的探索和实践精神，贯穿着坚持走自己的路的坚定信心和决心。人类历史上，没有一个民族、没有一个国家可以通过依赖外部力量、跟在他人后面亦步亦趋实现强大和振兴。那样做的结果，不是必然遭遇失败，就是必然成为他人的附庸。在中华人民共和国成立特别是改革开放以来的长期探索实践基础上，经过党的十八大以来在理论和实践上的创新突破，我们党成功推进和拓展了中国式现代化。中国式现代化道路是党领导人民独立自主探索开辟出来的，中国的现代化问题必须由中国人自己来探索解答。习近平总书记关于中国式现代化的一系列重要论述，是习近平新时代中国特色社会主义思想的重要组成部分，体现了坚持独立自主的信心和力量，也彰显了脚踏中国大地、传承中华文明、走符合中国国情的正确道路的前进定力。中国式现代化既不刻舟求剑、封闭僵化，也不照抄照搬、食洋不化，打破了"现代化＝西方化"的迷思，破除了西方现代化模式的唯一性，为广大发展中国家独立自主迈向现代化提供了全新选择。

必须坚持守正创新

习近平总书记指出，当代中国的伟大社会变革，不是简单延续我国历史文化的母版，不是简单套用马克思主义经典作家设想的模板，不是其他国家社会主义实践的再版，也不是国外现代化发展的翻版。守正才能不迷失方向、不犯颠覆性错误，创新才能把握时代、引领时代。所谓守正，就是要坚持马克思主义基本原理不动摇，坚持党的全面领导不动摇，坚持中国特色社会主义不动摇。所谓创新，就是要紧跟时代步伐，顺应实践发展，以满腔热忱对待一切新生事物，不断拓展认识的广度和深度，敢于说前人没有说过的新话，敢于干前人没有干过的事情，以新的理论指导新的实践。中国式现代化的本质要求：坚持中国共产党领导，坚持中国特色社会主义，实现高质量发展，发展全过程人民民主，丰富人民精神世界，实现全体人民共同富裕，促进人与自然和谐共生，推动构建人类命运共同体，创造人类文明新形态。从中可见，中国式现代化理论既在现代化建设的领导力量和发展道路上体现了守正的立场，又为丰富发展马克思主义作出了原创性贡献。

必须坚持问题导向

每个时代总有属于它自己的问题，只要科学地认识、准确地把握、正确地解决这些问题，就能够把我们的社会不断推向前进。抓住问题就找到了实践前进的突破点，也就找到了理论创新的生长点。党的理论是在不断回答时代课题中创新发展的。党的十八大以来，以习近平同志为核心的党中央坚持问题导向，直面一系列长期积累及新出现的突出矛盾和问题，进行深邃思考和科学判断，系统回答一系列重大时代课题，不断推进理论创新和实践创新，提出以中国式现代化全面推进中华民族伟大复兴。明确新时代我国社会主要矛盾是人民日益增长的美好生活需要和不平衡不充分的发展之间的矛盾，因此必须坚持以人民为中心的发展思想，发展全过程人民民主，丰富人民精神世界，实现全体人民共同富裕。根据我国经济已转向高质量发展阶段的实际，党的二十大报告提出"高质量发展是全面建设社会主义现代化国家的首要任务。"这些体现问题导向的新要求新任务，都蕴含在中国式现代化的本质要求之中。

必须坚持系统观念

万事万物是相互联系、相互依存的。只有用普遍联系的、全面系统的、发展变化的观点观察事物，才能把握事物发展规律。作为发展中大国，我国仍处于社会主义初级阶段，正在经历广泛而深刻的社会变革，改革、发展、稳定是一个整体，推进改革发展、调整利益关系往往牵一发而动全身，尤其需要坚持和运用系统观念处理好各方面的关系。党的十八大以来，习近平总书记提出统揽伟大斗争、伟大工程、伟大事业、伟大梦想，提出统筹推进"五位一体"总体布局、协调推进"四个全面"战略布局，对党和国家事业发展作出科学完整的战略部署。党中央在领导推进各领域事业的过程中始终坚持系统思维，统筹考虑多方面因素，为整体推进党和国家事业发展提供了指导。在推进中国式现代化的进程中，既要实现高质量发展，又要维护和促进社会公平正义；既要物质富足，又要精神富有；既要实现人的全面发展，又要促进人与自然和谐共生。这种系统的思维方式为前瞻性思考、全局性谋划、整体性推进中国式现代化提供了科学思想方法。

必须坚持胸怀天下

中国共产党不仅要为中国人民谋幸福、为中华民族谋复兴，还要为人类谋进步、为世界谋大同。因此，我们党始终以世界眼光关注人类前途命运，从人类发展大潮流、世界变化大格局、中国发展大历史正确认识和处理同外部世界的关系，坚持开放、不搞封闭，坚持互利共赢、不搞零和博弈，坚持主持公道、伸张正义，坚定站在历史正确的一边、站在人类文明进步的一边。中国式现代化是走和平发展道路的现代化。我国不走一些国家通过战争、殖民、掠夺等方式实现现代化的老路，而是高举和平、发展、合作、共赢旗帜，在坚定维护世界和平与发展中谋求自身发展，又以自身发展更好维护世界和平与发展。推动构建人类命运共同体，呼吁各国弘扬和平、发展、公平、正义、民主、自由的全人类共同价值，引领人类发展进步潮流，创造人类文明新形态，体现了中国共产党坚持胸怀天下的责任担当，彰显了中国式现代化致力于人类发展与进步的世界意义，为人类文明发展的多样性贡献中国智慧、中国方案。

（来源：经济日报）

▶【拓展案例 2——TRIZ 创新理论】

TRIZ 理论

TRIZ 理论是 1946 年由苏联发明家根里奇·索洛维奇·阿奇舒勒（Genrikh Saulovich Altshuller）创立的，被译为"发明问题的解决理论"，拉丁语缩写为 TRIZ，因此，阿奇舒勒也被称为"TRIZ 之父"。TRIZ 的英文全称是 Theory of Inventive Problems Solving，因此也被称为 TIPS。TRIZ 理论作为一种创新方法，提供了通过思维收敛来解决问题的路径，可以对所有的发明问题进行求解。掌握了这种超级发明术，就可拥有不断进行发明创造的能力。

1946 年，阿奇舒勒在苏联的专利局工作，接触到了世界上各个类型的专利后开始思考，是否可以对这些专利的规律进行总结，便于人们在后续的发明创造过程中有可以遵循的规则，这样将会大大提高创新解决问题的效率。在接下来的工作中，又有很多研究机构和研究者加入了阿奇舒勒的团队，他们通过分析 250 万个世界高水平的专利，总结了各种产品的开发和进化过程，并且设计了解决发明问题的方法。TRIZ 理论是一套通过归纳这种逻辑方法形成的创新理论，被认为是目前较为全面、较为系统的能够帮助人们挖掘和开发创新性技术的方法。TRIZ 理论提供的不仅仅是一种解决问题的方法，更是一种思维方式，因此，其可以在多个领域给人们以指导。例如，TRIZ 理论中的 40 条发明原理就是通过分析和总结不同领域现有的革新成果而获得的万能经验，俄罗斯的很多小学生都能理解并尝试使用。这些万能经验对生活中发生的各种事情也是具有指导性的，许多学习过 TRIZ 理论的毕业生透露，他们在求职和工作中也常使用这些发明原理解决问题。但是也需要辩证地看待 TRIZ，并不是说掌握了 40 条发明原理就可以解决所有的问题，有时需要重新定义问题，然后采取 TRIZ 理论中的其他条例解决，或者需要对比各种方法获得的方案，从优中选优。

以下是 TRIZ 发明的 40 个发明原理。

原理 1：分割。将一个对象或系统分割成较小的部分，以寻找问题的解决方案。

原理 2：抽离。将一些与问题无关的因素抽离出来，以减少不必要的复杂性。

原理 3：局部质量。在一个系统中，将不同部分的质量要求区别化，以提高整体效能。

原理 4：反压。通过应用相反方向的力或压力，以克服问题的障碍。

原理 5：统一。对不同的部分或功能进行统一，以减少重复和冗余。

原理 6：纵向拆分。将一个系统或对象的垂直层次重新组织，以提高效率。

原理 7：横向拆分。将一个系统或对象的水平分布重新组织，以改善协调和合作。

原理 8：碎片。将一个对象或系统分成较小的碎片，以便更好地管理和控制。

原理 9：反周期。使不同周期或节奏的变量相互作用，以产生新的效果或解决方案。

原理 10：预期反应。预测未来的问题或反应，以提前采取预防措施。

原理 11：使用资源。充分利用已有的资源，不浪费和滥用。

原理 12：选择组合。选择最佳的组合方案，以满足不同需求和要求。

原理 13：相反。通过采取相反方向的行动，来解决问题。

原理 14：轮替。按照固定的时间表或顺序，进行循环操作，以提高效率和效果。

原理 15：逃逸。通过引入新的因素或变量，逃避现有的问题和限制。

原理 16：引导。通过引导、导向和控制，以达到预期的效果和目标。

原理 17：透明物质。使用透明材料或技术，以便更好地观察和控制。

原理 18：机械振动。利用机械振动的特性，以解决问题或创造新的效果。

原理 19：传导。通过导热、传热或传导，以改变温度、压力等变量。

原理 20：连通。将不同的对象或系统连通，以提高协同和协作。

原理 21：表面改性。通过改变表面的性质和特性，以改善功能和效果。

原理 22：非均匀。在一个系统中引入非均匀性，以产生新的效果和变化。

原理23：相同与可互换。使用相同的部件或元素来替代，以降低成本和简化设计。
原理24：反阻力。通过减少阻力或开辟新的路径，以解决问题。
原理25：自由赋予物质。通过改变物质的性质和结构，以改变其功能和用途。
原理26：错误校正。通过使用纠错码、容错机制等，以纠正和预防错误。
原理27：动态。通过引入动态变量和因素，以改变静态系统或对象。
原理28：非力量运动。通过使用其他因素和机制，以实现目标和效果。
原理29：反作用。通过反作用和反馈机制，以解决问题。
原理30：空间替代。通过使用不同的空间和位置，以实现不同的效果和目标。
原理31：颜色变化。通过引入颜色变化，以改变系统或对象的感知和表现。
原理32：临界状态。通过达到临界状态，以触发新的效果和行为。
原理33：壳体。通过引入壳体、壳层或保护层，以保护和改善系统。
原理34：褶皱。通过引入褶皱或层次结构，以增加系统的柔韧性和适应性。
原理35：密度变化。通过改变密度和分布，以改变系统的性质和响应。
原理36：复合材料。通过使用复合材料，以提高系统的强度和性能。
原理37：热膨胀。通过利用热膨胀的特性，以实现目标和效果。
原理38：相变。通过引入相变或相互作用，以改变系统或对象的性质和响应。
原理39：过程加速。通过加快过程的速度和效率，以提高系统的性能和效果。
原理40：规律性。通过应用规律性的变化和关系，以改变系统的行为和表现。

有人用TRIZ理论解决了飞机空中加油等一系列技术问题，因此获得了16亿美元的订单，这一事件被公开报道后，TRIZ理论受到各大企业的广泛关注。实际上，世界500强企业都对TRIZ理论情有独钟。目前，TRIZ理论已经扩展到各行各业，在机械制造、文物保护、教学研究、化学工业等领域解决了众多难题。

实践反思

知识回顾

本任务从创新设计思维、创新思维的训练方法、创新思维训练三个方面，以理论与案例相结合的方式，阐述了提升创新思维能力的途径。

创新设计思维是指通过对现有问题的重新思考，提出新的解决方案或创造出新产品的能力。这种能力需要具备敏锐的观察力、想象力和批判性思维。通过培养创新设计的思维方式，可以提高解决问题和创新的能力，促进个人和组织的发展。

在创新思维的训练方面，首先，鼓励个人进行独立思考和探索；其次，提供多样化的学习资源和实践机会，如参加研讨会、工作坊等活动；再次，建立开放的沟通环境，让团队成员之间能够分享想法和建议；最后，注重培养创造性思维和问题解决技能，通过不断挑战自己和他人来实现自我成长。

创新思维是创新设计的基础，而训练创新思维的方法则是实现创新设计和解决问题的关键。只有通过不断训练和实践，才能培养出具有创新思维和解决问题的能力的人才。因此，应该积极投入到这些方法的实践中，不断地提升自己的创新思维和解决问题的能力水平。

拓展练习

练习 1

1. 在日常生活或学习中，我们经常使用的创新方法是什么？
2. 你的创新思维曾被主客观原因阻碍过吗？学完本任务，你打算如何去消除阻碍？

练习 2：思维方式测试

只需统计出你选出的 ABC 的个数即可。如果有些问题的选项中没有符合你实际情况的，可以不选，但是要记录个数。

1. 看地图或街道示意图时，你（　　）。

A. 看不懂，经常询问别人

B. 转动地图，使它朝向你将去的方向

C. 毫不费劲就能看懂地图

2. 你正在做一道复杂的菜肴，电视机开着，这时你朋友的电话来了，你（　　）。

A. 电视机继续开着，一边做菜，一边打电话

B. 把电视机关了，然后边做菜边打电话

C. 告诉你的朋友，你一做完菜马上就给她/他回电话

3. 朋友们将来你的新家做客，事先向你询问方向，你将（　　）。

A. 画一张非常清楚的地图送给他们或让其他人解释如何来到

B. 问他们知道哪些沿途的标记，然后尽量解释清楚如何来

C. 口头上解释如何走，如坐 3 路车到图书馆后下车，左拐，到第二个十字路口

4. 在解释一个主意或一个概念时，你更可能（　　）。

A. 用一支铅笔、一张纸及身体语言

B. 用身体语言、手势解释

C. 口头解释，简单明了

5. 当观看完一部大片后，你更愿（　　）。

A. 在脑海中回忆电影镜头

B. 谈论场景及演员的台词

C. 谈论中主要引用电影中的台词

6. 在一家剧院中，你通常喜欢坐在（　　）。

A. 剧院的右边

B. 不介意坐在哪儿

C. 剧院的左边

7. 一个朋友有个小机器坏了，你将（　　）。

A. 同情，讨论有什么感受

B. 推荐能修好机器的人

C. 琢磨它是如何工作的，企图帮他/她修好

8. 在一个你不熟悉的地方，有人问你哪个方向是北，你（　　）。

A. 承认你也不知道

B. 经过一番思索后，猜测哪边是北

C. 毫不费力地找到北

9. 泊车时，你发现了一个空车位，但地方很窄，你将（　　）。

A. 尽量寻找其他宽敞的空车位

B. 小心地尝试把车倒进去

C. 轻松地把车倒进去

10. 你正看着电视，电话铃响了，你将（　　）。

A. 开着电视接电话

B. 把电视关了，然后接电话

C. 把电视关了，并让其他人保持安静，然后接电话

11. 你刚刚听过一首你最喜欢的歌唱家演唱的新歌，你通常（　　）。

A. 毫不费劲地唱出部分歌词

B. 如果这是一首相当简单的歌，你能唱出部分歌词

C. 想不起来歌词是什么，但可能回忆出部分旋律

12. 你预测结果，常凭（　　）。

A. 直觉

B. 运用掌握的信息及感觉作出判断

C. 事实、统计结果、资料

13. 你把钥匙放错了地方，找不到了，你将（　　）。

A. 先做其他事，直到自己想起来

B. 先做其他事，但是继续尽力回忆钥匙的位置

C. 回忆整个经过，直到想起放钥匙的位置

14. 在一个旅馆的房间里，你听到远处传来警报器的声音，你（　　）。

A. 能立即指出是从哪里传来的

B. 仔细辨认后能指出是从哪里传来的

C. 即使仔细辨认也不能指出是从哪里传来的

15. 你去了一个社交性会议，别人介绍了七八个陌生人给你。第二天你（   ）。

A. 能清楚地回忆起他们的脸孔

B. 能回忆起其中一部分人的脸孔

C. 更可能回忆起他们的名字

16. 你想要去乡间度假，而你的父母想去海边。为了证明你的主意更好，你（   ）。

A. 告诉他们你感觉将多美好，你非常喜爱农村风景，大人及孩子都会在那儿度过愉快的时光

B. 告诉他们如果去乡间度假你将感激不尽，然后下次将会非常乐意去海边

C. 运用事实说服父母：乡间旅游地点近，且便宜，体育、休闲活动丰富

17. 在安排你的一日活动计划时，你常（   ）。

A. 列出一张表，这样你能看出需要干什么

B. 考虑一下你要干的事

C. 在脑海中过一遍你将看到的人、将去的地方、即将要做的事

18. 你的朋友来和你讨论他的一个个人问题，你（   ）。

A. 同情并且理解

B. 告诉朋友问题并不像看起来的那样糟糕，然后解释为什么

C. 提供解决问题的合理建议

19. 两个你都认识的朋友有了一段秘密的婚外情，你能看出来吗？（   ）

A. 一开始你就能看出来

B. 过了一段时间后你能看出来

C. 你可能没有意识到

20. 什么是生活？你如何看待它？（   ）

A. 有很多朋友，和你周围的人和睦相处

B. 在保证自己独立的基础上和其他人友好相处

C. 实现有价值的目标，获得别人的尊敬，赢得社会的名望

21. 可能的话，你会选择怎样的工作？（   ）

A. 在一个人人和睦相处的团队中

B. 在保证自己独立的空间的基础上和他人合作

C. 自己一个人

22. 你喜爱读的是（   ）。

A. 小说和虚构的故事

B. 杂志和报纸

C. 非虚构类，如自传

23. 在逛商店时，你倾向于（   ）。

A. 通常一冲动就买东西，尤其是那些特别的、不常用的东西

B. 有一个日常的计划，但有时遇见合意的也会买

C. 仔细阅读价目表，比较价钱后再决定是否买

24. 对于睡觉、起床、吃饭你喜欢如何安排？（　　）

A. 想吃就吃，想睡就睡

B. 有基本计划，有时也灵活变化

C. 每天固定的时间做固定的事

25. 你开始了一份新工作，遇见了许多新朋友。你正在家中，他们中有一个人给你打电话，你将（　　）。

A. 非常容易辨认出他的声音

B. 中途辨认出他的声音

C. 没有辨认出他的声音

26. 和别人争吵时让你最难过的是什么？（　　）

A. 他们的沉默和缺少反应

B. 他们不愿再听你的观点

C. 他们富于挑战性的问题及陈述

27. 在学校中，你对拼写测验和写作有什么样的感觉？（　　）

A. 发现它们很容易

B. 你会做好其中的一项

C. 你两项都不擅长

28. 在练习跳舞时，你（　　）。

A. 一旦学会了步法，就能感觉出音乐来

B. 能做部分练习及舞蹈步法，但是跟不上其他人

C. 很难跟上节拍

29. 你善于识别和模仿动物声音吗？（　　）

A. 不善于

B. 有普通的常识

C. 非常棒

30. 在漫长的一天的最后，你通常喜爱（　　）。

A. 和你的朋友或家人轻松地聊你的一天

B. 听其他人谈论他们的一天

C. 看电视，但不说话

计算得分，并填写表 3-5。

表 3-5　计算得分

男性		女性	
A 的个数 ×15 分 =		A 的个数 ×10 分 =	
B 的个数 ×5 分 =		B 的个数 ×5 分 =	
C 的个数 ×（-5）分 =		C 的个数 ×（-5）分 =	
总分		总分	

注：空选项算 5 分

分析结果如下。

（1）多数男性的分数会分布在 0～180 分；多数女性的分数会分布在 150～300 分。

（2）偏男性化的大脑，分数会低于 150 分。分数越接近 0 分就越男性化。他们有很强的逻辑观念、分析能力、说话技巧，很自律，也很有组织性，不容易受到情绪的影响。

（3）分数在 150～180 分的人，其思考方式拥有两性的特质。他们对男女都没有偏见，在解决问题方面反应会比较灵活，能找出最佳的解决方法。

（4）分数高于 180 分的人很女性化。分数越高，其大脑就越女性化。他们富有创意，有音乐艺术方面的天分。他们会凭直觉与感觉作决定，并擅长用很少的资讯判断问题。

（5）分数低于 0 分的男性或高于 300 分的女性，他们大脑的构造是完全不同的。

学习评价（表 3-6）

表 3-6　学习情况评价表

评价课程：　　　　　　　　　　　　评价时间：

姓名		班级		小组	
评价项目	评价内容	分值	学生自评	小组互评	教师评价
学习态度	上课认真听讲，作业完成认真，积极参与课堂讨论	20			
专业能力	达到本任务知识目标、能力目标、素质目标的要求	30			
创新能力	积极参与课堂讨论，具有创新思维，能够提出合理的创新方法	30			
协作能力	善于与人合作，虚心听取别人的意见，能够启发他人思维	20			
	评价汇总	100			
	总评分数				

任务四
捕捉用户痛点

【学习目标】

知识目标

1. 了解创业机会的概念、特征及分类。
2. 了解影响创业机会识别的因素。
3. 了解有价值创业机会的基本特征。
4. 了解创业机会评估的内容。
5. 掌握发现创业机会的步骤。
6. 掌握创业机会识别及筛选的方法。
7. 掌握创业机会评估的技巧和策略。

能力目标

能运用所学知识挖掘创业机会。

素质目标

培养学生挖掘创业机会的意识。

【学习导图】

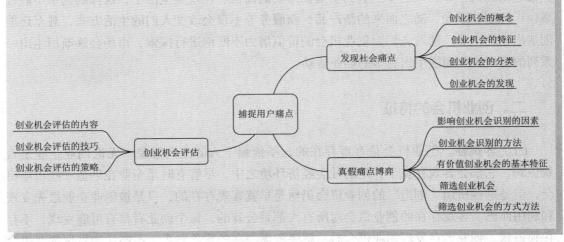

> **实践理论**
>
> 人人都可以创业，但并不是人人都可以创业成功。大学生创业者需要具备识别和评估创业机会的能力，并采取适当的行动策略，实现创业机会的价值。

知识点 1　发现社会痛点

一、创业机会的概念

创业是建立在机会的基础上的，创业机会又称商机或市场机会。通常，创业机会有以下几种定义。

（1）创业机会可以带来一种新的"目的—手段"关系，它能为经济活动引入新产品、新服务、新原料、新市场或新组织方式。

（2）创业机会是指具有较强吸引力的、较为持久的、有利于创业的商业机会，创业者可以据此为用户提供有价值的产品或服务，同时使创业者自身获益。

综上所述，对于创业机会可得出较为全面的概念：创业机会是指在市场经济条件下，社会的经济活动过程中产生和形成的一种有利于企业经营成功的因素，是一种带有偶然性并能被创业者认识和利用的契机。

大多数创业者能创业成功都是因为把握了商业机会。例如，蒙牛的牛根生看到了乳业市场的商机；好利来的罗红看到了蛋糕市场的商机。在现实生活中，这样的例子不胜枚举。一旦创业成功，随之而来的新产品、新服务等不仅会改变人们的生活方式，甚至还能创造出新的产业。随着人们对创业机会的价值潜力不断地进行探索，市场会逐渐衍生出一系列的商机，从而滋生出更多的创业活动。

二、创业机会的特征

（1）客观性。创业机会是客观存在的，不依赖于人的主观想象，无论创业企业是否意识到，它都会客观存在于一定的社会经济环境之中，尽管有时是企业在创造一些市场机会，但是这些所谓"创造"的创业机会仍然是早就客观存在的，只是被创业企业最先发现和利用而已。客观存在的创业机会对所有人都是公开的，每个创业者都有可能发现，不存在独占权。创业者在发现创业机会时，就要考虑潜在的竞争对手，不能认为发现创业机会就意味着独占，独占创业机会就意味着成功。

（2）潜在性。机会是一种无形的事物，人们只能凭感觉意识到它的存在，而无法看到、触摸它。机会总是潜藏在社会现象的背后，因此，人们很难认识到机会的存在，往往与机会失之交臂。创业机会并不是一种现实的、明确的、具有价值的产品或服务，创业机会的潜在性决定了创业机会的风险性。创业机会从潜在的需求变成现实产品或服务的过程也是创业者不断躲避风险、创造价值的过程。

（3）时效性。时效性是指创业机会必须在机会窗口存续的时间内被发现并利用。而机会窗口是指将商业想法推广到市场上所花费的时间。创业者在机会窗口的哪个阶段进入市场，在很大程度上决定了创业的成败。一般来说，市场规模越大，待定机会的时间跨度越大，市场的成长性越好。如果创业者一定要等到天时地利人和且其他各种条件都具备时再开始实践，可能机会已经不复存在了。

（4）行业吸引力。不同行业的利润空间、进入成本和资源要求不同，其行业吸引力也不同。一般来说，最具吸引力的是持续成长的行业，其具有不断增长的市场空间和长期利润的预期，对新进入者的限制较少。另外，当产品对消费者必不可少时，消费者对该产品存在刚性需求，如生活必需品，这也会提升行业吸引力。行业的选择是创业者选择机会首要考虑的问题。对于任何创业者，应首先进入那些大部分参与者都能获得良好效益的行业，而不要选择那些很多公司为了生存而拼命挣扎的行业。

（5）不确定性。创业机会总是存在的，但机会的发展事先往往难以预料。创业机会在一定的条件下产生，条件改变了，结果往往也会随之改变。创业者在发掘创业机会时，一般是根据已知条件进行的，但结果可能会出乎意料，原因可能是已知条件改变，或者创业者利用机会的努力程度不够。

三、创业机会的分类

（1）按创业机会的来源分类。按照来源，创业机会可分为问题型机会、趋势型机会和组合型机会。

1）问题型机会。问题型机会是指由现实中存在的未被解决的问题所产生的创业机会。问题型机会在人们的日常生活和企业实践中大量存在。例如，顾客的抱怨、大量的退货、无法买到称心如意的商品、服务质量差等。在解决这些问题的过程中，会存在价值或大或小的创业机会，需要创业者用心发掘。

2）趋势型机会。趋势型机会是指在变化中看到未来的发展方向，预测到将来的潜力和机会。这种机会一般容易在重要领域改革或时代变迁的时期产生。在这种环境下，各种新的变革不断出现，但往往不被多数人所认可和接受，一旦能够及早发现并把握这种机会，就有可能成为未来趋势的先行者和领导者。

3）组合型机会。组合型机会是指将现有的两项以上的技术、产品、服务等因素组合起来，实现新的用途和价值，从而获得的创业机会。这种机会如同"嫁接"，对已经存在的多种因素进行重新组合，往往能实现与过去功能大不相同或效果倍增的目标。

（2）按目的—手段关系的明确程度分类。按目的—手段关系的明确程度，创业机会可分为识别型机会（目的—手段关系明确）、发现型机会（目的—手段关系有一方不明确）和创造型机会（目的—手段均不明确）三种。

1）识别型机会。识别型机会是指市场中的目的—手段关系十分明确，是创业者可通过目的—手段关系的连接来辨识的机会。例如，当商品供求之间出现矛盾或冲突，不能有效地满足需求时，就会出现大量的创业机会。

2）发现型机会。发现型机会是指目的—手段有一方的状况未知，等待创业者去挖掘的机会。例如，一项技术被开发出来，但尚未有具体的商业化产品出现，因此，需要通过不断尝试来挖掘市场机会。

3）创造型机会。创造型机会是指目的—手段均不明确，因此，创业者要比他人更具先见之明，才能创造出有价值的市场机会。在目的—手段均不明确的情况下，创业者想要建立起连接关系的难度非常高。但这种机会通常可以创造出新的目的—手段关系，为创业者带来巨大的利润。

在商业实践中，识别型机会、发现型机会和创造型机会可能同时存在。一般来说，识别型机会多处于供求尚未均衡的市场，创新程度较低，这类机会并不需要太复杂的辨别过程，反而强调拥有较多的资源就可以较快进入市场获利。把握创造型机会非常困难，它依赖于新的目的—手段关系，需要创业者的创造性资源整合能力与敏锐的洞察力，同时，创业者还必须承担巨大的风险。发现型机会最为常见，也是目前大多数创业者研究的对象。

四、创业机会的发现

创业机会的发现是创业机会识别过程中最重要的一步。

1. 形成创意

一个企业创业成功的关键，可能来自一个经适当评价的新产品或服务的较完美的创意，而创意往往来自对市场机会、技术机会、政策机会的感觉和把握，具体来自顾客、现有企业、企业的分销渠道、政府机构、企业的研发活动等。

（1）顾客。创业者可以通过正规或非正规的方式，接触有关新产品或服务的创意的最终焦点——潜在顾客，了解顾客的需求或潜在需求，从而形成创意。

（2）现有企业。主要是对市场竞争者的产品和服务进行追踪、分析及评价，找出现有产品存在的缺陷，有针对性地提出改进产品的方法，形成创意，并开发有巨大潜力的新产品，进行创业。

（3）企业的分销渠道。由于分销商是直接面向市场的，他们不仅可以提供顾客所需的产品改进和新产品类型等方面的广泛信息，而且能对全新的产品提出建议并帮助推广新产品。因此，与分销商保持沟通，是形成创意的一条途径。

（4）政府机构。一方面，国家知识产权局的文档中蕴含着大量的新产品创意，尽管其专利本身可能对新产品的引进形成法律制约，却可能对其他具有市场潜力的创意带来有益的启发；另一方面，创意可能来自对政府有关法规的反应。

（5）企业的研发活动。企业本身的研发活动通常有精良的装备支持，有能力为企业成功地开发新产品，它是创意的一个很大的来源。

一个创意可以通过多种方法产生，主要有以下四种。

（1）根据经验分析。对于创业者而言，创意是创建企业的工具，在创建成功企业的过程中少不了它。就这方面而言，经验在审视创意时显得至关重要。有经验的创业者往往在模式和机会还在形成的过程中，就表现出了快速识别和形成创意的能力。

（2）创造性思维。创造性思维在形成创意的过程中是很有价值的，而且在创业的其他方面也是如此。创造性思维可以通过学习和培训等来提升。

（3）激发创造力。激发创造力的方法很多，如头脑风暴法、自由联想法、灵感激励法等。

（4）依靠团队创造力。当人们组成团队时，往往可以产生单个人所不具备的创造力。而且，通过小组成员集体交换意见所产生的问题解决方案和其他方式相比，或者更好，或者相当。

2. 创业机会信息的收集

创业机会信息的收集是使创意变为现实的创业机会的基础工作。

（1）根据创意，明确研究的目的或目标。例如，创业者可能会认为他们的产品或服务存在一个市场，但他们不能明确一个问题：产品或服务如果以某种形式出现，谁将是顾客。这样，一个目标便是向人们询问他们如何看待该产品或服务，是否愿意购买，并了解有关人口统计的背景资料和顾客个人的态度。当然，还有其他目标，如了解有多少潜在顾客愿意购买该产品或服务，潜在的顾客愿意在哪里购买，以及预期会在哪里听说或了解该产品或服务等。

（2）从已有数据或第二手资料中搜集信息。这些信息主要来自商贸杂志、图书馆、政府机构、大学或专门的咨询机构、互联网等。一般可以找到一些关于行业、竞争者、顾客偏好趋向、产品创新等方面的信息。该种信息的获得一般是免费的，或者成本较低，创业者应尽可能利用这些信息。

（3）从第一手资料中搜集信息。搜集第一手资料需要一个数据搜集过程，如观察、网络搜索、访谈、集中小组试验、问卷调查法，该种信息的获得一般来说成本都比较高，却能够获得更有意义的信息，可以更好地识别创业机会。

创业难，发掘创业机会更难。一般而言，改进现有商业模式比创造一个全新的商业模式更加容易。许多创业者都可以从过去任职公司的经验中发现大量可以立即改进的缺失，包括未被满足的顾客需求、产品品质上的瑕疵、作业程序上的不经济等。事实上，大部分离职创业者以为自己能够做得比在原有公司更好，有创业成功的把握。

拓展阅读：机会窗口

【案例】

"牛仔大王"李维斯

当年李维斯像许多年轻人一样，带着梦想前往西部追赶淘金热潮。一日，突然间他发现有一条大河挡住了他西去的路。苦等数日，被阻隔的行人越来越多，但都无法过河。于是陆续有人向上游、下游绕道而行，也有人打道回府，更多的则是怨声一片。而心情慢慢平静下来的李维斯想起了曾有人传授给他的一个"制胜法宝",是一段话:"太棒了,这样的事情竟然发生在我的身上,又给了我一个成长的机会。凡事的发生必有其因果,必有助于我。"于是他来到大河边,"非常兴奋"地不断重复着对自己说:"太棒了,大河居然挡住我的去路,给我一次成长的机会,凡事的发生必有其因果,必有助于我。"果然,他真的有了一个绝妙的创业主意——摆渡。没有人吝啬于花一点小钱坐他的渡船过河,迅速地,他人生的第一笔财富居然因大河挡道而获得。一段时间后,摆渡生意开始清淡。他决定放弃,并继续前往西部淘金。来到西部,四处是人,他找到一块合适的空地,买了工具便开始淘起金来。在刚到西部的那段时间,他多次被人欺侮,有一次被人打完之后,看着那些人扬长而去的背影,他又一次想起了他的"制胜法宝"。终于,他又想出了另一个绝妙的主意——卖水。西部不缺黄金,但似乎自己无力与人争雄;西部缺水,可似乎没什么人能想到它。不久,他卖水的生意便红火起来。慢慢地,也有人参与了他的行业,再后来,同行的人已越来越多,竞争越来越激烈。终于有一天,李维斯不得不再次无奈地放弃卖水的生意。然而他立即开始调整自己的心态,再次强行让自己兴奋起来,又一次想起他的"制胜法宝",并开始调整自己注意的焦点。他发现来西部淘金的人,衣服极易磨破,同时又发现西部到处都有废弃的帐篷,于是他又有了一个绝妙的好主意——把那些废弃的帐篷收集起来,清洗干净,就这样,他缝成了世界上第一条牛仔裤!从此一发不可收拾,最终成为举世闻名的"牛仔大王"。

【讨论互动】

李维斯是如何发现创业机会的?这些创业机会具有怎样的特征?李维斯的创业过程对你有何启发?

知识点2 真假痛点博弈

一、影响创业机会识别的因素

在现实生活中,创业者要发现真正的创业机会并成功地抓住它,通常会受到许多因素的影响。具体而言,影响创业机会识别的因素主要有以下几种。

1. 先前经验

在特定的产业中,先前的经验有助于创业者识别机会,即通常所说的"走廊原理"。走廊原理是指创业者一旦创建企业,就开始了一段旅程,在这段旅程中,通向创业机会的"走廊"将变得清晰可见。换句话说,一个人一旦投身于某一个产业创业,往往比那些从未涉足过该产业的人更容易识别产业内的新机会。

2. 认知因素

有人认为,机会识别可能是一项先天技能,创业者往往拥有这种技能(常被称为"第六感"），因而他们更容易发现创业机会。很多创业者也认同这种观点，认为自己比别人"更警觉"。其实，这种"警觉"在很大程度上是一种习得性的技能，在某个领域拥有更多知识的人，往往对该领域内的机会更警觉，进而更容易识别相关的创业机会。例如，计算机工程师就比律师更容易识别计算机产业内的创业机会。

3. 社会关系网络

个人社会关系网络的广度影响着创业机会的识别。社会关系网络较广的人比那些社会关系网络较窄的人更容易得到好的机会和创意。一项针对65家创业企业的调查显示，半数创业者是通过社会关系得到创业机会的。一项类似的研究分析了独立创业者（独自识别创业机会的创业者）与网络型创业者（通过社会关系识别创业机会的创业者）之间的差别，研究人员发现，网络型创业者能比独立创业者识别出更多的创业机会。

4. 创造性

创造性有助于新奇创意的产生。从某种程度上讲，机会识别是一个创造过程，是不断进行创造性思维的过程。具有创造性思维的人更容易发现创业机会。例如，在现实生活中，听过较多奇闻逸事或更具创造性的人，更容易发现蕴藏在诸多产品、服务和业务活动中的创业机会。

二、创业机会识别的方法

创业者不仅要善于发现机会，更需要正确把握并果敢行动，将机会变成现实的结果。

1. 着眼于问题把握机会

发现机会并不意味着无须代价就能抓住机会，许多成功的企业是从解决问题起步的。所谓问题，就是现实与理想的差距。例如，顾客需求没有得到满足就是问题，而设法满足这一需求，就抓住了市场机会。

2. 利用变化把握机会

变化中常常蕴藏着无限商机，许多创业机会产生于不断变化的市场环境。环境变化将带来产业结构的调整、消费结构的升级、思想观念的转变、政府政策的变化、居民收入水平的提高等。人们透过这些变化，就会发现新的机会。在国营事业民营化的过程中，创业者可以在交通、电信、能源等产业中发掘创业机会。私人轿车拥有量的不断增加，将产生汽车销售、修理、配件、清洁、装潢、二手车交易和陪驾等诸多创业机会。任何变化都能激发新的创业机会，需要创业者凭着自己敏锐的嗅觉去发现和创造。

3. 跟踪科技创新把握机会

世界产业发展的历史告诉我们，几乎每一个新兴产业的形成和发展，都是科技创新的结果。产业的变更或产品的替代，既满足了顾客需求，又带来了前所未有的创业机会。例如，计算机诞生后，软件开发、计算机维修、图文制作、信息服务和网上开店等创业机会应运而生。任何产品的市场都有其生命周期，产品会不断趋于饱和、达到成熟直至走向衰退，最终被新产品所替代，创业者如果能够跟随产业发展和产品替代的步伐，通过科技创新则能够不断寻求新的发展机会。

4. 在市场夹缝中把握机会

创业机会存在于为顾客提供价值的产品或服务中，而顾客的需求是有差异的。创业者要善于找出顾客的特殊需要，盯住其个性需要并认真研究其需求特征，这样就可能发现和把握商机。时下，创业者热衷于开发所谓的高科技领域等热门课题，但创业机会并不只属于"高科技领域"，在金融、保健、饮食、流通这些所谓的"低科技领域"也有机会。所以，创业者要克服从众心理和传统习惯思维的束缚，寻找市场空白点或市场缝隙，从行业或市场在矛盾发展过程中形成的空白地带把握机会。

5. 捕捉政策变化把握机会

我国市场受政策影响很大，新政策的出台往往引发新商机，如果创业者善于研究和利用政策，就能抓住商机，站在潮头。2006年，国家出台了新的汽车产业政策，鼓励个人、集体和外资投资建设停车场。停车场日益增多的同时，对于与停车场建设相配套的智能门禁考勤系统、停车场系统、通道管理系统等的需求也随之增多，专门供应停车场所需的软硬件设备就成为一个重要商机。事实上，从政策中寻找商机并不仅表现在政策条文所规定的表面，随着社会分工的不断细化和专业化，政策变化所提供的商机还可以延伸，创业者可以从产业链在上下游的延伸中寻找商机。

6. 弥补对手缺陷把握机会

很多创业机会是由于竞争对手的失误而"意外"获得的，如果能及时抓住竞争对手策略中的漏洞而大做文章，或者能比竞争对手更快、更可靠、更便宜地提供产品或服务，也许就找到了机会。为此，创业者应追踪、分析和评价竞争对手的产品及服务，找出现有产品存在的缺陷，有针对性地提出改进方法，形成创意，并开发具有潜力的新产品或新功能，就能够出其不意，成功创业。

三、有价值创业机会的基本特征

1. 独特、新颖，难以模仿

创业的本质是创新，创新可以是创造新的技术和新的解决方案，可以是提出差异化的解决办法，也可以是设计更好的措施。另外，新颖性还意味着一定程度的领先性。不少创业者在识别创业机会时，关注国家政策优先支持的领域，这就是在寻找领先性的项目。不具有新颖性的想法不仅将来不会吸引投资者和顾客，甚至对创业者本人都不会有激励作用。新颖性还可以加大模仿的难度。

2. 客观、真实，可以操作

有价值的创意绝对不能是空想，而要有现实意义，具有实用价值。简单的判断标准是该创意能够开发出可以把握机会的产品或服务，而且市场上存在对该产品或服务的真实需求，或可以找到让潜在顾客接受产品或服务的方法。创意的价值特征是根本，好的创意要能给顾客带来真正的价值。创意的价值要靠市场来检验。因此，好的创意需要进行市场测试。同时，好的创意必须给创业者带来价值，这是创业动机产生的前提。

四、筛选创业机会

市场环境中潜藏着很多创业机会，有些创业机会是有可能转变为创业成果的，而有些创业机会则是难以实施的。对相对缺乏资源的大学生创业者而言，只有创业机会可实施、有价值，才能被真正应用于创业活动之中。总体来说，创业者主要可以从创业机会的原始市场规模、创业机会的时间跨度、市场规模随时间增长的速度、创业机会的可实现性、创业机会的风险性等方面来筛选创业机会。

1. 创业机会的原始市场规模

创业机会的原始市场规模是指创业机会形成之初的市场规模。原始市场规模决定了创业者在创业初期可能获得的销售成绩和利润。对于资本、技术、运营能力等不足的创业者来说，原始市场规模越大，他们可能获得的销售规模就越大，生存率也就越高。但这类创业者的竞争优势不明显，难以与竞争能力更强的企业争夺市场，所以也可以在原始规模较小的市场中寻找创业机会。反之，对于在资本、技术、运营能力等方面具有一定优势的创业者来说，原始市场规模越大，他们能够拥有的销售规模就越大，发展得也就越好。

2. 创业机会的时间跨度

创业机会的时间跨度是指创业机会的存在时限。创业机会的时间跨度是处于变化之中的，不同行业或同一行业不同时期的创业机会，其时间跨度也不一样。一般来说，创业机会的时间跨度越大，创业企业自我调整、整合市场、参与竞争的空间就越大。因此，创业者要对创业机会的时间跨度进行识别，及时抓住有价值的创业机会。

3. 市场规模随时间增长的速度

市场规模随时间增长的速度代表着市场的发展潜力。一般来说，市场规模随时间增长的速度越快，创业者能够获得的销售额和利润也就越高。创业机会所面临的市场规模一般是随时间不断变化的，在创业机会存在的不同时期，市场规模都会呈现出不同的状态，这就要求创业者对市场规模随时间增长的速度进行识别，选择合适的时期，抓住有价值的创业机会，从而谋求更多的商业利益。

4. 创业机会的可实现性

创业机会的可实现性即创业者将机会转变为成果的可能性。一般来说，创业者要让创业机会更具可实现性，需要具备几个基本条件：拥有转变该创业机会所需的关键资源，有能力通过其他方式弥补资源缺口，有能力与竞争力量进行对抗，能够创造并占领大部分新市场或未来市场，可以承担创业机会带来的风险等。

5. 创业机会的风险性

创业是一项具有风险性的活动，因此在筛选创业机会时，创业者还要了解创业机会的风险，以便及时规避风险，降低风险损失，增强生存能力。如果创业机会的风险不明确，没办法掌握和评估，则可能为后续的创业活动埋下极大的隐患。

五、筛选创业机会的方式方法

一般来说,需要一层一层地筛选才能找到适合的创业机会。

首先,要筛选出适合自己的创业机会。

(1)对于他人控制的资源,创业者是否可以得到。

(2)创业者是否具备能够与竞争者抗衡的能力。

(3)是否具备可以在原有市场基础上创新的能力。

(4)面临风险时,是否有承受风险的能力。

其次,要筛选出具有优势的创业机会,一般有以下几点。

(1)五年内快速稳步增长。

(2)创业者具有或可以获得创业机会中所需的关键因素。

(3)创业者具有创业企业的核心技术能力。

(4)可以核心技术能力为基础创造更好的市场需求。

(5)创业者可以承受创业机会所带来的相应风险。

拓展阅读:"葡萄妹妹"陈莉瑾:在田间地头书写精彩

【课堂小训练】

1. 你身边还有哪些痛点还未解决?

2. 每个同学尽量结合自己的专业优势提出1~3个未被解决的痛点。

3. 每个汇报的痛点接受全班同学、教师不少于3个问题的质疑,重新审视自己的痛点。

【案例】

郭蕴青的创业机会

郭蕴青17岁时做纺织女工,36岁时失业。作为南京第一批合同制工人,失业意味着解除劳动合同,没有多少经济补偿。失业的姐妹动员她开店做生意,被她婉拒。

当年全国人大做的政府工作报告中提到,要把我国从一个农业大国建设成现代化工业强国。"建设工业强国,制造业是根本。"这一政策给了郭蕴青很大的启发,敏感的她还有一个优势:丈夫谭维耕是机械技术员。有一段时间,丈夫常常很晚才回家,原来是被他的徒弟请到各自的私营工厂解决技术难题。"与其帮别人干,不如自己干!"2005年,郭蕴青与丈夫商定后注册了自己的公司。当时她的全部家当只有 3 万元，又借来几万元买了 3 台机械设备。企业第一笔业务是加工螺丝，单价 0.68 元，这是她发展的第一个客户。郭蕴青夫妇的公司如今拥有军品和民品两块业务，企业发展资金青黄不接时，南湖街道劳动和社会保障所为她申请贷款 50 万元。

郭蕴青正是把自己的创业方向与经营企业一系列"小事"，与政府政策相联系，从政府工作报告中获得创业灵感，这对许多准备创业的人都具有启示作用。

【讨论互动】

案例中的主人公是如何识别创业机会的？请从最近的政府政策文件中，筛选出有利于创业的相关内容。

知识点 3　创业机会评估

所有的创业行为都来自创业者认为的绝佳的创业机会，且创业团队与投资者均对创业前景有极高的期待。事实上，创业获得成功的概率不到 1%。除了不可控制的因素，很多创业机会在刚开始时就可能已经注定失败。创业本身是一种高风险行为，即使第一次失败也可能成为下一次创业成功的基础。不过，对于一些先天条件不好、市场进入时机不对，或者具有致命瑕疵的创业构想，如果创业者能先以较客观的方式进行评估，那么许多悲剧式的结局就不会发生，创业成功的概率也可以大幅度提升。因此，创业者需要借助"机会选择漏斗"，经过一层又一层的筛选，在众多机会中筛选出真正适合自己的创业机会。所以，创业机会评估是创业过程的重要环节。

一、创业机会评估的内容

（1）创业机会的原始市场规模。原始市场规模决定了创业企业在创业初期可能销售的规模，也决定了利润的多少。因此，分析创业机会的原始市场规模十分重要。一般而言，原始市场规模越大越好。

（2）创业机会存在的时间跨度。任何创业机会都有时限，超过这个时限，创业机会也将不复存在。时间跨度越长，创业企业抓住机会的概率就越大，调整自身发展的时间就越长。相反，时间跨度越短，创业企业抓住机会的概率就越小。

（3）创业机会的市场规模。一般情况下，创业机会的市场规模越大，相应的创业企业的销售量增长速度也越快。创业机会的市场规模总是随时间变化而变化的，而其附带的风险和产生的利润也会随时间变化。

（4）创业机会是不是好机会。即使创业机会有较大的原始市场规模，存在较长的时间跨度，市场规模随着时间以较高的速度成长，创业者也要对该机会做进一步的评价，以判断它是不是好机会。

（5）创业机会对创业者而言是否有可实现性。创业活动是创业者为把握创业机会所进行的一系列举措。影响创业机会识别的因素既有主观因素，也有客观因素。学者们普遍认为，一方面，创业者识别并开发创业机会；另一方面，创业机会也在选择创业者。只有当创业者和创业机会之间存在着恰当的匹配关系时，创业活动才最有可能发生，也最有可能取得成功。因此，创业者应该认真审视自己，分析创业环境和资源条件，了解创业过程中必须经历的几个阶段，然后衡量自己的性格、爱好、特点，判断自己是否适合创业，创业机会是否有可实现性。

二、创业机会评估的技巧

（1）确定评价。确定评价目标是评估的第一步，评价目标直接影响评价指标体系、评价方法等后续步骤的实现。在评价开始时，要对评价目标的特性进行充分分析，以更好地确定创业机会的影响因素，从而确定创业机会评价的基本框架。

（2）创业机会影响因素分析。影响创业机会的因素很多，既有内部创业团队的因素，也有外部创业环境的因素；既有社会因素，也有经济因素；既有市场因素，也有社会网络因素。从各种影响创业机会的因素中抽象出关键性的因素，便构成了创业机会评价指标体系。

（3）构建评价指标体系。创业机会评价指标体系是在对创业机会影响因素分析的基础上构建的。美国学者杰弗里·蒂蒙斯（Jeffry Timmons）提出了 8 个一级指标、55 个二级指标的评价指标体系，包括了其他理论涉及的指标体系，是当前比较全面的创业机会评价指标体系之一，可以作为创业机会评价的属性库。

（4）评价方法的应用。评价方法是对评价指标的排序和量化。创业机会评价涉及众多指标，有些指标可以量化，如潜在市场规模、预期市场增长率等；而有些指标不易量化，如产品结构等。单纯的定性方法难以对创业机会的优劣进行排序，单纯的定量方法难以对决定创业机会的关键要素进行选择，因此，应该选择定性与定量结合的方法进行评价。

（5）评价实施。创业机会评价实施是实际操作阶段对定量指标和定性指标进行处理，引入需要的数据和相关专家的评定，并结合相关模型，最终得到评价结果。

（6）评价反馈。创业机会评价是一个动态过程，创业机会评价本质上是一个主观的、理论上的分析过程，商业概念能否真正成为一个成熟商业模式，是否可以在现实中开发，需要进一步从实践中证明，依据创业实践活动，可以从风险规避和价值创造两个方面对创业机会评价结果进行修正。

三、创业机会评估的策略

创业机会评价可以简单地分为定性分析和定量分析。定性分析和定量分析角度不同，前者主要分析的是难以用数字衡量或没有绝对的衡量标准的因素，后者是针对比较客观、容易量化的因素。

1. 定性分析

斯蒂文森（Stevenson）等人认为，对创业机会的充分评价需要考虑以下几个重要问题。

（1）机会的大小、存在的问题、存在的时间跨度和随时间成长的速度等。
（2）潜在的利润是否能够弥补资本、时间和机会成本的投资，带来令人满意的收益。
（3）机会是否开辟了额外的扩张多样化或综合的商业机会选择。
（4）在可能的障碍面前，收益是否会持久。
（5）产品或服务是否真正满足了目标市场的真实需求。

隆杰内克（Longenecker）等人提出了评价创业机会的五项基本标准。
（1）对产品有明确界定的市场需求，推出的时机也是恰当的。
（2）投资的项目必须能够维持持久的竞争优势。
（3）投资必须具有一定程度的高回报，从而允许投资中的一些失误。
（4）创业者和机会之间必须相互适合。
（5）机会中不存在致命的缺陷。

2. 定量分析

定量分析是对统计数据经过数理模型的处理，用数理模型计算出的结果对评价对象进行说明和判定的一种方法。

（1）标准打分矩阵。标准打分矩阵法是选择对创业机会成功有重要影响的因素，并由专家小组对每个因素进行最好（3分）、好（2分）、一般（1分）3个等级的打分，最后求出每个因素在各个创业机会下的加权平均分，从而对不同的创业机会进行比较。表4-1中列出了其中10项主要的评价因素，在实际使用时可以根据具体情况选择全部或部分因素来进行评估。

表4-1 标准打分矩阵表

标准	专家打分			
	最好（3分）	好（2分）	一般（1分）	加权平均分
易操作性				
质量和易维护性				
市场接受性				
增加资本能力				
投资回报				
专利权状况				
市场大小				
制造的简单性				
口碑传播力				
成长潜力				

（2）贝蒂选择因素法。贝蒂（Baty）选择因素法是通过11个选择因素的设定来对创业机会进行判断。如果某个创业机会只符合其中的6个或更少的因素，说明这个项目机会很可能是不可取的；相反，如果某个项目机会符合其中的7个或7个以上的因素，那么这个项目机会将会大有希望。如果项目存在"致命缺陷"，需要一票否决。致命缺陷通常是指法律法规禁止、需要的关键技术不具备、团队不具备匹配项目机会的基本资源等方面的系统风险。该

方法比较适合创业者进行自评，可以通过表4-2中所列的11个因素来对创业机会进行判断。

表 4-2 贝蒂选择因素表

序号	因素
1	这个创业机会在现阶段是否只有你一个人发现了？
2	初始的产品生产成本是否可以接受？
3	初始的市场开发成本是否可以接受？
4	产品是否具有高利润回报的潜力？
5	是否可以预期产品投放市场和达到盈亏平衡点的时间？
6	潜在的市场是否巨大？
7	你的产品是不是一个高速成长的产品家族中的第一个成员？
8	你是否拥有一些现成的初始用户？
9	是否可以预期产品的开发成本和开发周期？
10	是否属于成长中的行业？
11	金融界是否能够理解你的产品和顾客对它的需求？

（3）珀泰申米特法。珀泰申米特（Potentionmeter）法是计算创业机会的成功潜力的指标。对于每个因素来说，不同选项的得分可以从-2分到+2分，通过对所有因素得分的加总得到最终的总分。总分越高，说明特定创业机会成功的潜力越大。只有那些最终得分高于15分的创业机会，才值得创业者进行下一步的策划，低于15分的都应被淘汰。珀泰申米特法评价表见表4-3。

拓展阅读：刘常的创业机会评价框架

表 4-3 珀泰申米特法评价表

项次	很好/+2	较好/+1	一般/0	较差/-1	很差/-2
对于税前投资回报率的贡献					
预期的年销售额					
生命周期中预期的成长阶段					
从创业到销售额高速增长的预期时间					
投资回收期					
占有领先者地位的潜力					
商业周期的影响					
为产品制定高价的潜力					
进入市场的容易程度					
现场试验的时间范围					
销售人员的要求					

▶【案例】

乔安娜的晚装租赁

乔安娜·多尼格是英国伦敦的时装设计师，有一次她的一个朋友要出席王室宴会，因为没有合适的晚装，急得像热锅上的蚂蚁。这事令她醒悟，女士们遇到这一难题在英国是很有普遍性的事，因为英国是一个很注重社交活动的社会，各种社交活动很多，人们参加社交活动讲究仪表雍容，女士们穿的晚礼服更是要求款式时髦、艳丽高贵。但是，无论多么华丽名贵的晚礼服，若连续三次在这类场合穿上同一件礼服，人们就会私下议论，穿者会感到很羞愧。因此，准备晚装参加社交活动，不但使收入普通的人发愁，对有钱人也是件很操心的事。如果付比较少的钱，就能穿上名贵的时装出席社交活动，这的确是既光彩又省钱的事。

乔安娜想，我能否把女士晚装租赁业务作为自己时装的市场定位呢？有了这一想法后，她做了大量的调查，找了不少女士征询，证实了上述分析和预测是准确的。于是，她确定开展晚装租赁业务。她筹集了一笔资金，买回欧美名师设计的各种款式的晚礼服，价值每套由数百美元到数千美元不等。她租出一夜的租金为每套75～300美元，另加收适当的保证金。

不出所料，她的租赁生意十分兴旺，女士们并不认为晚装租赁不光彩，反而觉得合算及明智。她除了经营一般的女士晚装，还扩展到包括配饰、手袋、首饰及肥胖者、孕妇用的晚装，乃至男士用的服装等。她已由一个设计师转变为一名富豪了。

【讨论互动】

乔安娜认为晚装租赁能作为创业机会的原因是什么？她是如何评价此创业机会的？

活动1：机会来了

1. 活动目的：能以出人意料的方式激发听众活力，形象解释商机是什么。
2. 活动步骤：

（1）讲到机会或商机时，教师从口袋里拿出一张百元钞票举在手里，然后在不做任何解释的情况下突然连声喊：100元卖20元，谁要？

（2）一边喊一边在屋子里走动，直到有人上前用20元买下这100元。

（3）教师从容地将20元放入口袋中，然后开始发问："你刚才看到了什么？你有没有发现机会？如果发现机会了，你行动了吗？如果行动了，最终是否得到了，为什么？"等等。

活动2：班级展示作品

尽量按照下面的概述，对自己的痛点进行展示汇报，全班同学投票，最具创新性、可行性、商业性的6~10个项目获胜（教师按照班级人数，每组3~5人选取项目）。

项目要解决什么问题

项目题目：　　　　　　　　　　　　　　　　　　　　　　（字数要少）

目标客户：　　　　　　　　　　　　　　　　　　（市场细分原则的用户或客户）

提供：　　　　　　　　　　　　　　　　　　　　（什么样的差异化产品和服务）

解决：　　　　　　　　　　　　　　　　　　　　（什么样的市场需求及痛点）

实现：　　　　　　　　　　　　　　　　　　　　　　　　　　（什么价值）

实践任务单（表 4-4）

表 4-4 实践任务单

姓名		班级	
实践任务		挖掘你的创业点子	

实践内容

1. 写出基于自己掌握的专业知识与技能想到的创业点子。

2. 写出基于自己参加的行业实习或专业实践想到的创意。

3. 写出基于自己与专业相关的兴趣、优势或特长想到的创意。

4. 写出在专业学习过程中，曾讨论过或在脑海中闪现过的"异想天开"的想法

知识拓展

【拓展案例1——探索创新】

高质量培养拔尖创新人才

习近平总书记在主持中共中央政治局第五次集体学习时强调:"进一步加强科学教育、工程教育,加强拔尖创新人才自主培养,为解决我国关键核心技术攻关提供人才支撑。"人才是衡量一个国家综合国力的重要指标。国家发展靠人才,民族振兴靠人才。拔尖创新人才不仅是新知识的创造者、新领域的开拓者、新技术的发明者,更是引领科技创新与产业发展的关键力量,对提升全球竞争力、增强国家发展安全性等起着至关重要的作用。作为人才培养的主力军,高校必须肩负起时代赋予的重任,加快探索拔尖创新人才自主培养的新路,为培养担当民族复兴大任的时代新人做出更大贡献。

坚定政治方向,在为党育人、为国育才上筑牢坚强阵地。教育是国之大计、党之大计。培养什么人、怎样培养人、为谁培养人是教育的根本问题。政治上的坚定和清醒是高校提高人才培养水平的根本保证。高质量培养拔尖创新人才,要坚定政治方向,从党和国家事业发展全局战略高度思考和把握育人的政治使命,扎根中国的历史、文化和现实土壤,创新人才培养模式。一要厚植爱国情怀、坚定理想信念。引导大学生始终忠于党、忠于国家、忠于人民,坚定中国特色社会主义道路自信、理论自信、制度自信、文化自信,自觉听党话、跟党走,在新时代新征程上脚踏实地为党、为祖国、为人民多做贡献。二要在思想上正确理解"小我"与"大我"。引导大学生用全面辩证长远的眼光看待我国发展,胸怀"国之大者",把自己的理想同祖国的前途、把自己的人生同民族的命运紧密联系在一起,以"小我"之身担"大我"之责,把青春播撒在民族复兴的征程上。三要在行动上自觉承担时代责任与历史使命。当代中国青年是与新时代同向同行、共同前进的一代,生逢盛世,肩负重任。要引导大学生自觉承担时代责任与历史使命,在日晒雨淋中积累经验、在实践磨砺中展现作为,用青春和汗水创造出让世界刮目相看的新奇迹。

把准国家定位,夯实拔尖创新人才自主培养的战略基石。党的二十大报告将教育、科技、人才作为"全面建设社会主义现代化国家的基础性、战略性支撑"进行统筹布局。2022年12月召开的中央经济工作会议提出,"要有力统筹教育、科技、人才工作"。实现高水平科技自立自强,要坚持教育发展、科技创新、人才培养一体推进,形成良性循环。高校要主动肩负培养栋梁之材的时代重任,把科研平台变为人才培养的平台,把科研活动变成培养创新精神的载体,为中国式现代化打造人才自主培养的战略基地。一方面,要更加突出"国家使命",把世界科技前沿同国家重大战略需求和经济社会发展目标结合起来,以国家战略需求为导向,着力解决制约国家发展全局和长远利益的重大科技问题,坚决打赢关键核心技术攻坚战。另一方面,要更加突出"主动服务",提升战略眼光、拓宽战略视野,聚焦国家重大战略需求,调整优化学科设置,加强基础、前沿、交叉学科布局,以守正创新引领高等教育高质量发展;健全丰富大学生深度参与重大专项、重大工程的途径,在承担大项目、搭建大平台、作出大贡献的过程中培养造就更多大师、战略科学家、一流科技领军人才和创新团队、青年科技人才、卓越工程师、大国工匠、高技能人才。

探索创新路径,加快建设高质量教育体系。党的二十大报告指出,要"坚持以人民为中心发展教育,加快建设高质量教育体系"。坚持以人民为中心发展教育,是我们党坚持人民至上的根本立场和执政理念在教育领域的生动体现,彰显了教育发展为了人民、教育发展依靠人民、教育发展成果由人民共享的深刻内涵。

一要坚持为了人民发展教育。中国共产党一路走来,始终把"人民"二字深深刻铸在心灵深处。当前,世界百年未有之大变局加速演进,中华民族伟大复兴进入关键时期,高校必须深刻认识教育强国建设对于推动中国式现代化的重要意义,始终坚持以人民为中心发展教育,扎根中国大地办好人民满意的高等教育,加快建设教育强国。

二要坚持依靠人民发展教育。人民是历史的创造者,是决定党和国家前途命运的根本力量。现在,人民对美好生活的向往更加强烈,期盼有更好的教育。要倾听大学生、家庭、社会对教学科研各项工作的意见建议,强化育人的制度保障,为大学生的学术研究、社会实践及创新创业提供更广阔平台和更坚实支撑,努力让大学生成为党和国家事业发展需要的栋梁之材。三要坚持发展成果由人民共享。人民满意既是教育改革发展的评价标准之一,也是新时代教育改革的目标追求。办好人民满意的高等教育,要优化高等教育布局,着力解决高等教育发展不平衡、不充分的问题,更好保障人民受教育权利,努力促进高等教育发展成果更多更公平惠及全体人民。

改革体制机制,不断优化人才成长环境。党的十八大以来,国家高度重视拔尖创新人才培养,深入实施"强基计划"和基础学科拔尖人才培养计划等一系列人才培养计划,为拔尖创新人才的自主培养提供了良好政策环境。高校要积极抓住拔尖创新人才培养的政策窗口期,持续推进体制机制改革。一要深化贯通性培养,科学设计发现、选拔、培育与评估人才的方案,统筹建设面向不同学习阶段、不同学科专业的课程体系,实现"学校—企业—科研院所""科教协同、产教融合"的有效贯通。二要坚持全方位保障,以教师和学生这两个主体为抓手,重构"入口—过程—出口"育人体系,打造师生成长共同体,完善高层次人才参与立德树人的机制和渠道。三要秉持多元化发展,按照"因材施教、有教无类"的理念要求,为学生提供以学为主、多元成长通道和进步台阶,汇集全球高端资源和平台服务学生成长成才。四要营造文化育人氛围,不断挖掘精神文化元素,涵养铸魂育人氛围。在国防科技领域为国家重器培养了大批总师和副总师的高校,可以邀请国家重大型号总师、副总师等优秀校友回校,为学生分享他们的成长经历和奋斗历程,充分发挥"总师育人文化"对青年学生价值取向、思想观念和行为方式的积极影响,以培养学生的家国情怀,激励他们将个人的理想信念同国家发展相结合，练就过硬本领，担当时代责任。请优秀校友等多方力量回校交流，也可帮助大学生开阔视野、增长新知，激发大学生好奇心、想象力、探求欲，不断拓展拔尖创新人才自主培养新路。

（来源：陕西日报）

【拓展案例2——挖掘你的创业构思】

挖掘你的创业构思

挖掘你的创业构思可以从自己的生产专长或从顾客需要出发，还可以将两者结合起来，具体如图4-1所示。

从生产专长出发
- 我会做某种服装，而且可以买一些缝纫机，因此，我要开一家服装加工企业。
- 我知道怎样做蛋糕，也有烤制设备，因此，我可以开一家蛋糕店。
- 我会修理计算机，因此，我想开一家计算机修理行。

从顾客需要出发
- 人们需要某种价位和质量的服装，因此，我可以开一个服装加工企业满足他们的需求。
- 很多家庭需要买蛋糕，因此，我要开一家蛋糕店来满足他们的需求。
- 我们镇上的企业修理计算机很难，因此，我要开一家计算机修理行。

从生产专长出发和从顾客需要出发
- 人们需要某种价位和质量的服装，我有技术，也可以搞到设备。因此，我可以开一家服装加工企业满足他们的需求。
- 很多家庭需要买蛋糕，我会做蛋糕。因此，我要开一家蛋糕店来满足他们的需求。
- 我们镇上的企业修理计算机很难，我知道怎样修理计算机。因此，我要开一家计算机修理行。

图4-1 产生创业构思的途径

实践反思

知识回顾

本任务从发现社会痛点、真假痛点博弈、创业机会评估三个方面，以理论与案例相结合的方式，阐述了如何捕捉用户痛点。

在当今社会，人们经常会面对各种社会痛点。这些痛点可能涉及医疗卫生、教育资源分配、环境保护等方面，给人们的生活带来了很多困扰和挑战。然而，这些痛点的存在也引发了真假痛点的争议。

首先，需要明确什么是真正的"痛点"。所谓"痛点"，是指那些对人们的日常生活产生负面影响的问题或需求未被满足的领域。因此,只有真正了解并解决这些痛点才能带来实质性的改变。而虚假痛点则可能是一些夸大其词或无中生有的现象,它们可能会误导公众的注意力,从而导致资源的浪费和社会的不稳定。

其次,在发现和应对社会痛点问题时,需要注意避免陷入真假痛点的博弈之中。有时候,某些人为了追求利益最大化,可能会故意制造虚假痛点来吸引投资或获取关注度等。这种情况下,应该保持冷静的头脑和分析能力,通过深入的调查和研究去辨别真实与虚假的痛点,并采取相应的措施来解决它们。同时,也应该鼓励和支持那些致力于解决问题的人和机构,共同推动社会的进步和发展。

最后,对于创业者来说,评估一个创业机会是否具有可行性是非常重要的。创业者们需要在充分调研的基础上,评估市场的需求程度及竞争对手的情况,从而确定自己的商业模式和战略方向是否可行。另外,他们还需要考虑自身的资源和能力能否支撑起这个项目的运作,并且要做好风险评估和应急预案,以应对可能的困难和挑战。

拓展练习

练习1

1. 创业机会的特征有哪些?有价值创业机会的基本特征有哪些?
2. 简述创业机会识别的方法。
3. 简述筛选创业机会的方式方法。
4. 简述创业机会评估的定性及定量分析。

练习2

发现并分享一个自己发现的创业机会,用至少300字写出打算如何将这个创业机会付诸实践,以及可能发生问题的应对措施。

学习评价(表4-5)

表4-5 学习情况评价表

评价课程:　　　　　　　　　　　评价时间:

姓名		班级		小组	
评价项目	评价内容	分值	学生自评	小组互评	教师评价
学习态度	上课认真听讲,作业完成认真,积极参与课堂讨论	20			
专业能力	达到本任务知识目标、能力目标、素质目标的要求	30			
创新能力	积极参与课堂讨论,具有创新思维,能够提出合理的创新方法	30			
协作能力	善于与人合作,虚心听取别人的意见,能够启发他人思维	20			
评价汇总		100			
总评分数					

任务五
提供解决方案

【学习目标】

知识目标

1. 了解产品创新、服务创新、科技创新、商业模式创新、设计创新、组合创新的概念。

2. 掌握产品创新、服务创新、科技创新、商业模式创新、设计创新、组合创新的途径与方法。

能力目标

能运用所学知识为创业项目提供可行的创新方案。

素质目标

培养学生敢于冒险、不惧艰苦的创业精神,树立正确的创业动机。

【学习导图】

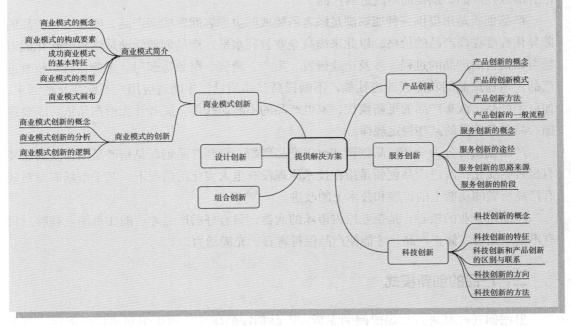

> **实践理论**
>
> 创业不一定要产生创新,但创新可以为创业成功奠定基础。大学生创业者熟知创新的形式、方法,将有助于为创新创业提供有效的解决方案。

知识点1 产品创新

一、产品创新的概念

产品创新是指在产品所采用的材料、产品的性能和特性等方面有所突破创新。比如,生产一种室内装饰涂料,采用了纳米材料,这种材料的使用提高了涂料的环保性和安全性,并且具有防潮、防霉、防虫和无甲醛排放的特点,那么此涂料就有一定的产品创新性。新产品开发(New Product Development,NPD)可以从不同维度和视角来定义。如果是开发一款市场上暂时处于空白状态的产品填补某种潜在市场需求,或者是市场盲点,这属于较重大的产品创新;如果仅仅基于企业视角观察新产品开发,那么该产品可能是市场已有的成熟产品,或是简单改进的产品。

产品创新是指提供一种能够满足顾客需要或解决顾客问题的新产品,通过增加产品的差异化程度提高产品的价格,以此来提高企业盈利水平。产品创新活动是将机会转化成市场可以销售的产品的过程,涉及企业研发、生产、销售、财务等部门。企业只有不断改进产品,增加产品的功能或改进性能,不断提高产品质量,才能适应用户不断变化的需求,如电子产品、汽车产品的更新换代,家电产品的不断迭代等。服务性无形产品依然需要遵循产品自身演进的某些特定规律。

产品创新可分为全新产品创新和改进产品创新。全新产品创新是指产品用途及其原理有显著的变化;改进产品创新是指在技术原理没有重大变化的情况下,基于市场需要对现有产品所做的功能上的扩展和技术上的改进。

产品是企业的核心,是企业抢占市场的武器,只有好的产品才可能在市场上获胜。只有不断地完善、修正产品,才能使产品保持青春、充满活力。

二、产品的创新模式

根据创新产品进入市场时间的先后,产品创新的模式有率先创新和模仿创新。率先创新是指依靠自身的努力和探索,产生核心概念或核心技术的突破,并在此基础上完成创新的后续环节,率先实现技术的商品化和市场开拓,向市场推出全新产品。模仿创新是指企业通过学习、模仿率先创新者的创新思路和创新行为，吸取率先者的成功经验和失败教训，引进和购买率先创新者的核心技术和核心秘密，并在此基础上改进完善，进一步开发。罗伯特·G.库珀（Robert G.Cooper）在《新产品开发流程管理》中列出了六种不同类型或是不同级别的新产品。

（1）全新产品。这类产品是其同类产品的第一款，并创造了全新的市场，此类产品占新产品的10%。

（2）新产品线。这些产品对市场来说并不新鲜，但对于有些厂家来说是新的，约有20%的新产品归于此类。

（3）已有产品品种的补充。这些新产品属于工厂已有的产品系列的一部分。对于市场而言，它们也许是新产品。此类产品是新产品类型中较多的一类，约占所推出的新产品的26%。

（4）老产品的改进型。这些不怎么新的产品从本质上说是工厂老产品的替代品种。它们比老产品在性能上有所改进，提供更多的内在价值，该类新改进的产品占推出的新产品的26%。

（5）重新定位的产品。适于老产品在新领域的应用，包括重新定位于一个新市场，或应用于一个不同的领域，此类产品占新产品的7%。

（6）降低成本的产品。将这些产品称作新产品有点勉强，它们被设计出来替代老产品，在性能和效用上没有改变，只是成本降低了，此类产品占新产品的11%。

三、产品创新方法

产品创新方法是指在产品研发和设计过程中，采用不同的方法和策略，以创造出新的、创新的产品。常用的产品创新方法有以下几种。

（1）需求导向创新：通过对市场需求的调研和分析，找到消费者的痛点和需求，有目的地开发新产品。

（2）技术导向创新：利用先进的技术，开发出高端、高科技的产品，满足市场对高品质、高性能产品的需求。

（3）设计创新：采用独特创新的设计思路和技巧，创造出新颖、独特的产品形态。

（4）合作创新：与其他公司或组织合作，共同研发产品，整合各方优势，使产品更具竞争力。

（5）开放创新：通过开放的方式，吸收外部创新资源，不断推出创新产品。

（6）环保创新：将环保理念融入产品设计和生产，推出符合环保要求和趋势的产品。

（7）差异化创新：根据市场差异和需求，开发出有别于竞争对手的独特产品。

（8）用户体验创新：通过优化产品的体验和便利性，提高用户满意度，不断吸引更多的用户。

四、产品创新的一般流程

从产品创新特点可以看出，产品（含新产品）创新的一般流程包括产品创意、产品定义、产品开发与测试、产品推广和上市后产品生命周期管理几个不同的阶段,而每个阶段所面临的任务与挑战均不同。在实际的产品开发过程中,还可能会根据市场和用户反馈对产品进行迭代更新和改进。在部分教材和文献中,对产品创新和新产品开发并没有进行严格区分,这其实也存在一定的合理性。大部分产品开发都是针对已有产品的改进,例如,对 A 公司最新开发的智能手机而言,该智能手机对于 A 公司可能是新产品,而对市场上的其他企业来说,该款智能手机并不算新产品。因此,产品创新需要放到不同环境中予以全面考虑。

> 【案例】

铅笔上的橡皮

海曼是美国佛罗里达州的一名画家。他画技虽然不高,但是非常用功。

有一天,海曼正在画画,画着画着,他觉得有个地方需要修改一下,于是赶紧用橡皮擦掉修改。刚擦完,又发现铅笔不见了,海曼很恼火。后来他找到铅笔后就把它与橡皮绑在一起,但没过几天,橡皮就掉下来了。

海曼又把它们绑起来,可过几天还是掉下来。几次以后,海曼索性连画也不画了,专门想办法来固定铅笔上的橡皮。

最后,海曼终于想出了用薄铁皮将橡皮固定在铅笔尾部的好办法。

后来,海曼将这个小发明申请了专利。著名的 RABAR 铅笔公司知道后,用 55 万美元买下了这一专利。就这样,海曼由一个穷画家变成了富翁。

资料来源:陈中山,方芳. 中职生创新创业教育实践[M]. 北京:航空工业出版社,2018.

【讨论互动】

在你的生活中,是否同样存在诸如此类的问题呢?请举例说明一下,并提出改进的方法。

知识点 2 服务创新

一、服务创新的概念

服务创新就是使潜在用户感受到不同于从前的崭新内容,是指新的设想、新的技术手段转变成新的或改进的服务方式。服务创新是指针对一切与服务相关或针对服务本身的创新行为和活动,也包含企业中与产品相关的配套服务。由于服务与产品相比具有无形性、异质性、不可分离性和持久性特征,所以,服务创新的内容和形式更为丰富和多样化,服务创新过程的内部和交互作用更为频繁,创新过程更为复杂也更为困难。

二、服务创新的途径

服务创新有以下五种途径。

（1）全面创新，借助技术的重大突破和服务理念的变革，提供全新的整体服务。其比例最低，却常常是服务观念革新的动力。

（2）局部革新，利用服务技术的小发明、小创新或通过构思精巧的服务概念，而使原有的服务得到改善或具备与竞争者服务存在差异的特色。

（3）形象再造，是服务企业通过改变服务环境、伸缩服务系列、命名新品牌来重新塑造新的服务形象。

（4）改型变异，通过市场再定位，创造出在质量、档次、价格方面有别于原有服务的新的服务项目，但服务核心技术和形式不发生根本变化。

（5）外部引入，通过购买服务设备、聘用专业人员或特许经营等方式将现成的标准化服务引入本企业中。

服务创新需要跨学科的交流和合作，它是一种科技创新、业务模式创新、社会组织创新和需求、用户创新的综合。最有意义的服务创新来自对服务对象的深入了解，这个深入比一般的产品创新要深入得多。

三、服务创新的思路来源

服务创新主要体现在以下方面：服务创新在内容和形式上比制造业创新更为丰富和多样化；服务创新的过程包含了相当丰富的内部和外部交互作用，比科技创新过程更为复杂；在服务业中区分产品创新和过程创新要比在制造业中区分困难得多；服务创新以渐进性创新为主，根本性创新较少；服务创新遵循的轨道形式多种多样；信任是服务创新中的一个重要维度；服务创新的生产方式具有多样性；开发周期短，没有专门的部门。

在进行服务创新时，应将创新思路重点放在以下几个方面。

（1）把注意力集中在对顾客期望的把握上。在竞争对手云集的市场中，不必轻易改变产品本身，而应该将注意力集中在对顾客期望的把握上，认真听取顾客的反映及修改的建议，一般80%的服务概念来源于顾客。

（2）善待顾客的抱怨。顾客的抱怨往往表明服务有缺陷或服务方式应当改进，这正是服务创新的机会。对待顾客的抱怨，应立即妥善处理，设法改善。以耐心、关怀来巧妙解决顾客的问题，这是服务创新的基本策略。

（3）服务要有弹性。服务的对象相当广泛，有不同期望及需要，因此，良好服务需要保持一种弹性。服务中有许多难以衡量的东西，如果一味追求精确，非但难以做到，反而容易作茧自缚。

（4）企业员工比规则更重要。创新就是打碎一种格局以创造一种新的格局，最有效的策略就是向现有的规则挑战，挑战的主题是人。通常，顾客对服务品质好坏的评价是根据他们同服务人员打交道的经验来判断的。

（5）用超前的眼光进行推测创新。服务是靠顾客推动的。当人们生活水平低于或等于生存线时，其需求模式是比较统一的。随着富裕程度的提高，消费需求由低层次向高层次递进，由简单稳定向复杂多变转化。这种消费需求的多样化意味着人的价值观念演变。

（6）产品设计和体现的服务要与建立一揽子服务体系结合起来。产品创新从设计开始，服务也从设计开始。要在产品中体现服务，就必须把顾客的需要体现在产品设计上。在产品设计中体现服务，是一种未雨绸缪的创新策略。要使顾客满意，企业必须建立售前、售中、售后的服务体系，并对体系中的服务项目不断更新。服务的品质是一个动态的变量，只有不断地更新才能维持其品质不下降。售前的咨询、售中的指导、售后的培训等内容会随着时间的推移使其性质发生变化，原来属于服务的部分被产品吸收，创新的部分才是服务。所以，企业不创新，就没有服务。

（7）把"有求必应"与主动服务结合起来。不同的企业对服务的理解不同。其中，很多企业对服务的定义过于狭窄。餐饮企业对服务的理解可能就是笑容可掬；设备销售企业可能把服务理解为"保修"；银行可能认为服务就是快捷且不出差错；商品零售企业可能认为服务就是存货充足和免费送货。这些理解都只是把服务限定在"有求必应"的范围内，满足于被动地适应顾客的要求。一个企业要在竞争中取胜，仅仅做到"有求必应"是不够的，应不断地创新服务，由被动地适应变为主动地关心、主动地探求顾客的期望。

（8）把无条件服务的宗旨与合理约束顾客期望的策略结合起来。企业不遗余力地满足顾客的需要，无条件地服务顾客，是达到一流服务水平的基本原则。但在策略上必须灵活。合理约束顾客的期望常常是必要的。顾客对服务品质的评价，容易受其先入为主的期望所影响，当他们的期望超过企业提供的服务水准时，他们会感到不满；但当服务水准超过他们的期望时，他们会感到非常满意。企业有必要严格控制广告和推销员对顾客的承诺，以免顾客产生过高的期望；而在实际服务时应尽可能超出顾客的期望。正确地处理无条件服务与合理约束两者的关系，是企业在服务创新过程中面临的挑战。

（9）把企业硬件建设与企业文化结合起来。服务行业应用现代科技，对企业的基础设施进行大规模的投资，不仅能极大地扩大服务种类、提高服务效率，而且还能够带来显著的竞争优势。

四、服务创新的阶段

服务创新主要包括设计、分析、发展和推广四个阶段。

（1）设计阶段包括市场调研、服务战略目标、初拟方案及筛选、服务测试。

（2）分析阶段包括可行性分析及责任落实。

（3）发展阶段涉及服务内容（流程）设计与测试、营销设计与测试、服务人员培训、服务测试与试运营、顾客反馈及服务提升。

（4）推广阶段主要是落实服务创新、广告宣传或人员推销、对顾客进行消费指导、跟踪反馈。

【课堂小训练】

请从产品和服务两个角度谈一下,卖(生产)笔记本的差异化途径(表5-1)。

表5-1 产品和服务差异化

	产品(内容)差异化的做法	服务差异化的做法
卖笔记本	设计成错题本	
	设计成每月计划本	

【案例】

青年学生毕业后开农产品网上超市

上海信息技术学校学生张某毕业没几年,开了一家农产品店,继而又开办了"绿悠悠"电子商务网站,该网站称得上是首批蔬菜农作物"网上超市"之一。随后,"绿悠悠"网站引进风险投资,创业前景看好。

因为年轻,张某的想法与众不同。一次市场考察中,江西农业局一位负责人向他介绍:他们那儿的鸡蛋是绿色的壳,蛋清和蛋白更有营养。民间有一种说法更吸引人:土鸡中极少有产绿壳蛋的,母亲都把绿壳蛋留给最疼爱的孩子和最尊敬的老人食用,因为它能提高小孩免疫力,治疗老人头晕、目眩等疾病。张某听后顿受启发——现在卖东西都是卖商品,我能不能"卖故事"?

回上海后,张某将店里几十种商品一一归类,从网上收集了从产地到用途等的各种信息,编成一个个"产品故事",教消费者怎样从颜色、大小、形状等细节分辨农产品的好坏,并把一些有机农作物和各项身体健康指标"对号",如东北某个品牌的黑木耳吃了可以软化血管等。

赋予商品故事和文化后,消费者对商品的认可度马上提高了不少,两个月后销售额就突破了40万元。在张某的店里，商品旁边不再是单一的价格标签，还有五颜六色的"故事牌"，方便消费者挑选适合自己的种类。

资料来源：李永芳，沈素军．大学生创新创业指导［M］．北京：航空工业出版社，2017．

【讨论互动】

同样的商品，在赋予商品故事和文化后，会有不一样的效果。请从身边常见的瓜果蔬菜中挑选出一类产品，给它填充上"故事"，使它更能激发起顾客的购买欲。

知识点3　科技创新

一、科技创新的概念

科技创新是原创性科学研究和技术创新的总称，是指创造和应用新知识、新技术、新工艺，采用新的生产方式和经营管理模式，开发新产品，提高产品质量，提供新服务的知识创新过程。科技创新是指在关键技术、关键工艺和关键参数等方面的创新，科技创新是科技类创新项目中多用到的创新方法。一般情况下，在项目科技创新要素里，能够把关键技术、关键工艺和关键参数等方面做得与别人不同，或有所突破，即可理解为科技创新。

二、科技创新的特征

（1）具有创新性和先进性。科技创新的概念本身就包含着创造性和先进性。这个特征首先体现对前所未有的新技术的运用，或是通过对现有技术中的某些部分加以改进，从而使旧技术更加完善，应用效果有明显的提高。同时，科技创新更是把新技术应用于生产经营活动中的一个过程。在这个过程中，企业对生产要素进行新的组合，创造性地把新技术应用于生产经营的实践活动中，最终实现技术形态的转化。

（2）具有可持续性。持续的创新能力是企业成长的重要保证，缺乏持续的创新能力和以创新能力为基础的企业核心能力，即使能凭借侥幸的成功完成一次或数次的创新斩落，最多也只能获得短暂的优势，无法保持长期的竞争优势。高技术行业的核心竞争力不是高端的设备流水线，而是知识产权。要打造核心竞争力，就要靠自主创新，掌握核心技术，才能提高竞争力和抗风险能力，真正实现可持续的发展。

（3）具有高风险性。科技创新活动是一个具有很大不确定性的随机过程，涉及许多相关环节和众多影响因素。科技创新的过程中需要相应的投入，这种投入不仅在技术的研究开发阶段，还可能延伸到生产经营管理阶段和市场营销阶段。这些投入能否顺利实现价值的补偿，则受到许多不确定因素的影响，既有来自技术本身的不确定性，也有来自市场、社会、政治的不确定性，这便可能最终导致投入难以获得回报。大约有90%的创新技术在进入市场前夭折，因此科技创新具有较高的风险性。

三、科技创新和产品创新的区别与联系

科技创新与产品创新既有密切关系，又有所区别。科技创新可能带来但未必带来产品的创新，产品的创新可能需要但未必需要科技创新。一般来说，运用同样的科技可以生产不同的产品，生产同样的产品可以采用不同的科技。产品创新侧重于商业和设计行为，具有成果的特征，因而具有更加外在的表现；科技创新具有过程的特征，往往表现得更加内在。产品创新可能包含科技创新的成分，还可能包含商业创新和设计创新的成分。科技创新可能并不带来产品的改变，而仅仅带来成本的降低、效率的提高，例如，改善生产工艺、优化作业过程从而减少资源消费、能源消耗、人工耗费或提高作业速度。新技术的诞生，往往可以带来全新的产品，技术研发往往对应于产品或着眼于产品创新；而新的产品构想，往往需要新的技术才能实现。

四、科技创新的方向

科技创新通常是指在关键技术、关键工艺和关键参数等方面有所突破创新。比如在智能家居产品中，产品研发的中控技术不同于市场上同类产品所采用的技术，该项中控技术在控制原理、控制精度、控制灵敏度、控制范围、控制距离、控制数量等方面的技术有所突破，就属于关键技术具有很强创新性的科技创新产品。比如，研发出的产品使用一种新型加工和抛光工艺，这种生产新工艺相比市场同类竞争对手的加工工艺，在加工效率、加工精度、加工尺寸、加工成本、加工表面质量等方面都先进，就属于关键工艺具有很强创新性的科技创新产品；再如，生产的检测仪器在检测精度上较市面上同类产品的检测精度高出两个数量级，就属于关键参数具有很强创新性的科技创新产品。

五、科技创新的方法

（1）内部研发。内部研发是指企业主要通过自己的力量来研制新技术，开发新产品。内部研发绝对不是闭门造车，实际上，企业的科技能力是通过与相关方合作而长期积累的。

（2）自主创新。自主创新是指企业自己的研究与开发部门发明新产品或对老产品进行改良。不少大企业都有自己的科研部门，从事有关产品的基础研究和应用开发，积极参与市场的新潮流。

（3）逆向研制。逆向研制也属于内部研制的一种形式，也称作技术破解，是指企业对其他公司的产品就性能、构造等内容进行研究，从而破解其制造工艺和技术配方，以期仿制和改进。之所以称为逆向研制，是因为正常的产品创新是将新的配方和工艺转化为新产品，而技术破解是反其道而行之，从现有的产品中探索其内含的技术成分。

（4）委托创新。委托创新是指企业把开发新产品的工作通过契约的形式交由企业外部

的人员或机构去完成。产学研相结合是国家大力提倡的科技创新方式。许多企业将某一新产品项目或课题委托给高校或专门的科研机构进行研究开发。

（5）联合创新。联合创新是指企业之间将资金、技术力量等资源联合起来共同攻克技术难关，共同分享研发成果。对于大型的研发项目，联合创新可以解决单一企业无法实现的技术突破。

（6）外部获取。外部获取是指企业不通过自己的研究和开发，而直接从企业外部获取某种新技术、新工艺的使用权或某种新产品的生产权和销售权。

【案例】

"90后"女孩磁性剪纸掘金30万

王某是四川某中职学校的学生，在上学期间，她发明了磁性剪纸专利产品。产品使用的材料是环保材料，可以循环利用再生产，只要有铁的地方都能直接吸上去，灵巧便携，磁性剪纸不容易剪断、撕破，比普通剪纸上手快，能让人在10分钟内就体验到剪纸的乐趣。

提起磁性剪纸的发明过程，王某笑着说："纯属偶然。"一次帮助亲人装扮婚车时，王某感觉这么漂亮的剪纸用起来却很不方便。于是，她就和父亲商量，能不能找到一个既不破坏剪纸的艺术效果，又能易于收藏使用的好办法。父女二人很快投入发明工作中。经过各种反复选择试验，王某终于找到了一种特殊的磁性材料来代替传统的剪纸材料。使用这样的材料剪出的艺术剪纸可以很容易就吸附、粘贴在铁质的物品上，用水及清洁剂喷在背面后，还可以轻易地粘在玻璃等光滑物品上，且不会破坏剪纸。磁性剪纸解决了长期以来传统剪纸容易掉色、变色及收藏不方便的问题。

之后，王某在校期间就创办了一家磁性剪纸文化创意公司。在不到一年的时间里，她的公司已经发展了十余家"飞点儿磁性剪纸"加盟商，光此一项的经济收入就有30余万元。

"剪纸"对于我们来说并不陌生，"剪纸"难吸附的特性也许大家已经习以为常。但是这一现象却引起了王某的注意，并想办法去改进它。王某经过不断努力，发明了磁性剪纸，并获得了创业的成功。

资料来源：陈中山，方芳.中职生创新创业教育实践［M］.北京：航空工业出版社，2018.

【案例】

埃隆·马斯克的商业帝国

埃隆·马斯克（Elon Musk），1971年6月28日出生于南非，是企业家、工程师、慈善家。现任太空探索技术公司（SpaceX）首席执行官兼首席技术官、特斯拉公司首席执行官、太阳城公司（Solar City）董事会主席。

埃隆·马斯克本科毕业于宾夕法尼亚大学，获经济学和物理学双学位。1995年至2002年，埃隆·马斯克与合伙人先后创办了三家公司，分别是在线内容出版软件

"Zip2"、电子支付"X.com"和"PayPal"。2002 年 6 月，埃隆·马斯克投资 1 亿美元创办美国太空探索技术公司（SpaceX），出任首席执行官兼首席技术官。2004 年，埃隆·马斯克向特斯拉汽车公司投资 630 万美元，出任该公司董事长。2006 年，埃隆·马斯克投资 1 000 万美元与合伙人联合创办了光伏发电企业太阳城公司。

2012 年 5 月 31 日，SpaceX 的"龙"太空舱成功与国际空间站对接后返回地球，开启了太空运载的私人运营时代。2018 年 2 月 7 日，SpaceX 公司的"重型猎鹰"运载火箭在美国肯尼迪航天中心首次成功发射，并成功完成两枚一级助推火箭的完整回收。

马斯克在上大学的时候就常常思考，这个世界面临的真正问题是什么？哪些领域会影响人类的未来？他看好互联网、可持续能源和空间探索，后来他也正是进入了这三个领域。

【讨论互动】

科技创新是当今时代的主旋律，你身边的衣、食、住、行无不受到科技创新的影响，请从衣、食、住、行四个方面举例说明科技创新给你带来的影响。

▶ 活动：学以致知

1. 活动主题：圆形大挑战。
2. 活动目的：能够激发学生的创新兴趣，形成他们自己特有的创新意识。
3. 活动形式：学生个人独立完成。
4. 活动时间：10～15 分钟。
5. 活动准备：每人 1 张 A4 白纸、1 支笔。
6. 活动步骤：

（1）请每位学生，在规定时间内，尽可能地把圆形转化为其他的事物，如：圆形→笑脸。
（2）时间结束后，统计转化图形的个数。
（3）请转化数量最多的两位同学上台说出他们的思维方式。

知识点 4　商业模式创新

一、商业模式简介

1. 商业模式的概念

"商业模式"这个概念最早出现于 1957 年，之后并没有引起人们太大的注意，直到 20 世纪 90 年代，随着互联网时代的到来和电子商务的蓬勃发展，商业模式逐渐引起了学者的关注，成为当代管理学研究和讨论的热点之一，同时也逐渐被创业者、企业家和风险投资者津津乐道。然而，关于商业模式的概念，并没有形成一个公认的或统一的定义。本书采用国内学者李振勇关于商业模式的定义，即：为实现客户价值最大化，把能使企业运行的内外各要素整合起来，形成一个完整、高效率、具有独特核心竞争力的运行系统，并通过最优实现形式满足客户需求、实现客户价值，同时使系统达成持续盈利目标的整体解决方案。

商业模式本质上是企业为客户创造并传递价值，使客户感受并享受到企业为其创造的价值，反映的是利益相关者之间的交易关系。创业企业如果缺少这套逻辑或是构思的商业模式效力不足，则创业企业未来既难以为客户创造价值，也难以向客户传递价值，更难以为自身赢得利润。商业模式的创新主要是指营造出新的、优于现有的方法，能够为客户解决问题的方案，包括对价值的认识，对参与者及其角色的识别，以及对市场运作和市场关系的把握。从经营本质上来看，商业模式的基本构成要素包括企业所提供的产品或服务、何时提供、哪里提供、选择何种交易方式、价格如何支付、商业模式的利益相关者、企业存在的原因这几个要素。因此，任何商业模式创新都是对现有业务价值链的改变。

2. 商业模式的构成要素

"客户价值最大化""整合""高效率""系统""持续盈利""实现形式""核心竞争力""整体解决"这八个关键词构成了成功商业模式的八个要素，缺一不可。其中，"整合""高效率""系统"是基础或先决条件，"核心竞争力"是手段，"客户价值最大化"是主观追求目标，"持续盈利"是客观结果。各要素具体逻辑关系如图5-1所示。

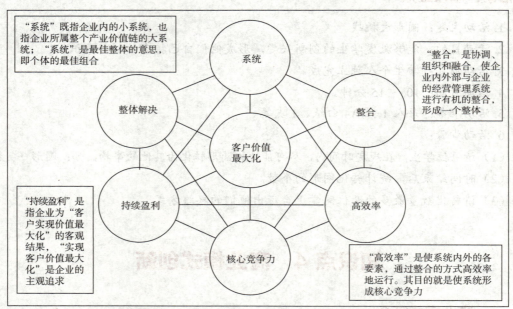

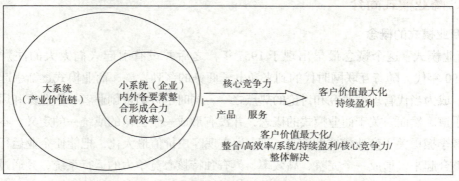

图5-1　成功商业模式各要素逻辑关系图

3. 成功商业模式的基本特征

成功的商业模式必须能够突出企业不同于其他企业的独特性。具有吸引力的、成功的商业模式通常需要具备能够创造价值与竞争优势的特点，而这些特点往往是商业模式评价不可忽略的重要因素，也影响着创业活动的结果。一般成功的商业模式具有以下基本特征。

（1）持续盈利。持续盈利是指企业既要能获得利润，又要有发展后劲，具有可持续性、长久性，而不是一时的偶然行为。企业能否持续盈利是人们判断其商业模式是否成功的最基本的标准，也是唯一的外在标准。

（2）客户价值最大化。商业模式能否持续盈利与该模式能否使客户价值最大化有必然联系。一个不能满足客户价值的商业模式，即使盈利也一定是暂时和偶然的，是不具有持续性的；相反，一个能使客户价值最大化的商业模式，即使暂时不盈利，终究也会走向盈利。因此，创业者要把对客户价值的实现和满足作为企业追求的主观目标。

（3）合理的资源整合。资源整合就是要优化资源配置，有进有退、有取有舍，要获得整体的最优。在战略思维的层面上，资源整合是系统论的思维方式，是通过组织协调，把企业内部彼此相关但分离的职能，把企业外部既肩负共同使命又拥有独立经济利益的合作伙伴，整合成一个为客户服务的系统，取得"1+1>2"的效果。

（4）有效地融资。融资模式的打造对企业有着特殊的意义，尤其是对中国广大的中小企业来说更是如此。众所周知，企业的生存、发展和成长都需要资金，资金已经成为所有企业发展中绕不开的障碍和很难突破的瓶颈。可以说，谁能解决资金问题，谁就赢得了企业发展的先机，也就掌握了市场的主动权。

（5）持续创新。在经营企业的过程中，商业模式比高科技更重要，因为商业模式是企业能够立足的先决条件。成功的商业模式不仅是指在技术上的突破，还包括对某一个环节的改造，或是对原有模式的重组、创新，甚至是对整个企业规则的颠覆。商业模式的创新形式贯穿企业经营的整个过程，贯穿企业资源开发研发模式、制造方式、营销体系、市场流通等各个环节。也就是说，在企业经营的每个环节上的创新都可能变成一种成功的商业模式。

（6）适当的风险把控。商业模式有两个方面的风险：一是系统外的风险，如来自政策、法律和行业的风险；二是系统内的风险，如产品的变化、人员的变更、资金不济等。好的商业模式往往能够抵御和规避企业在经营过程中遇到的风险。

4. 商业模式的类型

（1）多边平台式商业模式。多边平台式商业模式是一种具有普遍性的商业模式，传统的农贸市场就是典型的多边平台式商业模式，表现为某个机构提供一个固定场所，为到这个场所交易的多个购买者和销售者提供相应的服务，以此获得利润。这个平台上至少有平台机构、销售者和购买者三方参与。在很长时间里，这种模式并没有引起人们的过多关注，随着信息技术的发展，这种平台有了新的表现形式——基于互联网的交易平台，并得到迅猛发展。多边平台式商业模式日益成为这个时代重要的商业模式。百度、淘宝、微信、京东、当当网、起点中文网等都是利用现代信息技术发展起来的多边平台式商业模式的经典案例。

该模式的特点是前期投资期限较长，投入资金巨大，但一旦突破一定的规模，平台方就能多处赚钱且很难被超越。平台作为各个利益相关者的中介方，其成功的关键是打造足够大的平台，必须同时吸引和服务所有客户群体；产品更为多元化和多样化，更加重视用户体验和产品的闭环设计。例如，在淘宝网这个平台上聚集了商家、消费者、广告商、金融机构等多方参与者，同时满足了这些参与者交易的需要、资金安全的需要、信息分析的需要，从而获得巨大的成功。在起点中文网这个平台上，作家和读者可以对接，而网站从中获得利润分配。

（2）长尾式商业模式。长尾市场也称为利基市场。"利基"一词是英文"Niche"的音译，有拾遗补阙或见缝插针的意思。菲利普·科特勒（Philip Kotler）在《营销管理》中给利基的定义为：利基是更窄地确定某些群体，这是一个小市场并且它的需要没有被服务好，或者说"有获取利益的基础"。通过对市场的细分，企业集中力量于某个特定的目标市场，或严格针对一个细分市场，或重点经营一个产品和服务，创造出产品和服务优势。

传统商业观念认为，企业只能面向大众用户大批量提供少数几种产品，通过规模效应降低成本和价格，以大批量的销售获得利润。随着信息技术的发展，物流和供应链技术与管理水平的提升，现在为利基市场即"长尾市场"提供种类多而数量少的产品，也能够取得与追求规模化销售、为大众市场服务的企业一样甚至更高的盈利水平。

长尾理论最早由克里斯·安德森（Chris Anderson）于2004年提出，用来描述诸如亚马逊和Netflix之类网站的商业和经济模式。过去，人们只能关注重要的人或重要的事，如果用正态分布曲线来描绘这些人或事，人们只能关注曲线的"头部"，而将处于曲线"尾部"、需要更多精力和成本才能关注到的大多数人或事忽略。例如，在销售产品时，厂商关注的是少数几个所谓的"VIP"客户，"无暇顾及"大多数的普通消费者。而在网络时代，由于关注的成本大大降低，人们有可能以很低的成本关注正态分布曲线的"尾部"，关注"尾部"产生的总体效益甚至会超过"头部"。例如，某著名网站是世界上最大的网络广告商，它没有一个大客户，收入完全来自被其他广告商忽略的中小企业。安德森认为，网络时代是关注"长尾"、发挥"长尾"效益的时代。

安德森认为，长尾经济具有以下六个特点。

1）在任何市场中，利基产品都远远多于热门产品，而且由于技术的发展，利基产品的比重以指数级速度增长。

2）获得利基产品的成本正在显著下降，且利基市场有能力供应空前丰富的产品。

3）随着需求搜索和自动推荐等技术和工具的发展，个性化的利基产品很容易被找到。

4）需求曲线日益扁平化，即热门大批量产品的流行度会下降，越来越多的利基产品会流行。

5）虽然利基产品单个销量有限，但大量各类的利基产品销量聚合起来，会形成一个与大众产品市场相抗衡的大市场。

6）基于上述五点，需求将不受供给瓶颈、信息匮乏和空间有限性限制。

总之，长尾式商业模式是基于强大的平台和低成本的物流与供应链，注重向个性化消费市场提供种类繁多而数量很少的产品和服务而形成的一种新型商业模式。

唯品会是一个长尾式商业模式的优秀代表，其核心是帮助品牌商处理过季尾货，同时在互联网上利用限时特卖的方式，刺激和调动消费者的冲动型消费。它定位于品牌特卖，不仅填补了为有时尚个性需求的消费者提供集中打折商品的市场空白，同时还为众多时尚品牌提供了一个体面处理库存的平台，从而保证了充足的货源供给。

（3）免费式商业模式。近年来，免费成了一种非常流行的商业模式，各种免费模式让人眼花缭乱，免费正在颠覆人们传统的商业观念，让消费者体验到了一种全新的商业模式；对于企业而言，免费也成为突破旧发展模式、实现后来居上的赶超模式。比如百度绝大多数信息让用户免费搜索，绝大部分电子邮箱是免费使用，微信免费给用户提供一个社交场所等。

有的人可能会想，这仅仅是互联网时代才有的现象。实际上，早在互联网出现之前，免费模式已经发挥了巨大的商业威力。人们熟知的吉列剃须刀就是由免费模式发展起来的，克里斯·安德森针对这些现象又提出了免费式商业模式的概念，并获得广泛认同。

免费式商业模式就是在某个市场，至少有一个庞大客户群可以持续享受到免费产品或服务，通过交叉补贴（以其他细分客户付费的方式给免费客户提供补贴）支撑企业运营并实现盈利的商业模式。

交叉补贴方式有很多：用付费产品补贴免费产品，如用昂贵的爆米花补贴不怎么赚钱的电影票；用日后付费补贴当前免费，如中国移动赠送手机，用户必须使用该公司的通信服务两年以上；付费人群补贴不付费人群，如用户可以在百度免费得到信息，广告商替用户支付相关费用。

【案例】

吉列剃须刀的免费模式

吉列剃须刀是免费式商业该模式的典型代表，其模式核心在于以刀柄为诱饵，而需要不断替换的刀片则成为主要的收入来源，这种模式也被称为诱饵模式。刀柄是诱饵，刀片则是收益。诱饵产品一般是价格很低或免费的产品。收益产品则是能为企业创造持续收益的产品。收益产品也会存在被替代的风险。吉列通过品牌的方式来增加认知度，通过专利来形成市场壁垒阻止竞争者加入。所以，收益产品必须有足够的实力来保证能将诱饵产品之后的收益收入囊中，不然就成了为他人作嫁衣。

（4）非绑定式商业模式。非绑定式商业模式认为，企业会因经济因素、竞争因素和文化因素的驱动而形成不同业务，这些业务包括产品创新型业务、客户关系型业务和基础设施型业务。这三类业务的职责各不相同：产品创新型业务的职责是开发新的及有吸引力的产品和业务；客户关系型业务的职责是搜寻和获取客户并与客户建立良好关系；基础设施型业务的职责是构建和管理平台，以支持大量重复性工作。非绑定式理论认为，这三种业务类型受不同因素的驱动，在同一组织中这些业务类型彼此之间会发生冲突，或导致不利的权衡妥协，因而主张在一个企业内分离三种业务，一个企业的业务应该聚焦于其中某一项。

非绑定式理论对综合型业务公司和为大型企业服务的中小型企业的商业模式设计具有很好的参考意义。例如，传统的移动通信企业一般都同时经营三种业务：语音、数据和内容的产品业务，设备管理、网络维护与运营的基础设施管理业务，客户获取、客户维护的客户关系业务。国外已有企业将网络维护运营外包给电信设备制造商，国内通信企业也经常与第三方在新技术、新服务和媒体内容等方面合作，并取得了不错的效果。

5. 商业模式画布

商业模式并不仅仅是各种商业要素的简单组合。商业模式的构成要素之间必然存在着内在联系，一个好的商业模式可以将这些要素有机地联系在一起，从而阐明某个企业或某项活动的内在商业逻辑。只有其内部构成要素协调一致，才能阐明创造价值、传递价值和实现价值的商业逻辑。

亚历山大·奥斯特瓦德（Alexander Osterwalder）提出的商业模式设计框架很好地回答了商业模式涉及的上述三个基本问题，可以帮助我们厘清商业模式。该框架包含九个关键要素：客户细分、价值主张、渠道通路、客户关系、收入来源、核心资源、关键业务、重要伙伴和成本结构。参照这九大要素就可以描绘分析乃至设计和重构企业商业模式。由于该框架是商业模式创新时召开会议或头脑风暴常用的工具，常由一面大黑板或一面墙来呈现，因而又被通称为商业模式画布，如图 5-2 所示。

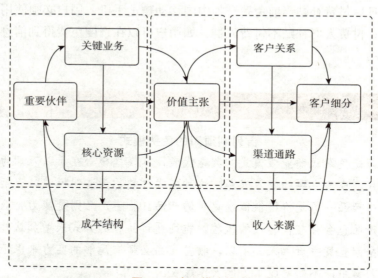

图 5-2　商业模式画布

（1）客户细分。"客户是谁"是一切商业活动的本源。企业在为谁创造价值，这些人有什么样的特点，他们之间存在什么样的差异，了解这些就可以集中更多的资源提供更精确的服务，创造出更大的效益。客户到底是大众客户，还是特定性的客户，商业模式应该服务于传统的二八法则中的核心客户，还是要关注利基市场中的长尾用户，这是在最开始就需要考虑清楚的。

不同的市场具有独有的特征。"大众市场"的价值主张、渠道通路和客户关系全都聚集于一个大范围的客户群组,客户具有大致相同的需求和问题。"利基市场"的价值主张、渠道通路和客户关系都针对某一瞄准的市场的特定需求定制。这种商业模式常可在"供应商—采购商"的关系中找到。"区隔化市场"各细分群体之间客户需求略有不同,所提供的价值主张也略有不同。"多元化市场"经营业务多样化,以完全不同的价值主张迎合完全不同需求的客户细分群体。"多边平台或多边市场"服务于两个或更多的相互依存的客户细分群体。

【案例】

咖啡与豆浆客户细分

咖啡的市场分为家庭 DIY 与商业开发两大类。其中,商业开发类部分的顾客不像家庭 DIY 顾客将咖啡作为生活中不可或缺的一部分。商业开发类客户又可分为习惯喝咖啡的与偶尔喝咖啡的。对偶尔喝咖啡的客户,他们需要快捷、价格低的咖啡,因此,咖啡成为快消品。在便利店、KA 卖场、自动售货机提供方便、价格低、可携带的咖啡受到客户的欢迎。同样的思路可以用来寻找豆浆市场的客户。传统豆浆面向的是多元化市场;作为快消品的工业化豆浆大批量供应批发市场与超市,属于大众市场;酒店与餐厅等地方的客户需要现磨即饮型豆浆,属于区隔化市场;将豆浆作为早餐与辅食的主妇需要家用豆浆机,这属于利基市场。

(2)价值主张。在确定了客户之后,要思考企业的服务和产品对于客户来说有什么价值。对于细分之后的客户,企业满足了他们怎样的需求,帮助他们解决了什么问题,企业传递给客户的价值观是怎样的?价值主张——价值为形,主张为神,企业需要让客户感受到其工作的意义,同时还要向他们传播自己的意识和文化。在这个阶段,企业要针对第一阶段中细分的客户来分别考虑,并且落实到具体的属性上,是能为他们提供比之前更好的解决方案,还是更加个性化的针对性服务,或者是颠覆性的体验,只有落实这些之后,商业模式才有了其根本的意义。

企业用 FAB 分析法来进行澄清价值主张则更简洁:F(Features)是指这个产品有哪些特点,主要是产品本身固有的一些特点;A(Advantages)是说这个产品比同类产品好在哪里,有什么优点,有哪些创新,强调与众不同之处;B(Benefits)是说这个产品给目标客户带来了什么利益和价值,侧重于客户的"买点"和消费动机。FAB 提炼出来之后,产品的价值诉求就出来了,客户购买的理由也充分了,产品或服务的提供即可带来收益。

(3)渠道通路。有了客户喜欢的服务和产品,那么现在来讨论传递的问题。用什么样的媒介,遵循什么样的流程来接触客户,传递价值、传播主张,是建立网站提供服务,还是代理分销最终放在客户可以看到的货架上,这些都是建立传播渠道要考虑的问题。一般来讲,商品渠道可以分为自有渠道与合作伙伴渠道。自有渠道分为直接渠道(自建销售队伍、在线销售)、非直接渠道。合作伙伴渠道包括合作伙伴店铺与批发商等。

(4)客户关系。现在商家有了客户产品并且建立了桥梁媒介,对于大多数商家来说,后面的问题在于如何稳住已有的客户并且持续地增加新的客户。客户的黏性和忠诚度需要良好的客户关系来保证,好的客户关系意味着能够追加销售和新的产品。是用社区或是呼叫中心等自动化的方式来为客户提供24小时的服务,还是雇用专属的客户经理来维护大客户的关系,这都取决于最初确立的前三步。

(5)收入来源。羊毛出在羊身上,企业不是慈善组织,要维持正常的运作就需要有收入。如何用最合理的方式让客户付钱来换取你为他创造的价值。如何细分客户市场,不同客户群体的付费比例是多少,采用什么样的方式来支付他们获得的价值,是直接购买所有权,还是购买使用权,还是租用,还是由第三方来垫付,是一次性支付还是在后期的运营服务中持续支付,都需要针对不同的客户群及其关系,以及你的价值主张来综合决定。

经济价值转化大循环的模型,将收入来源分为以下三个方面。

1)从资源到资产。租金收费,出让资源一定时间排他性使用权而产生的费用。资源销售,作为原材料等资源的销售收费。使用收费,通过特定的劳动力与服务等资源收费。

2)从资产到资本。资产销售,销售实体产品的所有权。订阅收费,销售重复使用的服务。授权收费,知识产权授权使用。

3)从资本到资信。认证收费,提供对产品与服务的认证并收取费用。经济收费,提供中介服务,收取佣金。广告收费,提供广告宣传服务,获得收入。金融担保,保证金融合同的履行,保障债权人实现债权,而以第三人的信用或特定财产保障债务人履行债务的行为。

(6)核心资源。前面的五个部分讨论了很多规划,从现在开始讨论如何实施这些规划。首先要讨论的就是资源,考虑需要哪些核心的资源才能保证上述五个方面能顺利地搭建起来,是需要资金还是人力,或者是知识产权,或者是某些固定资产,只有准备好"食材",才能开始"炒菜"。

(7)关键业务。"食材"准备好了,现在该考虑做哪些"菜"的问题了,用什么实体才能体现价值主张,建立怎样的渠道才能传播服务和产品,维系客户关系如何落地转化成为可操作的解决方案,这就是关键业务。为了价值主张,可能需要建立一座工厂,为了渠道通路,也许要建立一整套在线销售的网络体系,为了维护客户关系,可能要构建一个自己的社区,或在微博上面开设一个企业账号。

(8)重要伙伴。重要伙伴包括供应商、合作伙伴的网络。需要回答,谁可以作为伙伴,能从伙伴那里获得什么核心资源,能为伙伴带来什么价值。重要伙伴可以分为四类:非竞争者之间的战略联盟关系;竞争者之间的战略合作关系;为开发新业务而构建的合作关系;为确保可靠供应的采购商——供应商关系。

(9)成本结构。做企业就得算账,成本结构就像人体内的脂肪、蛋白质和糖分比例一样,合适的比例能让企业更加健康。降低不必要成本是企业获得更大收益的十分重要的方式,在(1)~(8)的步骤中所涉及的成本都应该在这个阶段做详细的评估。另外,成本不是一成不变的,就如同摩尔定律对固定成本的影响一样,对成本精准的战略评估说不定会为企业带来意想不到的收获。

> 【课堂小训练】
>
> 　　如果你在学校门口开一个煎饼摊位，用商业模式画布介绍自己的煎饼档口的经营情况，教师根据情况选一组在班级内展示。

二、商业模式的创新

1. 商业模式创新的概念

　　商业模式创新是在项目中采用的服务模式是什么，在服务内容和服务形式上有哪些创新点，有哪些创新之处，有哪些和以往做法不太一样的地方，有哪些颠覆性的东西。比如现在常使用的线上线下O2O服务模式，在互联网还没有开始实施应用时，人们只能通过线下实体店进行产品销售，有了互联网技术和配套的设施后，人们通过计算机和手机移动终端，就可以利用互联网技术平台开展产品销售与服务，通过公司产品服务网站、微信公众号、朋友圈、微博、微店等互联网技术手段，来实现线上的产品销售与客户服务，从而实现跨地域、跨国界的线上线下O2O的产品销售服务模式，这就是商业模式的创新。

2. 商业模式创新的分析

　　商业模式必须提供基于制度结构和制度安排的动态连续性，必须始终保持必要的灵活性和应变能力。在互联网时代，商业模式不断创新。在制造业，有强势品牌塑造模式、OEM模式、产业集群模式等；在流通业，有代理模式、批发模式、直销模式、连锁经营模式、特许经营模式等；在互联网领域，商业模式更是层出不穷，有传统门户模式、电子商务模式、网络游戏模式、即时通信模式、搜索引擎模式、网络招聘模式、无线增值模式、网络教育模式、网络旅游模式、网络银行模式等。

　　以电子商务模式为例，通过不断创新，它具体有如下模式。

　　（1）B2B模式：主要是指企业和企业的电子商务交易（Business to Business，B2B）。目前，我国主要的B2B企业有阿里巴巴、找钢网等。B2B模式是电子商务领域应用最多和最受企业重视的一种形式，企业可以使用互联网或其他网络为每笔交易寻找最佳合作伙伴，完成从订购到结算的全部交易行为。

　　B2B主要针对企业内部以及企业（B）与上下游合作厂商（B）之间的信息整合，并在互联网上进行企业与企业之间的交易。借助企业内部网（Intranet）建构信息流通的基础，以及外部网络（Extranet）结合产业的上中下游厂商，达到供应链（SCM）的整合。因此，通过B2B商业模式，不仅可以简化企业内部信息流通的成本，还可以使企业与企业之间的交易流程更加快捷，减少成本的耗损。

　　（2）B2C模式：主要是指企业与消费者之间的电子商务（Business to Customer，B2C）。这是消费者利用互联网直接参与经济活动的形式，类似于商业电子化的零售商务。这个模式如今又往往与线上线下相结合的模式（O2O模式）联系在一起，主要企业有当当、京东等。

　　（3）C2C模式：主要是指消费者与消费者之间的电子商务（Consumer to Consumer，

C2C），即个人用户进行买卖交易的电子商务交易业务，主要平台有淘宝网、易趣网等。还有一种是 C2C 竞标模式，通过为买卖双方提供一个在线交易平台，使卖方可以主动提供商品，在网上拍卖，而买方可在网上购买，目前竞标拍卖已经成为决定稀有物价格最有效率的方法之一，举凡古董、名人物品、稀有邮票……只要需求面大于供给面的物品，就可以使用拍卖模式决定最佳市场价格。拍卖会商品的价格因为欲购者的竞争面逐渐升高，价高者得，这就是传统的 C2C 竞标模式。

3. 商业模式创新的逻辑

成功的商业模式应当有其自身的逻辑系统，否则，不会出现在同一商业模式下运作的 Dell、Alibaba 等商界巨头。成功的商业模式创新是商业模式与企业核心竞争优势相互耦合的过程，以客户价值主张为商业模式研究的基础；以"产业链系统（下游供应链、企业内部运营价值链、上游分销链、客户链）、其他相关利益者链（包含企业治理结构关系、社会公共关系、企业宏观环境，即一组国家政治、经济、技术等环境系统）及竞争链系统"组成的生态链系统作为商业模式创新的决策支撑；以强势企业文化构建作为商业模式创新执行的支持；产品与市场的创造作为成功商业模式的成果输出。

（1）客户价值的研究是商业模式研究的基础，商业模式设计的根本目的是为客户体验创造新的价值，促使客户愿意为之买单。任何商业模式都是为了持续优化客户在消费过程中的体验或是为客户创造新价值的体验（简单理解就是持续为客户提供高效、优质的服务），倘若能寻找到实现这种提升客户体验价值的途径，也就形成了商业模式创新的原型。需要指出的是，处于产业链不同位置的企业对于"客户"这一概念的理解不能太过狭隘，制造企业或品牌企业对其上游的分销商、最终产品或服务的消费者都应当视为客户，而不仅是终端消费者。例如，美国西南航空的低成本运作的商业模式，为客户提供高效的服务；Google 的关键字竞价服务；房地产行业的"地产＋游乐""地产＋运营"等商业模式，都是对客户价值的优化和创造。

（2）组成商业模式创新的生态链系统是企业生存所必须面对的生态环境链，生态链系统的研究其实是一个完整的战略分析、决策的过程。通过对客户价值的研究，可以得到商业模式的原型，为了使商业模式更加具有竞争力，就必须围绕企业经营的内、外部环境（由供应者、企业内部运营价值链、分销渠道、客户、其他相关利益者及竞争者组成的一组生态链系统）进行资源、能力的分析，从而确认生态链系统能否对客户价值主张进行很好的支持，最终确定生态链系统进行整合的方向。

分析生态链系统的关注点：一是深入了解生态链系统中各相关者可获取的剩余价值；二是与本企业优势资源能力相似的标杆企业（可跨行业选择）分析；三是与客户价值主张的配比。通过上述的分析，确认生态链系统整合的方式。生态链系统内部整合主要有四种方式：一是产业链的内部整合，是一种纵向整合的方式，即增加本企业产业链条的长度，其中与竞争链的整合，是一种横向整合的方式，即增加本企业的运作规模；二是企业运营价值链内的整合，提升企业内部的运作效益；三是企业运营价值链内相关环节直接跨产业整合资源，突破资源发展的瓶颈；四是分步进行有次序的整合，最终实现客户价值主张。

（3）企业文化是一种软实力，是企业进行各类活动执行的支持系统。一个缺少强势企业文化的企业，在创新商业模式的执行过程中，势必会处处受阻。通常，成功的企业一定存在着特定的文化，有时会隐含在企业日常的运作过程中，此时，企业就应当努力提炼自身的文化，以不断强化企业的正向文化，配合企业未来战略发展的需要，鼓励更多的员工融入组织中，以提高组织的整体执行效力。在进行商业模式的创新研究过程中，必须持续性强化企业在过去取得成功的文化基因，并引入新的文化元素，以保证商业模式创新过程得以顺利进行。

【讨论互动】

请分组并围绕某些行业（如电子商务、餐饮、生态旅游、教育培训等）展开讨论，思考并回答下列问题。

（1）选择几个行业并分析这些行业的常见商业模式。

（2）找出这些行业商业模式的差异。

◆ 活动：绘制商业画布

根据图5-3中商业画布框架提示，以小组为单位完成商业画布制作。

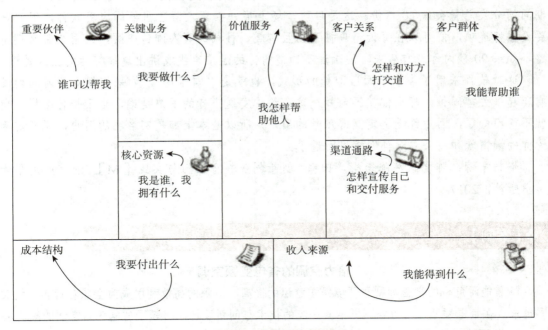

图5-3 商业画布框架

知识点5 设计创新

设计创新是指通过使用不同的软件，将材料、结构、颜色、文化、理念等元素重新组合，来进行材料设计、结构设计、外观设计、文化设计、功能设计，实现创新的设计方案，以达到设计创新的效果。

围绕产品的材料设计、结构设计、外观设计、文化设计、功能设计等设计概念，进行深度挖掘，往往能产生新的创意设计。例如，在智能交通车辆监控中增加人脸识别技术，即可实现对违章的行人进行图像的捕捉抓取和智能分析；设计双面外套，内外采用不同材料、不同颜色、不同图案，正面穿是夹克，反面穿是风衣，达到一衣两穿的效果；在外衣设计中采用防水的纳米材料，能够显著提高外衣的防水和防污性能，这些都是设计创新。

【案例】

"谁叫我起床"趣味应用软件

"谁叫我起床"是史上首个将闹钟、真人语音与社交结合起来的趣味应用软件。这款原创易用的应用软件无须过多介绍，设定闹钟时间与叫醒声音的性别，就会有随机的神秘人来准时叫你起床！

"谁叫我起床"是腾讯主办的2013中国互联网创新创业大赛的潜力应用软件，首发期间的分发总量突破20万份。这是目前市场上第一款真人语音叫早的应用软件，用户只要设置好选项，便可以在每天清晨被不同且有趣、神秘的真人闹铃叫醒，给用户带来期待感。如果90秒内你没有醒来，便永远不知道叫你的温柔声线或讲出逗趣笑话的主人是谁。

这款软件采用了类似于阅后即焚的形式，也就是"闹即焚"，如果在规定的时间内没有爬起来关掉闹钟，那么你就不会知道这个给你发送声音的用户是谁，至于长什么样，也就不得而知了，因为都是绑定微博账号的用户，所以基本上都是实名制的用户，说不定因为你的懒惰就和一个"女神"擦肩而过了。

资料来源：陈晓曦，陈李彬，田敏. 创新创业教育入门与实战［M］. 北京：清华大学出版社，2017.

【案例】

格力空调的省电变频空调

随着能源危机的日益加剧和环境保护意识的提高，能源的高效利用成为全球各行各业的共同追求。在家电领域，格力空调凭借其一流的技术与创新设计，引领了省电变频空调的潮流。

1. 变频技术的突破

省电变频空调的设计创新之一就是应用了先进的变频技术。传统空调在运行过程中，只能实现全功率或关闭两种工作状态，而格力空调采用变频技术，可以根据室内温度的变化自动调整压缩机的运行频率，从而实现制冷和制热的精准控制。这项创新技术使得空调的耗电量大大降低，节能效果显著。

2. 智能节能控制系统

格力空调注重智能节能控制系统的开发，通过先进的温度传感器和人体感应器，能够精确感知室内温度和人员活动情况，并根据实际需求智能调节工作模式。当人离开房间时，空调会自动进入节能模式，降低能耗；当人再次进入房间时，空调会迅速恢复正常工作状态，确保在舒适使用的同时不浪费能源。

3. 精湿技术的应用

除了变频技术和智能节能控制系统，格力空调还引入了精湿技术，通过精确控制房间湿度，提高舒适度的同时节约能源。传统空调在降温过程中会导致室内湿度下降，引起干燥不适，而格力空调的精湿技术可以保持室内湿度在一个适宜的范围内，提供更加舒适的环境。

4. 环境友好的制冷剂

作为环保先行者，格力空调使用环境友好的制冷剂R410A，避免了传统空调使用的臭氧层破坏物质，有效降低了对大气层的损害，保护了环境的可持续发展。

5. 用户体验与品质保证

除创新设计和节能特性外，格力空调还注重提供优质的用户体验。通过不断改进产品的可操作性和易用性，格力空调确保用户可以轻松地调节空调的温度和风速，享受到个性化的舒适体验。同时，格力空调以其稳定可靠的性能和可靠的质量保证，树立了良好的品牌形象。

格力空调的省电变频空调通过创新设计和先进技术，提供了高效的能源利用方案，为用户创造了舒适环保的生活空间。它不仅为用户节约能源费用，减轻了能源资源的压力，而且对环境做出了积极贡献。格力空调的成功经验告诉我们，创新设计推动行业进步。

【讨论互动】

除了案例中所提到的设计创新的实例，你身边还存在哪些设计创新的案例呢？请列举1～3个。

知识点6　组合创新

在开展创新活动时，还可以把上述各种创新方法组合应用，实现组合创新。比如，可以把产品创新和科技创新组合应用，围绕有市场需求的新产品进行开发，通过使用不同的技术，开发具有不同功能和性能的产品。

组合创新是指根据事物或产品的原理、材料、工艺、方法、零部件等不同的属性抽取合适的技术要素，按照一定的技术原理，通过巧妙结合进行重新组合，以获得具有统一整体功能的新材料、新工艺、新技术和新产品的一种创造方法。组合创造通过联想思维，对已有的发明创造进行再开发、再利用，既利用原本成熟的技术，又节省了大量的时间和成本，容易被大众接受和推广。在发明创造领域，组合具有广阔的用武之地，是发明创造中最基本也是最重要的一种方法。

组合创新是人们在实践中总结出来的、根据创造原理解决发明创造问题的创意，是促使创造活动完成的具体方法和实施技巧，是开展创造活动普遍适用的、程序化、规范化的方法与技法。

组合创新的应用途径很多，应用面很广，也比较容易实现创新。例如，可以通过人工智能技术、大数据技术、云计算技术、物联网技术、人脸识别技术、地理位置信息技术、新材料等技术的组合应用，开发定制化的智能驾驶汽车产品；可以通过语音识别技术、人脸识别技术、计算机深度学习技术、远程视频技术等的组合应用，开发远程医疗 VR 虚拟产品。随着科技发展，数码相机不仅比胶卷相机更便携且更智能，而且能通过蓝牙上传照片到计算机，还能分享到社交网络；智能手表不仅能看时间，还可以打电话、发信息，与手机、私家车进行蓝牙连接等。因此，组合创造需要的不是质的改变，而是通过不断组合，推陈出新，使产品具有更大的灵活性。

举例：

（1）设计创新＋产品创新＋科技创新：将人体工学、人工智能技术和自动控制技术应用到保健按摩椅的产品研发上，设计研发出更舒服的保健按摩椅。

（2）产品创新＋应用创新：研发新一代的石墨烯壁毯和地毯，解决室内取暖保温的问题，野外露营的人对此会有一定的需求。

（3）产品创新＋集成创新：研发 360° 全景拍照的多镜头手机，这种手机不仅仅是内置前后两个摄像头，还内置了 360° 全景摄像头，会很受爱好旅游的人欢迎。

（4）产品创新＋科技创新＋应用创新：研制高性能的智能可穿戴头盔，这种头盔不仅能够抗震抗冲击，还可以实现远程通信、数据传输、健康监护，可以广泛应用在矿山机械、工程施工、自行车运动、军事训练中。

（5）产品创新＋科技创新＋应用创新＋设计创新：开发出不同结构、类型、款式和功能的太阳能小木屋，不仅可以满足旅游景区住宿需求，还可以满足私人宅院需求，不仅可以满足森林防火防盗看护需求，还可以满足野外科学研究住宿需求。

【课堂小训练】

对标自己团队项目所在的行业及国内外知名企业，了解现有的解决方案。

对标过程中了解学习项目的核心技术和资源有_____和_____（是项目的，不是公众的），以及现有企业现阶段的成果有_____（盈利情况，用户量，项目进展，团队情况，市场占有率）等。

【案例】

瑞士军刀

被世界各国视为珍品的瑞士军刀，是由制造刀具的鼻祖埃尔森纳（Elsener）家族制造的。100 多年前，瑞士军方迫切需要一种便于行军携带的多用途刀子，于是就向以制刀闻名的埃尔森纳家族订购。经过精心设计，选择优质材料，埃尔森纳家族终于制造出符合要求的高质量刀具。此军刀小巧玲珑，方便实用，且不易磨损，功能齐全。每把刀上都镶有盾形十字，璀璨夺目。

瑞士军方用后，大为称赞，瑞士小军刀以其精良的工艺成为许多人不可缺少的工具。其中被称为"瑞士冠军"的款式最为难得，它由大刀、小刀、木塞拔、开罐器、螺丝刀、开瓶器、电线剥皮器、钻孔锥、剪刀、钩子、木锯、鱼鳞刮、钳子、放大镜、圆珠笔等31种工具组合而成。携一把刀等于带了一个工具箱，但整件刀具只有9 cm长、185 g重，完美得令人难以置信，甚至被以苛求著称的美国现代艺术博物馆收藏。

【讨论互动】

组合创新可以通过不断组合，推陈出新，具有更大的灵活性，但是否所有事物都可以进行组合创新呢？你认为身边的哪些事物可以进行组合创新，而哪些事物是不能进行组合创新？

◆ 活动：班级展示作品

通过学习和思考，以"需求（痛点）→选定细分市场→创新的解决方案"为思路，完成团队项目的创新点设计并填写展示板。

项目名_____；
团队成员_____；
项目概述_____；
项目关键词_____；
项目创新点_____。

◆ 实践任务单（表5-2）

表5-2 实践任务单

姓名		班级	
实践任务	我的创新解决方案		
实践内容			
1. 写出你认为可行的创业项目，并说明理由。			
2. 写出你认为可行的创新点。			
3. 该创新点对比同类产品，有哪些优点？			
4. 写出该创新可采用的实行方式			

知识拓展

> 【拓展案例 1——科技强国】

科技部：2022 年我国全球创新指数排名上升至第 11 位 成功进入创新型国家行列

2023 年 2 月 24 日上午，国新办举行"权威部门话开局"系列主题新闻发布会，科学技术部相关负责人介绍"深入实施创新驱动发展战略，加快建设科技强国"有关情况。

科学技术部部长王志刚表示，党的十八大以来，把科技创新摆在国家发展全局的核心位置，推动我国科技事业取得历史性成就、发生历史性变革，从自主创新到自立自强、从跟跑参与到领跑开拓、从重点领域突破到系统能力提升，这十年是我国科技事业跨越式发展的十年，是我国科技创新能力提升最快的十年，也是科学技术第一生产力作用发挥最为彰显的十年。我国全球创新指数排名从 2012 年的第 34 位上升至 2022 年的第 11 位，成功进入创新型国家行列，开启了实现高水平科技自立自强、建设科技强国的新阶段。党的二十大坚持创新在我国现代化建设全局中的核心地位，把教育、科技、人才作为全面建设社会主义现代化国家的基础性、战略性支撑，并首次进行专章部署。

全国科技界深入学习贯彻党的二十大精神和决策部署，攻坚克难、奋力拼搏，各行各业协力攻关，东中西部合作创新，科技产业金融融通发展，深化改革与创新发展统筹推进，汇聚形成全国上下勠力同心、锐意创新的磅礴力量。科技创新在党和国家事业全局中的地位提升前所未有，作用发挥前所未有，科技赋能成为高质量发展的显著标志，科技创新成为引领现代化建设的重要动力。

——科技实力跃升，在全球创新版图的影响力显著增强。全社会研发经费从 2012 年的 1 万亿增加到 2022 年的 3.09 万亿，研发投入强度从 1.91% 提升到 2.55%；基础研究投入从 2012 年的 499 亿元提高到 2022 年的约 1 951 亿元，占全社会研发经费比重由 4.8% 提升至 6.3%。研发人员总量从 2012 年的 325 万人提高到 2022 年预计的超过 600 万人，多年保持世界首位。引用排名前千分之一的世界热点论文占全球总量的 41.7%，高被引论文占 27.3%。我国不仅是国际前沿创新的重要参与者，也成为解决全球问题的重要贡献者。

——科技全面赋能，为高质量发展提供更多高水平源头供给。坚持目标导向和自由探索"两条腿走路"，在量子信息、脑科学等基础研究领域取得一批具有国际影响力的原创成果，在若干重要领域发挥创新引领作用。坚持补短板和建长板并重，高性能装备、智能机器人、激光制造等重点产业关键核心技术实现突破。积极布局新赛道，人工智能、大数据、区块链、5G 等新兴技术加快场景应用。聚焦种子和耕地两个关键问题，有力支撑保障国家粮食安全。面向人民生命健康，科技创新为疾病防治、公共卫生、应对人口老龄化提供更加精准而全面的支撑。科技创新的渗透性、扩散性、颠覆性作用充分显现，深深融入经济社会发展各个领域和百姓生活方方面面，大大提高了我国的发展质量和持久动力，并为中国式现代化创造更加广阔的新愿景、带来更加美好的新期待。

——改革攻坚发力，国家创新体系整体效能显著提升。科技体制改革三年攻坚加快推进，重点领域改革多点突破。强化国家战略科技力量建设，中国特色国家实验室体系加快构建，高水平研究型大学、科研院所在实施国家重大科技任务中发挥关键作用。企业科技创新主体地位进一步提升，高新技术企业从2012年的3.9万家增长至2022年的40万家，贡献了全国企业68%的研发投入，762家企业进入全球企业研发投入2 500强。统筹推进国际科技创新中心和区域科技创新中心建设，新一轮中关村先行先试在基础研究研发费用加计扣除、科技成果先试用后付费等方面率先开展，23家国家自创区和177家国家高新区成为高质量发展的排头兵。有利于科技创新的法律政策和文化环境进一步优化，全社会支持创新、投入创新、参与创新、推动创新的热情空前高涨。

——扩大开放合作，积极打造有利于国际科技交流合作的创新生态。开放合作是科技自身发展的内在要求，也是应对全球共同挑战的必然要求。我们坚持开放包容、互惠共享的国际科技合作理念，与160多个国家和地区建立科技合作关系，参与200多个国际组织和多边机制。在应对气候变化、清洁能源、新冠疫情防控等重点领域广泛开展国际合作研究，与60多个国家、地区和国际组织开展联合资助。"一带一路"科技创新行动计划成果丰硕，建设一批联合实验室。牵头组织国际大科学计划和大科学工程，积极参与国际热核聚变实验堆、平方公里阵列射电望远镜等国际大科学工程。在重点领域搭建更多国际科技交流合作平台，为来华工作的各国人才提供广阔发展舞台，让中国成为全球创新创业的沃土。

2022年，在全体科技工作者的共同努力下，我国科技创新成果丰硕、捷报频传，天和、问天、梦天三舱齐聚天宇，中国空间站傲立太空，夸父探日、青藏科考、微纳卫星、量子传输、质子治疗等一批重大创新成果竞相涌现。全社会研发经费支出首次突破3万亿元，研发投入强度首次突破2.5%，基础研究投入比重连续4年超过6%。一批关键核心技术攻关取得突破，国家战略科技力量建设迈出新步伐，"科技冬奥"保障北京冬奥会高质量办赛高水平参赛，科研攻关为全国疫情防控取得重大决定性胜利做出重要贡献。

（来源：中央广播电视总台）

【拓展案例2——互联网思维创新】

小米公司四大创新点

小米集团,一家成立于2010年的中国科技公司,凭借其创新的产品和独特的营销策略,迅速成为全球最有影响力的科技企业之一。小米集团的核心竞争力在于其科技创新能力。自成立以来,小米集团一直致力于研发具有国际竞争力的产品。从智能手机、智能家居到可穿戴设备,小米集团的产品线日益丰富,涵盖了生活的各个方面。公司老总雷军曾对外宣称公司有四大创新点。

第一个创新是用互联网方式来打造一个手机品牌,并且几乎全部在网上销售。像谷歌这样的公司做不成的事情,小米有机会做出了一点特色来。

第二个创新是遵循"铁人三项",即软件、硬件、互联网服务一体化,追求综合体验。

第三个创新非常小,但对手机行业非常重要,就是快速迭代。操作系统每周快速迭代代价有多大?操作系统的稳定性与手机稳定性紧密相连,如果质量做不好,对客户使用影响非常大。一周快速迭代意味着两天规划功能、两天开发、两天测试,一周工作6天。MIUI已经快迭代了5年,并且会坚持走下去。

最后,小米更大的创新是第一次把手机这个"黑盒子"打开,向每个消费者讲解里边装的是什么,包括夏普显示屏、全球首款高通8260手机、德赛和飞毛腿终端的电池等。今天的手机科技含量非常高,消费者很难知道里面是什么,而其他手机厂商都是一再强调自我的品牌,却很少剖析手机里面有什么。

【拓展案例3——专利保护】

李蕴洲:创业两年取得57个国家专利

清新俊逸、眼神敏锐,说起话来温文尔雅,11月23日,在哈工大大学生创新创业园,记者看到了代表哈工大优秀青年参加APEC会议刚刚返校的在校研究生李蕴洲。从本科到硕士,他始终专注机器人研发,组建团队、创办公司,短短4年时间,李蕴洲和他的团队已经拥有8项发明专利。先后研发生产了搬运机器人、格斗机器人及智能家居机器等多个产品并不断更新迭代,这位90后大男孩儿正以破竹之势攀登创新创业的"新字号"高峰。

"我兴趣爱好广泛,从小就对机械很敏感。大一时,了解到学校的机器人研究所在国内享有盛誉,坐拥这么好的资源,要是不加以利用就可惜了。于是,我找到了同班两个志同道合的同学解为然、魏晋,组成了机器人团队,在学校指导老师的帮助和项目扶持下,搞起了机器人的研究和制作。从此就和机器人结下了不解之缘。"李蕴洲说,选择研发机器人作为创业项目是他的兴趣所在。

2017年，李蕴洲和他的团队创立了哈尔滨玄智科技有限公司，正式走上了创业的道路。从机器人爱好者转而成为一个创业者，李蕴洲直言学校给予了很广阔的平台和支持。"成立公司是为了能将机器人运用到实际中，服务和方便生活。公司尚在成长阶段，共有40人，基本都是哈工大的学生。研发的产品有基于无线射频的模块化小型格斗机器人、智能家庭管理机器人和自主导航越障搬运机器人等。"李蕴洲告诉记者。

现在，李蕴洲每天都过得特别充实，白天除了研究生专业课程，课余的所有时间都奉献给了公司。目前的工作很辛苦，通常课程一结束，大家就会赶来公司。工程部的技术人员负责算法、设计、建模，制作机器人实物成品；组织运营部的工作人员要做文案，研究市场、核算财务及培养新进人员。晚上是团队的会议时间，对一天工作情况进行总结，讨论第二天的任务。李蕴洲睡前还要查看机器人方面的学术论文。他认为："既然进入了这个领域，就要做到最好。"

为了检验产品的性能、扩大公司的影响力，2017年，李蕴洲的团队接受了《铁甲雄心》国际格斗机器人大赛的邀请，与来自世界各国的机器人团队同场竞技，这也是李蕴洲和伙伴们第一次参加机器人格斗大赛。

比赛比想象中更艰难。从报名到正式比赛，中间仅相隔3个月，为了制造格斗机器人"深海巨鲨"，李蕴洲带领的哈工大战队每天泡在实验室里修改设计，甚至常常彻夜不眠地测试，以至于在比赛的前一天，已经整整连续35个小时没睡觉。虽然哈工大战队当时面对的是拥有二十年格斗机器人比赛经验的老牌对手，但"深海巨鲨"依然表现不俗，尽管在比赛的最后十秒惜败于对手，但李蕴洲和成员们很快调整了情绪，认为输给强大的对手未尝不是一件好事。赛后哈工大战队对"深海巨鲨"所存在的问题进行了优化和改造创新。功夫不负有心人，在2019年6月进行的新一季《铁甲雄心》比赛中，李蕴洲团队的"深海巨鲨"力克所有劲敌，夺得冠军。

基于在各项比赛中的优秀表现和伙伴们自身的努力，李蕴洲的团队获得机器人相关国家专利57个，荣获40多个国内国际奖项，得到意向投资500万元，公司估值已达到6 600万元，在智能机器人领域与青少年机器人教育领域都占据了稳定规模的市场。"现在的主要收入来源是帮助有需要的公司定制设计机器人，公司也正在积极筹备研发自己的机器人产品线，希望未来能投入市场。"李蕴洲说。

"竞技机器人在国外已经有20多年的发展历史，而在国内才刚刚兴起两年多的时间，有着非常广阔的市场空间。我们公司研发的智能机器人明年肯定能成为'爆款'，年收入可以达到千万元。"李蕴洲对于公司的未来发展充满信心。

专利保护

1. 知识产权与知识产权保护

知识产权（Intellectual Property，IP）与知识产权保护（Intellectual Property Protection，IPR）是一对相互关联的概念。首先要申请知识产权，才能在出现侵权纠纷时向有关部门或法院申请IPR。此外，在商业信用相对发达的经济体中，知识产权与知识产权保护具有更为重要的地位。

（1）知识产权。知识产权是指人类智力劳动产生的智力劳动成果所有权，是依照各国法律赋予符合条件的著作者、发明者或智力成果拥有者在一定期限内享有的独占权利，一般认为其包括版权（著作权）和工业产权。

版权（著作权）是指创作文学、艺术和科学作品的作者及其他著作权人依法对其作品所享有的人身权利和财产权利的总称；工业产权则是指包括发明专利、实用新型专利、外观设计专利、商标、服务标记、厂商名称、货源名称或原产地名称等在内的权利人享有的独占性权利。自从2008年《国务院关于印发国家知识产权战略纲要的通知》颁布之后，我国陆续出台了《中华人民共和国商标法》《中华人民共和国专利法》《中华人民共和国著作权法》和《中华人民共和国反不正当竞争法》等法律法规文件。根据《中华人民共和国民法典》的规定，知识产权属于民事权利，是创造性智力成果和工商业标记依法产生的权利的统称。"知识产权"一词最早于17世纪中叶由法国学者卡普佐夫（Gapzov）提出，后为比利时著名法学家爱德蒙·皮卡德（Edmond Picard）所发展。皮卡德将之定义为"一切来自知识活动的权利"。但是，一直到1967年的《建立世界知识产权组织公约》签订和世界知识产权组织成立以后，"知识产权"一词才逐渐为国际社会所普遍使用。

（2）知识产权保护。随着科技的发展，为了更好地保护产权人的利益，知识产权制度应运而生并不断完善。侵犯专利权、著作权、商标权等侵犯知识产权的行为越来越多。17世纪上半叶就已经产生了近代专利制度；100多年后出现"专利说明书"制度；又过了100多年后，从法院处理侵权纠纷时的需要开始，才产生了"权利要求书"制度。

进入21世纪，知识产权与人类的生活更加息息相关，在商业竞争中可以看出知识产权的重要作用。2017年4月24日，我国最高人民法院首次发布《中国知识产权司法保护纲要（2016—2020）》。

从宏观层面上看，国家已经在法律制度层面为企业知识产权权益的保护提供了较强的法律依据，为企业在制定知识产权保护制度及具体实施方法方面指明了方向，但是目前还缺乏侵权案件的单独法律法规详细文件。为保护企业商业机密还需要制定更为完善的法律法规，制定企业与企业之间、企业与员工之间的商业机密文件的保护和侵权详细条例。

2. 专利

专利是工业产权的重要组成，本质是专利权的一种简称，是指一项解决某特定问题的技术方案，即发明、实用新型和外观设计，并且已经向国务院专利行政部门提出专利申请，经依法审查合格后，向专利申请人授予的在规定的时间内对该项发明创造享有的专有权或独享权（Exclusive privilege）。在我国，专利包括发明专利、实用新型专利、外观设计专利三个种类。

（1）发明专利。发明专利的技术含量最高，发明人所花费的创造性劳动最多。新产品及其制造方法、使用方法都可申请发明专利。发明专利保护期限为20年。

（2）实用新型专利。只要有一些技术改进就可以申请实用新型专利，要注意的是，只有设计产品构造、形状或其结合时，才可申请实用新型专利。实用新型专利保护期限为10年。

（3）外观设计专利。只要涉及产品的形状、图案或其结合，以及色彩与形状、图案的结合富有美感，并适于工业应用的新设计，就可以申请外观设计专利。外观设计专利保护期限为15年。

发明专利是我国三个专利种类中最主要的一种。值得指出的是，发明不同于科学发现。发现是揭示自然界已经存在的但尚未被人们所认识的自然规律和本质，而发明则是运用自然规律或原理去解决具体问题的技术方案。因此，发现往往不能直接获得专利，只有发明才能获得专利。

一般而言，发明专利具有独占性、时间性、地域性三个特点。

（1）独占性。拥有发明专利可以独占市场，未经专利权人的允许，任何人不得为生产经营目的制造、使用、销售、许诺销售、进口该专利产品或依照其专利方法生产该产品。

（2）时间性。发明成果只在专利保护期内受到法律保护，失效专利包括期限届满或专利权放弃、不缴年费而中途丧失，任何人都可无偿使用。

（3）地域性。一项发明在哪个国家获得专利，就在哪个国家受到法律保护，外国专利在中国不受保护，同样中国专利在外国也不受保护。因此，发明专利的地域性需要引起足够的重视。《中华人民共和国专利法》（以下简称《专利法》）中所表述的发明分为产品发明和方法发明：产品发明包括机器、仪器、设备和用具等，方法发明包括制造方法等。对于某些技术领域的发明，如疾病的诊断和治疗方法、原子核变换方法取得的物质等都不授予专利权。计算机软件的发明，则要视其是否属于单纯的计算机软件或能够与硬件相结合的专用软件，加以区别对待，后者是可以申请专利保护的。至于涉及微生物的发明也是可以申请发明专利的，但要按期提交微生物保藏证明。

【拓展案例4——商业模式画布】

商业模式画布

亚历山大·奥斯特瓦德在《商业模式新生代》一书中，创建了商业模式画布模型。该模型认为商业模式描述了企业如何创造价值，传递价值和获取价值的基本原理。如图5-4所示，奥斯特瓦德将商业模式分为九个基本构造块，具体包括客户细分、价值主张、渠道通路、客户关系、收入来源、核心资源、关键业务、重要伙伴、成本结构。这九个构造块覆盖了商业的四个主要方面，即客户、提供物（产品/服务）、基础设施、财务生存能力，可以很好地描述并定义商业模式。

图 5-4　商业模式画布

实践反思

知识回顾

本任务从产品创新、服务创新、科技创新、商业模式创新、设计创新、组合创新六个方面，以理论与案例相结合的方式，阐述了创业创新的途径和方式，旨在对大学生创新创业有所启发，打开创新创业的思路。

不同时代，赋予人们不同的使命，促进生产力发展的决定性力量也不相同。互联网、人工智能时代需要"创新思维＋专业知识"。没有创新思维，专业知识难以更进一步深入；专业不专，难以从深层次认识问题、解决问题。创造技法是创新思维与创造成果之间的重要环节，创新思维是基础，创造技法是创新思维的运用及其成果化。本专题介绍了几种常用的创新思维和创造技法，希望学生通过创新思维训练和创造技法的学习，打破思维定式。提高创新素质和创造能力，促进创新、创造成果的实现和转化。

拓展练习

练习 1

1. 分组讨论在生活中你是否发现某些日常用品有需要改进的方面？如何改进？
2. 谈一谈，对于服务创新，你有什么好点子？
3. 将全班同学分为 4～6 人的小组，每组选择一个创业项目，讨论并提出如何创新该项目的商业模式。

练习 2

选择以下两个或两个以上的事物进行构思，组合发明一样新的产品，并说明主要用途。

计算机	闹钟	手表	手机	计数器	手电筒
茶杯	照相机	跳绳	开关	温度计	球鞋
沙发	轮子	耳机	鼠标	录音机	声光显示
熨斗	插座	放大镜	收音机	日历	笔架
安全帽	台灯				

学习评价（表5-3）

表5-3 学习情况评价表

评价课程：　　　　　　　评价时间：

姓名		班级		小组	
评价项目	评价内容	分值	学生自评	小组互评	教师评价
学习态度	上课认真听讲，作业完成认真，积极参与课堂讨论	20			
专业能力	达到本任务知识目标、能力目标、素质目标的要求	30			
创新能力	积极参与课堂讨论，具有创新思维，能够提出合理的创新方法	30			
协作能力	善于与人合作，虚心听取别人的意见，能够启发他人思维	20			
	评价汇总	100			
	总评分数				

任务六
开发创业项目

【学习目标】

知识目标

1. 了解客户的内涵、群体类型及心理。
2. 了解产品的概念、分类。
3. 了解产品开发的概念、方式、重要性，以及产品开发失败的原因。
4. 了解创业资源的概念、特征及类型。
5. 了解影响创业资源获取的因素。
6. 掌握目标客户确定的方法。
7. 掌握产品开发的基本流程。
8. 掌握创业资源获取的途径与技能。
9. 掌握创业资源的整合步骤。

能力目标

能运用所学知识开发项目客户及产品（或服务）。

素质目标

培养学生主动开发创业客户及项目的意识。

【学习导图】

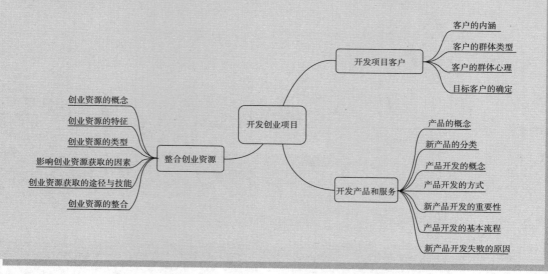

> **实践理论**
>
> 创业者需要通过市场调研、社交网络等途径，积极寻找并锁定目标客户，了解目标客户的需求和痛点，并提供相应的解决方案。成功的创业项目需要紧密结合市场需求、行业趋势和自身资源，注重创新、差异化和可操作性。

知识点1　开发项目客户

一、客户的内涵

客户是购买产品的个人或组织，创业者在创业前投放某个产品时，必须了解客户及市场的需求。创业者可以从以下几个角度了解客户。

（1）客户是什么？在营销行业中有一个经典的经营理念——客户至上。在当今激烈的市场竞争环境下，如果没有客户，企业就无法生存，因此，客户是企业的"衣食父母"和"市场"。

（2）为什么要了解客户？了解客户就是了解客户的需要和需求。如果企业解决了客户的问题，满足了他们的需要和需求，就能让客户满意，也就意味着能够获得更多的销售额和更高的利润。

（3）关注客户的哪些方面？既然客户对企业这么重要，那么要从哪些方面关注客户的需求呢？如图6-1所示为创业者在了解客户时应主要关注的几个方面。对这些方面的信息了解越深入，对客户的需求把握越精准。

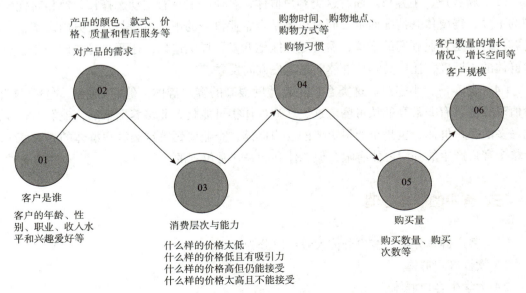

图6-1　创业者在了解客户时主要关注的几个方面

（4）如何了解你的客户？客户对企业的发展至关重要，创业者可通过多种方式了解客户，常见的方式如下。

1）情况推测：利用自己的团队及亲朋好友的经验来进行大胆的推测和预测。

2）利用行业渠道获得信息：阅读行业指南，调查相关的行业，通过商业报纸、杂志、电视和互联网等媒体了解信息。

3）与业内人士交换信息：可以与竞争对手、客户、销售人员、同行业的客户进行交流和咨询。

4）抽样访问选定的客户，通过访问结果进行了解。

5）可通过现场观察、问卷调查或网络调查的方法，观察客户的喜好和客户习惯等。

综上所述，了解客户即了解市场需要什么，然后根据市场需求组织生产或进货销售。创业者需要通过各种方法收集客户的相关信息，若发现目前的项目不可行，则应另辟蹊径，换一个角度，重新确定创业项目。

二、客户的群体类型

（1）老客户、大客户。老客户对于企业是至关重要的，对于老客户、大客户，企业必须用最优质的政策。但是，无论从规模或是数量上都要进行控制，保证老客户与大客户的优势，这类客户群体具有一定忠诚度。

（2）新客户、大客户。这类客户群体一般都在所在区域有一定影响力，这样的客户群体需要更多的沟通与精力。但如果合作失败，这类客户群体有可能转向竞争者阵营，会造成企业未来市场的被动性。所以，针对这类群体需要多方考虑，制订周密的计划后才可以合作。

（3）新客户、小客户。面对这类客户群体，企业一般具有主动选择权，对相对优质政策的下放，需要依其情况而定，同时也要结合企业自身的市场战略与发展方向来调整。这类客户群体是企业利润的来源，需要尽可能地开发，择优选择，还要尽可能地培养这类客户群体的忠诚度，让这类客户群体向老客户方向发展。

（4）老客户、小客户。这类客户是忠诚度很高的客户群体，他们对企业的整体文化、价值观等都具有非常高的认可度。这类客户群体很可能是企业培养出来的，他们是企业占比最多的客户群体，也是企业最重要的客户群体，企业要延续这类客户群体的忠诚度。尽管单个客户产生的利润可能有限，但总体利润是非常可观的。

三、客户的群体心理

（1）客户群体分类，客户群体大致可以分为6类。

1）女性客户群体。

2）大学生客户群体。

3）少年客户群体。

4）青年客户群体。

5）中年客户群体。

6）老年客户群体。

（2）不同客户心理特征。

1）女性客户群体。女性客户已成为现代社会的客户主体，抓住女性客户群体的心理，就抓住了创业成功的机会。想要快速地实现创业成功，创业者的目标可以瞄准大部分的女性客户，因为，她们不仅仅是客户，她们还是绝大多数家庭购买的决策者，其家庭中包含着男性、儿童、老人等。

调查研究表明，90%以上的女性有非理性消费行为，而这些非理性的消费行为往往受内在自身的情感、心情、喜好及外在的打折、广告、销售人员等的影响，这些非理性消费的支出可以占到消费比例的20%左右。随着女性在社会上越来越独立自强，女性的经济能力也随之越来越强，经济能力决定了女性在家庭中的消费决策越来越具有决定性，这些在创业者眼中，就是无限的创业机会。

女性客户群体的消费心理有以下几个特征。

①关注自身的情感因素，同时夹杂着多种犹豫和攀比的心理。

②关注产品外在呈现出来的元素，以及产品多处的细节设计。

③关注产品的实用性、便利性，以及对生活质量提升的创造性。

这些更能激发女性客户的消费能力，从这几点出发，生产并营销创业产品可以让销售事半功倍。

2）大学生客户群体。大学生是未来时代的创造者，越来越多的大学生崇尚个性，追求潮流，重视自身感受，愿意表现自己，愿意实现自身价值。

大学生客户群体的消费心理有以下几点。

①具有潮流性，同时还要有差异性，能给大学生消费者带来区别于他人的差异性体现。

②大学生客户并不是经济能力完全独立的个体，所以，价格和实用性是大学生所重视的。

③大学生客户还注重个性化、DIY等，这些个性化的差异能展现大学生的创造性，给他们带来与其他人不一样的潮流前卫性。

3）少年客户群体。这部分的客户群体由14岁以下的消费者构成。这部分群体尚未成熟，还没有树立完善的是非观念，自控能力也相对较低，他们的经济能力尚未独立，消费心理和消费行为大都受其父母、监护人及生活环境的影响。

根据年龄分，这类客户群体可以分为儿童客户群体和少年客户群体。

①儿童客户群体。随着儿童客户群体的成长，他们的自我意识逐渐从生理本能开始调整，自我需求方向开始养成，同时从模仿向个性化消费转变，从感性消费逐渐向理性消费成长。

②少年客户群体。这类客户群体希望自身可以对所喜欢的商品经济独立，购买行为的

倾向性趋于稳定，开始受社会群体和周围环境的影响。

4）青年客户群体。一般称15～35岁的少年向中年过渡期间的人群为青年客户群体。青年客户群体具有巨大的消费潜力，他们的购买行为具有发散性，对其他多类客户都有不同程度上的影响，他们的消费能力也逐渐突出个性，体现潮流，追求时尚，冲动性强。

5）中年客户群体。这类客户群体一般是从35岁至退休年龄阶段的人。中年客户群体在众多客户群体中占重要的地位，他们一般是消费的决策者，具有一定的消费能力。因为除自身外，还有父母、子女、伴侣等，所以，他们的消费方向多注重耐用性、实用性。他们消费冲动性小，大多为理性消费；不盲目，计划性相对其他消费群体要强；他们创新性较小，大多数购买所需品。

6）老年客户群体。一般是指退休以后、60岁以上的人群。随着公共卫生医疗水平的提升，卫生保健事业的长足发展，我国人口已呈现老龄化的大趋势，老年人口比例不断增加。而他们是一类比较特殊的客户群体，是非常值得关注的群体。他们对健康相对重视，渴望健康且有质量的生活，需要被关爱、呵护。

因此，老年客户群体消费方向大多是健康养生，他们的消费具有习惯性，更容易接受较强的补偿性消费。由于他们的自身生理情况，他们的消费观念更渴望具有便利性并有周到的售后服务。

四、目标客户的确定

目标客户即企业或商家提供产品、服务的对象。一般来说，目标客户具备以下几个特征。

（1）对创业项目的产品的某一功能有迫切的需求，而这一需求是目前市场上其他种类产品所不能完美提供的。

（2）具备一定数量及支付能力，特别是具备发展的潜力。

（3）在时间与空间上具备购买的条件。

（4）对服务的要求需要销售者来达成。

因此，只有确立了客户群体中的某类目标客户，才能展开有效地具有针对性的营销事务。确定目标客户可从以下三点进行考虑。

（1）从需求出发，圈定目标客户。需求是客户购买的原始动机。创业者常常会犯一个错误：把需求与卖点混在一起，觉得自己的产品很有卖点，这些卖点无往不胜，所以，用卖点去打动别人，去吸引别人，并觉得那些认可其卖点的人，就是其目标客户。但是，卖点不等于需求。

举个例子：口渴了，想买一瓶矿泉水，这是需求；农夫山泉推出矿泉水，主打营养矿物质的价值，这是卖点。

产品有卖点，这很重要。但是产品有没有用户需求，这更重要。如果没有人口渴，再好的矿物质水，都是空谈。人们尽管认可矿物质水有营养，但若不渴，也不会买水；如果很渴，纯净水、白开水，甚至自来水也会有人喝。

因此，在寻找目标客户时，应先忘记卖点，从客户的需求出发。卖点只能吸引客户购买，但不能决定客户购买。卖点的更多用处在于区分竞争对手，以及细分客户。需求才是客户购买的原始动机。客户的需求一般可分为两种。

1）通过购买产品与服务，来摆脱或减轻一种痛苦。

2）通过购买产品与服务，来获得或提升自我的满足。

因此，在圈定目标客户前，需确定产品能帮助谁摆脱痛苦，或者获得满足与提升。谁非常渴望获得产品？找到答案，就可以找到目标客户。史玉柱给脑白金打的广告就完美诠释了这一点："今年过节不收礼，收礼只收脑白金。"这句话是面向客户的"送礼，收礼"这个需求来打广告的。广告片尾才打出卖点：脑白金，年轻态，健康品。正因为脑白金找准了目标客户的定位"送礼，收礼"，所以产品才能大卖。

（2）从客户属性出发，定性客户。客户属性即"梦想客户"所具备的一些条件。创业者必须在圈定的那一群目标客户中再聚焦，这样可以找到更适合的"梦想客户"。

举例：现在创业者打算经营防脱发的药品。

1）分析客户需求，定义目标客户为脱发的群体。

2）用假设法进行分析：这个脱发的人，必须是什么样的人？

假如脱发的人是农民，会非常在乎脱发吗？很可能不太在乎。于是，这款药品的客户定性于中高层收入的脱发者。这是第一个属性。

假如脱发者是 70 岁或更大年纪的老人，会在意脱发吗？很可能不太在乎。于是，这款药品的客户定性于 30～50 岁的中高层收入的脱发者。

假如脱发者是一个不爱美的人，会在意自己的脱发吗？很可能不太在乎。于是，这款药品的客户定性于爱美的、注意形象的、30～50 岁的中高层收入的脱发者。

假如脱发者长期脱发，头发已经掉光，会在意脱发吗？他们可能死心了，可能习惯了。于是，这款药品的客户可定性于刚刚开始掉发，轻度或中度掉发的爱美的、注意形象的、30～50 岁的中高层收入的脱发者。

……

3）把这些定性的形容词提炼出来：中高层收入，30～50 岁，爱美，注意形象，有品位，刚刚开始掉发，轻度掉发，中度掉发，渴望治好……根据这些形容词寻找客户，可减少工作量，尽快将产品推销出去。

当然，如果你愿意的话，你还可以多问自己几个问题，找出更多的客户属性！

还有第二个方法——回顾总结法。通过已经成交的客户，挑选出"范例客户"，进行分析。例如，创业者曾经卖出过这种防掉发、再生发的产品，有一些用户很满意，购买也很频繁，同时还会给创业者介绍客户；那么，可以依据这些客户的特点，找寻和他们类似的客户，达到事半功倍的效果。

（3）从市场细分出发，锁定"梦想客户"。创业者可以先问自己几个问题。

1）客户为什么需要该项产品，而不是其他的同类产品？

2）客户要求的服务有哪些？创业者是否具备提供这些服务的能力？

3）客户的潜力如何？客户有多大的购买能力？是否符合预期？

……

市场细分的目的是聚焦在最容易产生效益的那一群客户身上，即"梦想客户"，同时还有助于创业者规避竞争。市场细分需要回归到创业者提供的产品或服务的功能上来，也就是说回归到卖点。图6-2所示为锁定"梦想客户"指南针。

图6-2 锁定"梦想客户"指南针

举例：假如创业者是卖奶茶的，通过圈定客户（如口渴，喜欢茶饮品等），定性客户（如年轻、时尚、有消费力、大学生、高中生、初中生、逛街一族等），选了一个店址，但是这里已经有人开了奶茶店。

此时，创业者应该如何细分市场？下面列举三个角度的细分市场。

1）主题细分，如情感主题。只卖"情侣奶茶"，来买的人必须买两杯，意喻成双成对。此时的"梦想用户"是恋爱一族。

2）功能细分：如养颜功能。只卖养颜茶，此时的"梦想用户"是爱美一族。

3）特色细分：只卖手摇茶，不卖速溶茶，此时的"梦想用户"是认可这一特色的人。

细分市场是在选定的目标群体中，再亮出卖点，选取认可卖点，又有需求的人。因此，所谓"梦想客户"，即一群既有着强烈需求，又认可卖点的目标客户群体，这类客户就是创业者的首要寻找目标。

> 【案例】

大数据时代的精准营销——用户画像

在互联网大数据时代，全社会信息化程度越来越高，无处不在的网络将人和设备连接在一起，用户的一切行为都是可追溯和可分析的。随着大数据技术的深入应用，企业也日益聚焦在如何利用大数据来为精细化运营和精准营销服务,而实现这些目标的前提基础,首先则需要建立一套完善的用户画像。

1. 用户画像的概念

用户画像即将用户信息标签化,通过收集用户的社会属性、消费习惯、偏好特征等各个维度的数据,对用户或产品特征属性进行刻画,并对这些特征进行分析、统计,挖掘潜在价值信息,从而抽象出用户的信息全貌。

2. 用户画像的构建过程

用户画像的构建过程其实就是对用户"打标签",其过程可以拆分为以下几个关键步骤。

首先,收集用户的基本信息,如性别、所在地域、职业等静态信息,以及如浏览网页、搜索商品、可接受价格区间、发表的评论、接触渠道等用户不断变化的动态信息。其次,通过剖析数据为用户贴上相应的标签。构建用户画像的核心工作,主要是对存储在服务器上的海量日志和数据库里的大量数据进行挖掘和分析,给用户"贴"标签,而标签是表示用户某一维度特征的标志。最后,根据算法规则进行计算,为用户建立数学模型。

3. 用户画像的内容

用户画像包含的内容并不完全固定,根据行业和产品的不同,所关注的特征也不同。对于大部分互联网企业来说,用户画像都会包含人口属性和行为特征。人口属性主要是指用户的年龄、性别、所在省份和城市、受教育程度、婚姻状况、生育状况、工作所在的行业和职业等。行为特征主要包含活跃度、忠诚度等指标。此外,不同类型的网站提取的用户画像各有侧重。

以内容为主的媒体或阅读类网站、搜索引擎或通用导航类网站,往往会提取用户浏览内容的兴趣特征;社交网站的用户画像会提取用户的社交网络,从中发现关系紧密的用户群和在社群中起意见领袖作用的明星节点;电商购物网站的用户画像一般会提取用户的网购兴趣和消费能力等指标。

4. 用户画像的应用

(1)精准营销:可用于精准直邮、短信营销、App 消息推送、个性化广告等。

(2)用户研究:指导产品优化,甚至做到产品功能的私人定制等。

(3)个性服务:可用于个性化推荐、个性化搜索等。

(4)业务决策:排名统计、地域分析、行业趋势、竞争产品分析等。

【讨论互动】

采用"用户画像"的精准营销手段有什么优点?除此之外,你还知道哪些营销手段?

知识点 2　开发产品和服务

在当今企业激烈竞争的环境下,大多数企业面临着产品生命周期越来越短的压力。企业要在同行业中保持竞争力并能够占有市场份额，就必须不断地开发出新产品，并快速推向市场，满足多变的市场需求。若新产品不能成功地占领市场，则将使企业丧失市场份额，最终失去获利能力和竞争优势地位。

一、产品的概念

产品是在一定的时间与条件下，为了满足人们的某种需要，通过有目的地生产劳动创造出来的劳动成果。过去，人们较多地强调产品物质属性的一面，但之后这一概念得到了延伸和扩大，产品被看作企业向社会提供的能满足用户需要的物品、服务和意识的组合。物品是有形产品，而服务和意识是无形产品。

美国著名市场学家菲利浦教授提出了产品三层次理论。

第一个层次是产品的核心层，即产品的功能效用，表示的是顾客购买产品的基本目的，如顾客购买电冰箱，是为了储存食物。

第二个层次是产品的结构层，是构成产品核心层的基础，如产品质量、品种、特色、式样、包装与价格等。

第三个层次是产品的无形层，指的是产品给顾客的需求和满足感，如安装调试、备件供应、维修维护等，都是产品的无形利益。

二、新产品的分类

按照新产品的新颖程度，可分为以下几类。

（1）全新产品：这是运用新一代科学技术创造的整体更新的产品，同时创造了一个新市场，如 Li-Fi（Light Fidelity，光保真技术）、Wi-Fi（无线网络通信技术）、因特网、抗生素、VR（Virtual Reality，虚拟现实技术）、数码相机、3D 触摸显示屏等。此类产品约占新产品的 10%。

（2）新品种型产品：这是能够使企业跨进新的产品领域的产品，虽然这类产品对市场而言不是新的，但对该企业而言却是新的。公司凭借这类产品初次进入一个已经建立的市场。例如，华为生产和销售的第一部手机、小米生产的第一个电饭煲、联想制造的第一个路由器等。约有 20% 的新产品归于此类。

（3）现有产品线的增补产品：这是现有产品线或对现有市场扩展和延伸后的产品。例如，华为在发布了 AscendP 系列之后，又增加了 Mate 系列、Nova 系列；宝洁在汰渍（Tide）已有产品之外又增加了洗衣液。此类新产品占比较多，约占所推出新产品的 26%。

（4）在旧产品基础上改进或更新后的产品：通过对现有产品性能进行改进可以为产品注入更多的新价值。例如，苹果的 iPhone7、8、9、10 等产品；比亚迪的 F1、F2、F3 等。企业对原有产品进行不断改进和提高，以满足顾客不断变化的要求，来对抗同行的竞争挑战。此类产品约占新产品的 26%。

（5）再定位的产品：指将已有产品重新定位于新用途或新的应用方式。例如，艾禾美（Arm & Hammer）的烘焙小苏打粉被重新定位为排水管除臭剂、冰箱除臭剂等。此类产品约占新产品的 7%。

（6）降低成本的产品：指用降低成本但效果相同的产品来取代现有生产线中的产品。在设计与生产阶段开发更多"新产品"带来的成本降低的幅度比营销阶段要大。此类产品从市场角度来看，并不能算是新产品。但从产品设计角度来看，这些产品却给公司带来了显著的新的变化。此类产品约占新产品的 11%。

大多数公司的新产品采用产品混合组合的方式。其中增补型产品和旧产品改进型产品被公司广泛应用，相比之下，全新型和新品种型产品占所有进入市场的新产品的 30%，却代表了最成功的新产品。对创业企业而言，开发全新型和新品种型产品是未来的核心竞争力。

三、产品开发的概念

产品开发是指个人、科研机构、企业、学校、金融机构等创造性研制新产品或改良原有产品的过程。产品开发的方法有发明、组合、减除、技术革新、商业模式创新或改革等。例如，电灯的发明、汽车设计的更新换代、饮食方式的创新、洗发水增加去头屑功能、空调变频等。另外，美国次贷产品也是金融产品的开发，即使是失败的，但仍属于产品开发的范畴。

四、产品开发的方式

产品开发的方式主要有独创方式、引进方式、改进方式和结合方式。

（1）独创方式。独创方式即企业自行设计、自行研制新产品。企业采用这种方式开发新产品，有利于产品的更新换代与形成技术优势，但该方式需要企业具备雄厚的实力，有相应的资金、研发团队做支撑。

（2）引进方式。引进方式即通过技术引进开发新产品。企业采用这种方式开发新产品，能快速掌握新产品制造技术，减少研制经费和投入的力量，从而赢得时间，缩短与其他企业的差距。但该方式不利于形成企业特有的技术优势，容易造成产品的快速更新换代。

（3）改进方式。改进方式即以企业的现有产品为基础，根据消费者的需求，采取改变性能、变换形式或扩大用途等方式来开发新产品。企业采用这种方式开发新产品可以直接使用自己已有的设备和技术，大大降低开发费用，且成功率较高。但是，长期采用改进方式开发新产品，会影响企业的发展速度。

（4）结合方式。结合方式即将独创方式与引进方式相结合的方式。该方式是在引进产品制作技术的基础上做一定的研发和创新，从而快速开发出具有竞争优势的产品。但该方式容易遭到竞争者的模仿。

五、新产品开发的重要性

（1）开发新产品有利于促进企业成长。一方面，开发新产品有助于企业在新产品开发中获取更多的利润；另一方面，推出新产品比利用现有产品能更有效地提高市场占有率。利润和市场占有率是企业追求的重要目标，企业要不断发展，必须增加利润和提高市场占有率，开发新产品就是有效途径。

（2）开发新产品可以维持企业的竞争优势和竞争地位。为拥有消费者，提高市场占有率，企业会运用各种方式和手段来获得竞争优势，开发新产品是目前企业加强自身竞争优势的重要手段。

（3）开发新产品有利于充分利用企业的生产和经营能力。当企业的生产、经营能力有剩余时，开发新产品是一种有效提高生产和经营能力的手段。因为在总的固定成本不变的情况下开发新产品，会降低产品的单位成本，同时提高企业的资源利用率。

（4）开发新产品有利于企业更好地适应环境的变化。在社会飞速发展的今天，企业面临的各种环境无时无刻不在发生变化，这预示着企业原有的产品可能会衰退、淘汰，也必须寻找合适的替代产品，来维持生存和发展。因此，就需要新产品的研究与开发。

（5）开发新产品有利于加速新技术、新材料的传播和应用。新技术、新材料可以提高产品性能，增加产品的新功能，降低成本，创造出新的需求等。它们是新产品开发的重要基础。新产品的开发为新技术、新材料的应用和传播提供了一条重要的快捷方式。

（6）开发新产品有助于提高企业形象。新产品投放市场能激起市场的反应，影响消费者的观念，从而影响企业的市场形象。比如华为、小米等公司，会不定期推出功能更强大的新款手机，不断满足甚至引领消费者的需求，扩大了品牌的影响力，也提高了企业的形象。

六、产品开发的基本流程

产品开发的基本流程包括以下六个阶段。

（1）计划。计划经常被作为"零阶段"。这是因为它先于项目的达成和实际产品开发过程的启动。这一阶段始于公司策略，包括对技术开发和市场目标的评估。计划阶段的成果是对项目任务的陈述，即定义产品的目标市场、商业目标、关键假设和限制条件。

（2）概念开发。概念开发阶段的主要任务是识别目标市场的需要，产生并评估可替代的产品概念。概念是指产品形状、功能和特性的描述，通常附有一套专业名词、竞争产品分析和项目的经济分析。

（3）系统水平设计。系统水平设计阶段包括产品结构的定义及产品子系统和部件的划分。生产系统的最终装配计划也通常在此阶段定义。该阶段的产出通常是产品的几何设计、每一个产品子系统的功能专门化，以及最终装配过程的基本流程图。

（4）细节设计。细节设计阶段包括确定产品的所有非标准部件与从供应商处购买的标准部件的尺寸、材料和公差的完整细目。该阶段的产出是产品的控制文档，即描述每一部件的几何形状和制造工具的图纸和计算机文件、购买部件的细目，以及产品制造和装配的流程计划。

（5）测试和改进。测试和改进阶段包括产品的多个生产前版本的构建和评估。早期α原型通常由生产指向型部件构成，即那些和产品的生产版本有相同几何形状和材料内质，但又不必在生产的实际流程中制造的部件。要对α原型进行测试以决定产品是否如设计的那样工作，以及产品是否能满足客户的主要需求。后期β原型通常由目标生产流程提供的部件构成，但不必用目标最终装配流程来装配。通常要对β原型进行广泛的内部评估，客户也会在使用环境下对它进行典型测试。β原型制作的目的通常是回答绩效和可靠性问题，从而识别最终产品的必要性变化。

（6）产品推出。在产品推出阶段，应小规模生产产品并推入市场进行试用。试用的目的是培训工人和解决在生产流程中遗留的问题。有时把在此阶段生产出的物品提供给偏好的顾客，仔细对其进行评估，以识别出一些遗留的缺陷。从产品推出到连续生产的转变通常是逐渐进行的。

七、新产品开发失败的原因

成功开发和上市新产品是企业创新绩效、走上可持续发展之路的关键。但是，新产品开发的成功率普遍比较低，主要有以下三点原因。

（1）产品定义不清晰。很多企业的新产品开发是边开发边修改需求，往往导致产品的开发无休无止。这不但使产品的上市周期远超预期，而且产品本身也毫无特色。

（2）忽视客户需求。很多企业的新产品开发由于开发周期短，上市压力比较大，往往是研发部门在没有了解客户需求的情况下，仅仅在网上了解主要竞争对手推出的新产品，对这些竞争产品的主要优点进行综合，再结合销售人员的反馈意见作为新产品的开发参考，在上市前也未进行过客户测试，就匆忙将产品推向市场。

（3）新产品没有特色。很多企业上市的新产品与竞争对手的产品雷同，缺乏竞争优势，甚至在一些功能指标上还达不到主要竞争对手的水平。国内的手机、家电行业在这方面的问题比较普遍。导致企业开发的产品没有特色的原因为：首先，创业者认为模仿能走捷径，谁能够快速上市新产品，便能在市场上占有一席之地；其次，企业的创新流程中没有明确规定理想的新产品项目必须具有独特的顾客价值定位，很多没有特色的项目通过了评审，进入了开发和上市阶段；最后，企业缺乏有效的市场研究方法和人员，不知道该在哪些方面进行差异化才能获得客户的认可。如果企业产品没有特色，客户只能根据价格进行选择，谁的价格低就买谁的，这样就导致同行企业纷纷降价促销，直至无利可图，退出市场。

> 【案例】

新口味的可口可乐

20世纪80年代初，可口可乐在美国软饮料市场上仍处于领先地位，但百事可乐公司以口味试饮来表明消费者更喜欢较甜口味的百事可乐饮料，通过多年的促销攻势，不断侵吞可口可乐的市场。为此，可口可乐公司以改变可口可乐的口味来应对百事可乐对其市场的侵吞。

为了对新口味可口可乐饮料的研究开发，可口可乐公司花费了两年多的时间，投入了400多万美元的资金，最终开发出了新口味可口可乐的配方。在新配方研制过程中，可口可乐公司进行了近20万人的口味试验，仅最终配方就进行了3万人的试验。在试验中，研究人员在不加任何标识的情况下，对新老口味可口可乐、新口味可口可乐和百事可乐进行了比较试验，试验结果是：在新老口味可口可乐之间，60%的人选择新口味可口可乐；在新口味可口可乐和百事可乐之间，52%的人选择新口味可口可乐。从这个试验研究结果看，新口味可口可乐应是一个成功的产品。

1985年5月，可口可乐公司将口味较甜的新口味可口可乐投放市场，同时放弃了原配方的可乐。在新口味可口可乐上市初期，市场销售成绩不错，但不久就销售成绩平平，并且公司每天都会接到上千个愤怒的消费者的电话和无数的信件，一个原口味可口可乐饮用者组织举行了抗议活动，并威胁除非恢复原口味可口可乐或将配方公之于众，否则将提出集体诉讼。

迫于原口味可口可乐消费者的压力，在1985年7月中旬，即在新口味可口可乐推出后的两个月后，可口可乐公司恢复了原口味的可口可乐，从而在市场上新口味可口可乐与原口味可口可乐共存，但原口味可口可乐的销售量远大于新口味可口可乐的销售量。

【讨论互动】

新口味可口可乐为何会销售失败？

知识点3　整合创业资源

创业的过程就是创业者尽力获取资源并对资源进行合理配置的过程，没有创业资源，创业者就无法创造价值，也就无法开展创业活动。因此，如何有效地识别各种创业资源，做好创业资源的组织与整合，是创业者需要重要考虑的问题。

一、创业资源的概念

创业资源是指创业者所拥有的社会资源，包括知识资源、技术资源、管理资源、政府资源、人脉资源、商业资源、货币资源、项目资源、市场资源等有形物质要素和无形要素的总和。它涵盖了货币、生理、心理等范畴，是更广泛的、动态的、可再生且长期使用的"本钱"。创业者对这些资源的掌控程度，决定着可用社会资源的范围大小和可利用的程度。如果创业者善于整合这些资源，并且善于以培养和呵护、挖掘和开发的方式来不断扩大这种资源，其创业本钱就不只局限于货币形态了，有时在某种情况下其"价值"会超过货币形态的价值，发挥事半功倍的作用，甚至帮助创业者少走弯路，直入"佳境"。创业资源能为创业带来强劲的外部推动力，为创业成功保驾护航。所以对于创业者来说，永远需要整合资源，永远需要构建人际网络。一个人的实力不是看拥有多少钱，更重要的是看可以支配多少资源。

创业者在企业成长的各个阶段都会努力争取用尽量多的资源来推进企业的发展，他们需要的不是拥有资源，而是要控制这些资源。

二、创业资源的特征

资源在《辞海》中被定义为生产资料和生活资料的天然资源，可是资源并不等同于创业资源。那么，创业资源又具有怎样的特征呢？

（1）时效性。创业资源具有时效性，只有在恰当的时机才可以被利用，受时间影响最大的就是环境资源、信息资源。依靠时效性资源创办的企业，虽然可以在成立发展较短的时间内聚集人气和资金，但同时也受时效的限制，容易被后来的时效性企业赶超。所以，企业在积累到一定财富的时候，应该注重时效性的作用，尝试开创新的项目。

（2）广泛性。创业资源非常广泛，有无形的环境资源、信息资源，有形的资金资源、人力资源，围绕在我们生活的每个角落。在倡导垃圾是放错地方的资源的时代，从生活中发现资源从而进行创业的公司不胜枚举。资源虽然广泛，但也有质量之分，创业者应该冷静分析，并研究公司的具体现状及市场行情，再选择合适的、高质量的，能给企业带来更大收入的创业资源。

（3）整合性。创业资源可塑性很强，不同的资源之间需要相互整合。资源不是摆设，企业只有通过对资源进行有效整合，才能形成企业的核心竞争力，并获得市场独占性和企业长期的生命力。创业者可以通过整合人力资源、技术资源和硬件资源，得到产品，再通过信息资源或社会资源把产品投向市场并交换资金资源。如果缺少这些资源，企业将无法运转。

三、创业资源的类型

创业资源是所有有利于企业经营发展的因素的总和，其中包含很多复杂的、多样的概念。根据不同的规则，创业资源可以分为不同的类型，不同类型的创业资源各有其独特的作用与属性。

（1）按照各种资源控制主体的不同，创业资源可以分为内部资源和外部资源两大类。

1）内部资源。内部资源是指创业者及创业团队在创业之初自身所拥有的可用于创业的资源，如自身的人力、资金、技术、社会关系和自己建立的营销网络等。内部资源是企业的核心资源，优质的内部资源能够吸引外部资源。

2）外部资源。外部资源是指创业者从企业外部获取的各种资源，包括从外部筹集的资金（借款、贷款、投资）、经营场所、设备、原材料及雇用的工人等。初创企业通常需要依赖外部资源来实现经营和发展。

（2）按照资源形态的不同，创业资源可以分为有形资源和无形资源。

1）有形资源。有形资源又称实物资源，是指具有物质形态，能够用金钱准确衡量其价值的资源。如厂房、铺面、资金、机器设备、原材料和产品等。有形资源是企业的实体，无形资源往往必须依托于有形资源才能发挥作用。

2）无形资源。无形资源是指没有物质形态、无法用金钱准确衡量其价值的资源，包括信息资源、人力资源、技术资源、社会关系资源、品牌资源、企业知名度等。有形资源的价值是固定的。企业只有通过运用无形资源才能够为其附加新的价值，进而产出利润。

（3）按照对资源利用方式的不同，创业资源可以分为直接资源和间接资源。

1）直接资源。直接资源又称生产性资源，是指直接作用于产品生产销售过程的资源，如机器设备、储存场地、运输设备、工人的生产劳动等，直接资源关乎产品的生产销售，每一种资源都是不可或缺、无可替代的。

2）间接资源。间接资源又称工具性资源，是指为直接资源服务的资源。有一些间接资源能够转变为直接资源，如资金就可以转换为机器设备、人力、运输等直接资源；还有一些间接资源可以使直接资源发挥更好的作用，如政策资源、社会关系资源等。

（4）按照资源性质的不同，创业资源可以分为人力资源、社会资源、财务资源、物质资源、技术资源、组织资源。

1）人力资源。人力资源是指企业所拥有的用以制造产品和提供服务的人力，人力资源是创业企业的关键资源，是获取、利用和转化其他资源的基础。人具有主观能动性，创业者、创业团队拥有的技能、知识、洞察力、视野、期望等都会深刻而持续地影响企业的运营和发展。人力资源又分为两个方面，一是高素质人才的获取和培养；二是高质量的合格的产业工人的培养和获取。二者都对企业的发展至关重要。

2）社会资源。社会资源主要是指由人际和社会关系网络而形成的关系资源，社会资源不会直接作用于产品的开发、生产、运输和销售这一整套流程，却能够帮助企业获取、利用其他资源，间接作用于企业的方方面面。同时，丰富的社会资源还能够使企业获得或抢先获得一些其他组织难以获得和接触到的资源，如一些隐秘的商业信息、市场变化的征兆等。

3）财务资源。财务资源是指企业所拥有的所有以货币形式存在的资源，包括固定资产和流动性资源两种。固定资产如厂房、铺面、机器设备、原材料、成品等；流动性资源包括现金存款及可以变现的债券、股票、基金、期货等。财务资源是衡量企业价值的标准，扩大财务资源是企业经营的主要目标，同时，财务资源尤其是流动性资源还能够灵活地转化为其他资源，在企业的经营活动中发挥重要作用。

4）物质资源。物质资源是指企业所拥有的各种有形资源，包括厂房铺面、机器设备、原材料等，还包括地皮、矿山、林地等自然资源。

5）技术资源。技术资源是指企业在产品生产加工、储存、运输的过程中特有的关键技术和工艺流程等，广义的技术资源还包括应用这些技术的专业设备。技术资源是企业的核心资源，它决定了创业企业资本规模、市场竞争力，以及盈利能力的大小。缺乏技术的企业最终只能沦为代工厂，无法成为贯通产业链的行业巨头。

6）组织资源。组织资源是指企业的组织结构、制度建设，以及企业的规范管理、市场营销策划等。其他资源的运用与发挥需要依靠管理和组织。

四、影响创业资源获取的因素

资源获取是在识别资源的基础上，得到所需资源并用于创业过程的行为。对于新创企业而言，是否能够从外界获取所需资源，首先取决于资源所有者对创业者或创业团队的认可，而这一认可在很大程度上取决于创业项目的商业价值。创业项目为资源获取提供了杠杆，一个能被资源所有者认同的、有价值的创业项目，才有助于降低创业者获取资源的难度。除了创业项目的商业价值，影响资源获取的因素还有很多，其中主要因素有社会网络、创业者（创业团队）先前的工作经验、创业者的管理能力和资源整合能力等。

（1）社会网络。社会网络是多维度的，能够提供企业正常运转所需的各种资源，也是新创企业最重要的资源获取来源之一。社会网络是隐性知识传播的重要渠道，它能通过促进信息（包括技能、特定的方法或生产工艺等）的快速传递而协助组织学习，同时，还可以大大降低企业的交易成本，帮助获取与企业需求相匹配的资源，因此，对于创业资源的获取具有重要意义。

研究表明，社会网络的关系强度、信任关系，以及网络规模对创业资源的获取有正向影响。大学生大部分的时间在学校内学习，因此他们很少有机会接触社会，这就造成了大学生的社会网络中几乎没有政府网络、商业网络的存在。因此，大学生创业者应注意加强关系网络的维护和利用。关系网络的主体通常以家庭、亲戚、朋友为主，与这些关系的频繁、密切接触，能使大学生创业者更易获取资金、技术、人力等运营资源和有益的创业指导和建议。

不同的社会网络和网络地位，为人们之间的沟通与协作提供了不同的渠道。在社会网络中处于优势地位的创业者，有较好的社会关系网络，能有针对性地对不同对象传递商业创意的不同方面，能有目的地获取不同资源所有者的不同理解和信任，最终能成功地从不同网络成员那里获取所需的不同资源，从而为自己的创新创业提供基础。

（2）创业者（创业团队）先前的工作经验。创业者（创业团队）先前的工作经验分为创业经验和行业经验两大类。其中，创业经验是指创业者先前创建过新的企业或组织，在此过程中所获得的感性和理性的观念、知识和技能等。它提供了如机会识别与评估、资源获取和公司组织化等方面的信息。行业经验是指创业者在某行业的工作经历，它提供了有关行业的规范和规则、供应商和客户网络、雇佣惯例等信息。

创业过程本身就是一个知识转移的过程。从先前创业经验中转移来的知识能够提高创业者有效识别和处理创业机会的能力，有助于发现、获取创业资源。拥有创业经验的创业者有一种"创业思维定式"，驱使他们寻求和追求那些最好的机会。在不确定的时空条件下，先前的创业经验提供了有利于对创业机会作出决策的隐性知识，这种隐性知识可以通过创业者而转移到新创立的组织里。因此，创业者拥有较多的创业经验就更容易获得可取的特定机会，并能从更多的途径获取创业资源。此外，先前的创业经验还提供了帮助创业者克服新企业面临新困难的知识。这些都能够帮助创业者规避风险，增强他们的资源获取能力。

（3）创业者的管理能力。创业资源获取的关键往往取决于企业的软实力。创业者的管理能力是企业软实力的主要表现，管理能力越强，获取资源的可能性越大。创业者的管理能力可以从其沟通能力、激励能力、行政管理能力、学习能力和外部协调能力等方面予以衡量。

良好的沟通能力可以使创业团队表现出坚强的凝聚力，拥有更强的行动力，从而使创业团队更容易获取必要的外在资源。团队激励与合作有助于企业综合能力的提升，产生团队外溢效果，使创业团队能够获取必要的资产和资源。较强的行政管理能力有利于创业者对各种资源进行较完美的匹配与组合，使企业的正常运作更有效率，企业因而会根据成员的要求和组织发展的需要，去吸引更多的人力资源和其他无形资产。学习能力则可以使创业者不断地提升自身的管理能力，使创业者了解外部市场的变化和创新企业内部的需求，对其作出理性判断，并运用一定的方式获取企业所需的资源。外部协调能力是创业者个人才能的对外应用，创业者的外部协调能力越强，与合作者（如供应商、销售商等）达成一致的可能性就越大，创业者就可以利用外部资源为企业服务，为企业创造良好的发展环境。

（4）创业者的资源整合能力。资源整合能力是指创业者在创业过程中，以人为载体，在资源整合过程中表现出的对资源的识别、获取、配置和利用的能力。

创业资源在未整合之前大多是零散的、一般性的商业资源，要发挥其最大的效用，使其转化为竞争优势，为企业创造新的价值，就需要创新企业运用科学的方法将不同来源、不同效用的资源进行优化配置，使有价值的资源充分整合起来，发挥"1+1＞2"的放大效应。

五、创业资源获取的途径与技能

为了及时足额并以较低的成本获得创业所需的资源，创业者需要掌握一定的创业资源获取的途径与技能。

（1）充分重视人力资源的获取。人力资源在创业资源中的决定性作用要求创业者必须充分重视人力资源的获取。创业者一方面应努力增强自身能力的培养；另一方面应充分重视创业团队的建设。一个知己知彼、才华各异、能力互补、目标一致和彼此信任的团队是创业资源中重要的资源，也是创业成功必不可少的保证。

（2）以能用和够用为原则。不是所有的宝贝都是企业的资源，创业者在筹集资源时应坚持能用的原则。满足自己需求的，自己可以支配并使其充分发挥作用的资源，才是需要筹集的资源。另外，资源的使用是有代价的，因此，在筹集创业资源时应该本着够用的原则，而不是多多益善。一方面，资源的有限性使创业者难以筹集过多的资源；另一方面，当使用资源的收益不能弥补其成本时，资源的使用并不能给企业带来效益。

（3）尽可能筹集多用途资源和杠杆资源。资源自身的特性决定了其用途的不同，有的资源可能在不同场合具有不同的用途，筹集具有多种用途的资源可以帮助创业者应对创业过程中出现的意外；在知识社会，具有独特创造性的知识是现代社会的高杠杆资源，对于杠杆资源的合理利用，有助于创业者取得一定的杠杆收益，达到事半功倍的效果。

六、创业资源的整合

创业资源的整合是一个复杂的过程，是创业企业对不同来源、不同层次、不同结构、不同内容的资源进行选择、汲取、配置、激活和有机融合的过程，以使之具有很强的柔性、条理性、系统性和价值性，并对原有的资源体系进行重构，摒弃无价值的资源，以形成新的核心资源体系。创业资源的整合过程可以分为资源扫描、资源控制、资源利用和资源拓展四个步骤。

（1）资源扫描。创业者要知道自己的资源禀赋及企业所拥有的最初资源。将已有资源识别出来，包括己方所有有价值的有形资产和无形资产，如人才、设备、技术、品牌等，找到自己的资源优势和不足，认清哪些属于战略性资源、哪些属于一般性资源，同时，还要确定资源的数量、质量、使用时间及使用顺序。

在扫描自身已有资源的同时，也要对外部环境进行扫描，及时发现创业企业所需的资源，确定自己所缺的资源可以从哪些渠道获得、谁拥有这些重要资源，并对各种资源渠道的获得难易程度进行排序；然后对资源所有者的利益需求进行深度分析，并与自己所拥有的资源进行比较，找到利益契合点。这通常需要创业者具有行业知识和一定的社会关系网络。创业者在初始创业阶段会利用与自己关系较近的资源网络，随着业务的发展而逐渐扩充这一网络。

（2）资源控制。资源控制的范围包括创业者自身拥有的资源、通过交易等形式可获得的资源，以及通过社会网络等形式可以控制的资源。在许多情况下，创业者自身拥有的资源（如教育、经验、声誉、行业支持、资金和社会网络等）存在于创业团队中。在特定的行业，创业团队中成员的社会资源、网络资源和技术对于企业的成功至关重要。在获取资源的同时，需要判断这种资源对于实现企业的目标是否关键，并且创造性地设计好合作方案，形成长期互利的关系。

（3）资源利用。在获取和控制大量资源的基础上，创业企业会将它们合理有效地配置到最能发挥其使用效益的地方去，体现出这些资源的价值，企业资源在未整合之前大多是零碎的、低效的。要发挥这些资源的最大使用价值、产生最佳效益，就必须运用科学方法对各种类型的资源进行细化、配置和激活，将有价值的资源有机地融合起来，使它们相互匹配、互为补充。

在资源配置之后，新的资源或者说竞争优势就会形成，企业必须利用区别于其他企业的这种优势来赢得市场。资源在整合并转化为企业内部的独特优势之后，创业者需要协调各种资源之间的关系，匹配有用的资源，剥离无用的资源。通过协调，使资源的联系更加紧密、更具匹配性，形成"1+1＞2"的效果，并为下一步资源拓展奠定基础。

（4）资源拓展。资源拓展即将以前没有建立起联系的资源形成联系，将新获取的资源与已有的资源对接融合，进一步开发潜在的资源为企业所用，这也是企业持续竞争优势的根本来源。资源拓展过程能为企业创业带来新的能力，从而使其更充分地发现和掌握创业机会。

拓展阅读：得合伙人者得天下

> 【案例】

蒙牛借力

牛根生和他的创业团队把一个一无奶源、二无工厂、三无市场的"三无企业"发展成为年销售额达21亿元的大型企业，其成功的核心因素之一就是借力。

作为乳品企业，奶源的重要作用不言而喻。但在蒙牛创立初期，奶源已被各大企业瓜分殆尽。蒙牛若要自建奶源基地和工厂，不仅费时费力，还可能会落个"出师未捷身先死"的下场。面对这种困境，蒙牛创业团队创造性地提出了"先建市场，后建工厂"的战略，通过与其他经营不善的液体奶公司合作，借来奶源，借出技术、管理人员等资源，将别人的工厂变成了"自有车间"，实现了真正意义上的双赢。

另外，蒙牛还通过"虚拟联合"战略，将传统的"体内循环"变为"体外循环"。公司内部只专注于自己最擅长的事，如销售、管理等。奶站基地、运输车辆等都外包给了其他更为专业、更有效率的外部主体去运营。这种资源外取的战略通过整合大量的社会资源，既强化了蒙牛的核心业务，又补足了其短板，进一步促进了企业的快速发展。

牛根生和他的创业团队就是这样用别人的钱干自己的事，用智慧及灵活的战略、战术创造了奶制品世界的神话。

【讨论互动】

除了案例所提到的创业资源整合，你还知道哪些创业资源整合的故事？

活动1：不可能解决的问题

1. 活动目的：通过游戏使学员突破思维定式，激发创造力；在面对"不可能解决的问题"时能够保持积极的心态，不轻言放弃。

2. 活动步骤：

（1）教师拿起一张A4纸，对折一下，从中间剪下一个约3平方厘米的小纸片，然后用手指着A4纸中间的小洞笑着问："谁可以从这中间穿过去？"

（2）为了增强效果，教师可以拿着纸到学生中挨个问。

（3）随后，教师拿起剪下的小纸片问："如果刚才的洞不行，那么这张纸可以吗？有谁认为可以就过来试一下。"

（4）有些人会说"不可能"，有些人可能在思考，给他们时间。

（5）教师开始引申游戏的含义，暗示小纸片就像大多数人目前所具备的条件，但我们每个人都有目标和梦想，比如从这个只有 3 平方厘米的小洞中穿过。

（6）教师开始用剪刀剪小纸片，边剪边展示给学生看。剪好后将纸展开成一个纸环，随后问："刚才不可能的事情，现在可以了吗？"

（7）学生讨论，总结游戏心得。

活动 2：班级展示作品

团队设计自己的最简可行产品并进行展示。

实践任务单（表 6-1、表 6-2）

表 6-1　实践任务单一

姓名		班级	
实践任务		我的客户画像	
实践内容			
1. 你想要开发的产品是什么？请说明理由。 2. 你将采用哪些手段收集产品的客户？写出具体的操作方法。 3. 如何给收集到的客户分别"贴"上标签？ 4. 描述你所开发产品的客户形象与特征（完整且精确）			

表 6-2　实践任务单二

姓名		班级	
实践任务	我的产品介绍		
实践内容			
请针对自己的产品做一个 PPT，利用本任务所学知识，通过讲演的方式向大家做 5 分钟的介绍。下列空白区域可列提纲			

知识拓展

【拓展案例1——创新发展】

党的二十大代表热议科技创新不断塑造发展新动能新优势

全社会研发经费支出居世界第二位；研发人员总量居世界首位；基础研究和原始创新不断加强，一些关键核心技术实现突破；战略性新兴产业发展壮大……党的十八大以来，我国在载人航天、探月探火、深海深地探测、超级计算机、卫星导航、量子信息、核电技术、大飞机制造、生物医药等领域取得重大成果，进入创新型国家行列。

习近平总书记在党的二十大报告中强调，必须坚持科技是第一生产力、人才是第一资源、创新是第一动力，深入实施科教兴国战略、人才强国战略、创新驱动发展战略，开辟发展新领域新赛道，不断塑造发展新动能新优势。

谈体会、谋发展、话落实。在全面建设社会主义现代化国家新征程上，踔厉奋发、勇毅前行，实现高水平科技自立自强，进入创新型国家前列，党的二十大代表们信心满怀。

科技是第一生产力

习近平总书记在党的二十大报告中强调，完善科技创新体系。坚持创新在我国现代化建设全局中的核心地位。

国家超级计算天津中心党组书记、应用研发首席科学家孟祥飞代表说，过去十年，我国超算实现了从千万亿次到亿亿次，再到新一代百亿亿次的跨越，不断攀登世界超算之巅。如今，每天在"天河"系列超级计算机上运行的计算研发任务超过1.5万项，来自航空航天、生物医药等数十个领域的8 000多个科研企业、政府机构团队在"天河"上开展技术研发。

科技创新没有终点，面向未来，我们将站在更多技术的前沿，更需要自立自强。孟祥飞说："我们将持续创新突破，将超级算力打造成科技创新、产业发展的强大生产力，让自主创新更广泛地融入创新链产业链和数字经济发展，为全面建设社会主义现代化国家提供动力支撑。"

"习近平总书记强调，扩大国际科技交流合作，加强国际化科研环境建设，形成具有全球竞争力的开放创新生态。我们将全面学习贯彻党的二十大精神，营造崇尚科学的学术气氛，持续推进国际科技合作。"复旦大学信息科学与工程学院党委副书记、院长迟楠代表说。

迟楠介绍，近年来，复旦大学在学科建设上注重创新引领，重点推进与世界一流高校及科研机构在"高精尖"前沿领域的国际科技合作，积极牵头推动关乎人类命运和未来福祉的国际大科学计划,积极构建面向全球的高水平科研育人国际合作伙伴网络。"在学校的总体规划下,学院不断推动搭建世界级科研平台,加强与世界顶尖大学的科研合作,加强国际协同创新及成果全球传播推广,激发全球创新活力。"迟楠说。

人才是第一资源

习近平总书记在党的二十大报告中强调,深入实施人才强国战略。坚持尊重劳动、尊重知识、尊重人才、尊重创造,实施更加积极、更加开放、更加有效的人才政策。

"在这样的好时代,只要肯努力,普通工人也能成为国家栋梁之材,也有人生出彩机会。"攀钢集团工程技术有限公司修建分公司焊工培训中心焊工教师梁恩荣代表说,这些年,党和国家大力弘扬劳模精神、劳动精神和工匠精神,让一线的劳动者更有动力,一系列人才激励政策的实施,让技能人员的成长道路更宽。

从"焊工"成长到"焊匠",梁恩荣见证了"攀钢造"在神舟飞船、华龙一号、港珠澳大桥、西气东输等大国重器和大国工程上的身影。她先后攻克60余项技术难题,获发明专利授权7项,2012年转岗成为焊工教师后,累计培训学员5 000余人次。"党的二十大报告提出深入实施人才强国战略,让我更加坚定了自己努力的方向和决心。"梁恩荣说,她将继续深耕焊接行业,弘扬工匠精神,用心培育新人,带动更多人特别是青年一代参与到技能报国的实践中。

"党的二十大报告强调,办好人民满意的教育。坚持以人民为中心发展教育,加快建设高质量教育体系,发展素质教育,促进教育公平。我们要在实际工作中认真贯彻落实。"湖北省长阳土家族自治县龙舟坪镇花坪小学副校长刘发英代表说。刘发英多年致力于对困难学生的帮扶,从2005年开始,利用业余时间开展网络助学,17年间募集爱心助学金3 000余万元,帮助了4 600多名困难学生,他们中有不少已成为家乡建设的中坚力量。

"百年大计,教育为本。教育是人类传承文明和知识、培养年轻一代、创造美好生活的根本途径。我要认真学习领会党的二十大精神,回到家乡后继续努力,助力教育均衡发展结出更多硕果,让更多山区孩子接受更加公平、更高质量的教育,让他们成长为建设祖国的栋梁之材。"刘发英说。

创新是第一动力

习近平总书记在党的二十大报告中强调,加快实施创新驱动发展战略。加快实现高水平科技自立自强。以国家战略需求为导向,集聚力量进行原创性引领性科技攻关,坚决打赢关键核心技术攻坚战。

"健全新型举国体制,强化国家战略科技力量,优化配置创新资源……党的二十大报告中有关科技创新的表述,为我们加快实现高水平科技自立自强指明了方向。"中国电子科技集团有限公司首席科学家、第五十四研究所副总工程师孙晨华代表说。

"目前,抢占空天信息竞争制高点、发展相关新兴产业成为又一次战略机遇。找准、弥补天基信息系统的薄弱环节十分必要。"孙晨华表示,将集聚力量进行原创性引领性科技攻关,"作为一名科研人员,我将更加刻苦钻研、创新求索。坚决打赢关键核心技术攻坚战,就是我的奋斗目标。"

"党的二十大报告充分肯定了教育、科技、人才的地位和作用,作为一名高校教育科技工作者,我备受鼓舞。"中国工程院院士、西北工业大学材料学院教授张立同代表介绍,西北工业大学以科技创新铸国之重器,为党和国家事业发展贡献了自己的力量。

习近平总书记在党的二十大报告中强调,加快实施一批具有战略性全局性前瞻性的国家重大科技项目,增强自主创新能力。张立同所在的材料学科建有30多个国家级和省部级平台,承担着众多研究项目,破解了材料科学与工程领域众多难题,形成了"产学研用"紧密结合的学科发展特色。"奋进新征程,我们将继续努力,为增强我国自主创新能力做出更大的贡献!"张立同说。

习近平总书记在党的二十大报告中指出,营造有利于科技型中小微企业成长的良好环境,推动创新链产业链资金链人才链深度融合。广东省韶关市星河生物科技有限公司项目组组长周姗代表对此深有感触。她所在的公司是一家致力于现代农业技术开发和推广的中小企业,曾经也受困于前期科研经费不足、关键技术人才短缺等难题。后来,当地有关部门主动介入,委派专家一对一上门指导,帮助公司建立了农技推广驿站、博士工作站、全产业链实践基地。2021年,公司被认定为国家高新技术企业。"我要把党的二十大精神带回科研和生产一线,和我的同事们一起努力,让技术攻关和成果转化更为精准高效。"周姗说。

(来源:《人民日报》)

【拓展案例2——最简可行产品设计】

最简可行产品

1. 最简可行产品的概念

最简可行产品(Minimum Viable Product,MVP)是指以最低成本尽可能展现核心概念的产品策略,即用最快、最简明的方式建立一个可用的产品原型,这个原型要表达出你最终想要的产品效果,然后通过迭代来完善细节。该术语由弗兰克·罗宾逊(Frank Robinson)和埃里克·里斯(Eric Ries)推广于Web应用程序,它也可能涉及进行市场前手的分析。

2. 最简可行产品的不适用企业类型

(1)开发持续创新产品的企业。当企业进行持续创新时,有可能发现最终会陷入开发越来越多的产品功能的怪圈之中,用另一句话来说,就是为了生产可行产品而生产。例如,企业为了能和行业对手竞争,并体现出其产品的差异性,将其最简产品设计得功能非常多。那些挑战在某一领域具有传统优势的企业的初创公司最好资金雄厚,因为如果企业不走运,正好定位到水平较低并有特殊产品功能要求的那部分市场上,那么为了对抗行业对手所设计的所有功能将会变成一种极大的浪费。如果此时初创公司为了市场而进行转型，那么其产品很有可能无法达到客户的要求。但是对于一些产品早期使用者来说，他们也会急于接受一个不完美产品。

例如，当PayPal成为互联网支付市场的领导者时，尽管其产品的用户体验不尽如人意，但是也不妨碍人们使用。现如今，随着新的市场竞争对手出现，PayPal感到了危机，并开始彻底地改善用户体验。

（2）不在乎浪费的企业。这样说可能听起来有些肤浅，但也许浪费并不是一个问题。这意味着，企业有足够的时间和资金来建立一个成熟产品，包括可以想象到的每一个功能。即便产品出现错误，企业也在所不惜。

如果企业的问题变得很大，产品也漏洞百出，而且对浪费的时间和资金感到惋惜，那么还是好好选择一个合适的最简可行产品吧。

例如，苹果公司在其推出实体店之前，也曾犹豫过是否需要做一个零售体验原型店。之后，他们做了一个和实际规模相等的原型体验店。这算是一种最简可行产品吗？也许史蒂夫·乔布斯（Steve Jobs）和罗恩·约翰逊（Ron Johnson）并没有在最简和可行两个方面找到一个平衡点。而且没有迹象表明他们评估过建造这个原型体验店的可行性。他们也没有在美国本土以外的地点验证过这种原型店，仅仅是依靠其最初的设计理念和假设。但是他们的确这样做了，而且最后将这个原型体验店废弃掉，重新搭建了一个整体零售体验店。这个原型店最终说服了苹果董事会，并且实现了四店联开的试运营。

（3）实现了产品和市场完美契合的企业。产品市场契合度并非企业的终极目的。当产品的价值被一定数量的市场交易体现，并且为企业带来良好的发展势头时，产品市场契合度自然而然就出现了。

最简可行产品的目的就是验证企业是否能吸取经验，如果企业已经实现了产品市场契合，就已经证明了产品在市场上的可行性，完全没有必要再进行最简可行产品设计。

需要注意的是，有一种谬论是"功能越多，产品越好"。实际上，对产品而言没有最大的功能可行性，产品可行性本身就是一个门槛。

但是，当产品给企业带来了一定破坏性时，可能需要最简可行产品的帮助，以达到产品市场契合度。为了在竞争中保持领先，企业必须向"整体产品"的方向努力。整体产品应该包括附加功能，有更好的配置、更好的包装；并有互补的产品，以及可分销的合作伙伴，这一切不仅仅是为了满足客户的需求，也能引发客户的激情。

一旦企业实现了产品市场的契合，企业应该追求整体产品，因为这样可以战胜竞争对手。而且一旦产品达到了产品市场契合度水准，就没有必要再生产最简可行产品。这并不是说产品不需要精益求精了，只是说，产品到了这个水平，企业已经完全有能力知道应当从什么地方改进产品。

通常而言，一旦企业领悟到这一点，需要优化之处就只剩下执行层面，而不需要依靠其他的经验进行帮助了。因为，此时企业的产品完完全全地是依靠市场带动的。

实践反思

知识回顾

本任务从开发项目客户、开发产品和服务、整合创业资源三个方面，以理论与案例相结合的方式，阐述了如何去开发创业项目。

在当今快速发展的数字化时代，项目客户是企业成功的关键因素之一。为了满足不断变化的市场需求，开发项目客户需要具备敏锐的洞察力和创新思维能力。

首先，从开发项目客户的角度来看，需要了解市场趋势和客户需求的变化。通过深入调研和分析，可以识别出潜在的项目机会，并有针对性地制定营销策略。这包括建立良好的客户关系，提供个性化的解决方案，以及及时响应客户的需求和反馈。只有这样，才能赢得客户的信任和支持，从而实现项目的成功交付。

其次，开发产品和服务是项目成功的另一个重要环节。一个好的产品不仅要符合市场的期望，还要具有独特的竞争优势。因此，在进行产品开发时，应该注重用户体验和用户需求的满足度；同时，也要关注产品的质量和性能，以确保其能够持续地满足客户的需求。另外，还应该积极引入新的技术和创新方法，以提高产品的竞争力，并为客户提供更好的使用体验。

最后，整合创业资源也是项目成功的关键因素之一。创业者需要有足够的资源和能力来支持项目的顺利进行，这就要求在团队建设和资源配置方面作出合理的决策。同时，也需要与合作伙伴保持紧密的沟通和合作，共同解决项目中的问题和挑战。通过有效的资源整合和管理，创业者将能够更好地利用各种资源，提高项目的效率和成果。

综上所述，开发项目客户、产品和产品开发、整合创业资源是项目成功的三个核心要素。只有充分发挥这些要素的作用，才能够实现项目的预期目标，并为客户创造更大的价值。

拓展练习

练习1

1. 确定目标客户应从哪几个方面考虑？
2. 指出新产品开发的重要性。
3. 新产品开发失败的原因有哪些？
4. 简述创业资源整合的步骤。

练习2

假如你要成立一家培训公司，现有以下12种资源可供选择，请选出4种并对其重要性进行排序，填在表6-3中，并说说你选择的理由。

表 6-3 资源选择

资源名称	排列序号
投资 50 万元，需占 50% 股份	
资深运营总监	
与教育主管部门合作的机会	
获得一套完善的网络培训平台	
与知名师范大学合作	
较偏远、租金低、面积大的场地	
获得一套专业的培训课程	
资深培训专家	
银行有息贷款 10 万元	
资深培训顾问	
与某知名培训集团合作的机会	
市中心租金高、面积小的场地	

学习评价（表 6-4）

表 6-4 学习情况评价表

评价课程：　　　　　　　　　　评价时间：

姓名			班级		小组	
评价项目	评价内容	分值	学生自评	小组互评		教师评价
学习态度	上课认真听讲，作业完成认真，积极参与课堂讨论	20				
专业能力	达到本任务知识目标、能力目标、素质目标的要求	30				
创新能力	积极参与课堂讨论，具有创新思维，能够提出合理的创新方法	30				
协作能力	善于与人合作，虚心听取别人的意见，能够启发他人思维	20				
	评价汇总	100				
	总评分数					

任务七
探索商业模式

【学习目标】

知识目标

1. 了解商业模式的内涵、特征、构成要素及选择。
2. 了解市场营销的概念。
3. 掌握商业模式设计的基本方法。
4. 掌握商业模式创新的途径。
5. 掌握制订市场营销计划的策略。

能力目标

能运用所学知识创建自己项目的商业模式。

素质目标

培养学生养成独立思考、客观分析的意识。

【学习导图】

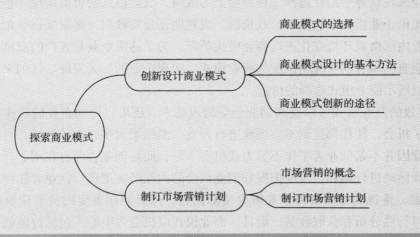

> **实践理论**
>
> 成功的商业模式需要不断优化和迭代，以适应市场变化、满足客户需求和实现长期可持续发展。创业者需要在创业过程中，不断地调整、优化自己的商业模式，以增加企业在行业中的竞争力，得到可持续发展。

知识点 1　创新设计商业模式

一、商业模式的选择

在行业竞争不断加剧的环境下，企业商业模式的选择显得尤为重要。通过对那些运用独特的商业模式成就企业辉煌业绩的公司的研究，我们了解到，成功的商业模式也是有迹可循的。一般来说，成功的商业模式能够合理高效地配置企业内部资源，整合企业各部分，实现高效运作，发挥自身优势，具有差异性及难以模仿性。同时，成功的商业模式还要能够为企业的相关群体而不仅是企业自己本身创造优厚的利润，并且能够增强企业在行业中的竞争力，使企业可以持续地发展。

（1）商业模式选择的价值。商业模式是企业战略层面的概念和描述，选择一种商业模式对于企业来说就等于是在选择一种商业上的战略，商业模式的价值呈现在企业发展的各个方面，无论企业正处于初创期、成长期、成熟期还是衰败期，都需要根据企业外部宏观环境和企业内部微观环境变化进行商业模式革新，为了达成企业和客户的双重价值，就要选择和企业自己本身的状况相匹配的商业模式，实现企业的长久发展。详细来说，以下几个方面可以展示商业模式选择的价值。

1）有效的商业模式可以提高创业企业的成功率，还可以推动企业健康成长。创业者如果发现了机会，往往都是刻不容缓地进行开发，而结果大多以失败收场，有些创业者的创业失败原因并不是创业者工作不努力或机会不好，而是创业者没有在用心开发机会的过程中对创业活动进行调和，没能把握好创业机会的内在经济逻辑。创业者往往比较注意价值创造因素，重视满足顾客需求和解决实际问题，却对同样重要的价值获取因素视而不见，忽视可行性分析和获取收益；而且，商业模式以机会为中心，包括价值创造与获取的内在经济逻辑，是对企业系统的整体描述，企业进行商业模式创新，意味着构建特有的资源组合形式，它难以被其他企业复制，却有可能改变整个产业的经济性，拥有很大的经济潜力，从而有可能为企业快速成长打下基础；同时，商业模式会关注企业系统平衡，因而能较好地减轻或避免企业快速成长引发的问题，从而实现企业快速成长过程的平稳发展。

2）有效的商业模式有利于整合企业能力和资源，形成企业竞争优势。商业模式在把握企业内外部资源和条件的基础上，以战略为先导，实施计划、组织、指挥、控制及协调功能，将企业战略具体化，分解成若干明确目标，并细化到各部分、各层次以指导其运作。了解了企业存在的优势与不足，企业在构建商业模式时才能趋利避害，构建起与企业所具有的优势资源和能力相匹配的、高效配置及整合的商业模式。企业是由很多个不同功能的环节有机组合、共同作用，从而发挥效能的，每个环节的职责不同，其资源配置状况和给企业带来的利益也存在差异，要将资源消耗较大、价值创造能力较弱的环节从企业商业模式中剔除，进行企业组织模式与价值链重构，只做企业较擅长的且利润空间较大的环节，从而实现企业资源与能力的合理高效配置，提高运营效率。企业根据战略规划实现商业模式内部结构的有效组合，充分发挥企业资源和能力优势，以利于提高组织运营效能，从而推进企业战略目标的实现。另外，资源的集中有利于加强提升企业的核心能力，进而创造更大的价值。例如，生产企业把握利润较高的研发和营销环节，将消耗较大、企业资源占用较多的生产环节外包，形成"哑铃型"组织结构，这在实现资源有效配置的同时也提高了企业市场竞争力。

3）有效的商业模式有利于企业把握市场机会，使其适应内部和外部环境的变化。在某种程度上，企业是无法预知未来环境变化的，企业内外环境的不确定性，使企业有可能因为环境的突变而造成内容运营出现矛盾与不和谐，导致错失有利的发展机遇，甚至使企业提前进入衰退期，从此走向衰败和消亡。有效的商业模式本身具有一定的组织灵活性，以客观合理假设企业的内外环境为前提，以发展企业和实现企业的持续盈利为目的，它能够通过商业模式运作过程中的不和谐因素，在一定程度上预警未来环境的变化，从而调整或变革企业内部的商业模式，以使企业适应未来环境的变化，并适时抓住市场机遇，实现企业持续发展。因为商业环境的复杂性增加，以及创新的不断激励，使企业要比以往更加频繁地搜寻价值增值的机会，导致现行的商业模式对一些企业的竞争力产生阻挠；因此，有必要围绕企业的能力建立一种新的商业模式，以使企业能够灵活反应，不断地创造机会，迅速抓住机会并获利；同时，新的商业模式要能建立一种新的领导模式，以有效地管理知识和人力资源。

4）有效的商业模式有利于实现企业、客户及企业网络中相关利益成员的多方共赢。企业的存在是为了盈利，但是随着市场竞争的加剧，企业可能连基本的生存都成了问题，为了在激烈的竞争中存活下来，企业不但要以客户为导向，为客户提供更多的价值；同时还要注意那些与企业有关的合作网络成员利益的提高，实行多方共赢。成功的商业模式能够更好地满足客户的需求，而且能够适时创造和引导客户需求，并以企业自身能力的提高来实现企业提供的产品或服务价值的提高，以及成本降低，从而提高客户价值。成功的商业模式可以使企业自己本身得到不断完善，企业能力不断提高，在企业价值不断提高的同时帮助其网络成员实现能力和价值的提高。例如，沃尔玛公司在实施其全球采购系统，帮助企业降低采购成本的同时，也使其合作伙伴的运营系统得到完善和提高，使伙伴的企业价值得到提升。因此，商业模式不仅是企业自身价值创造的载体，同时也是促进企业与客户及其网络成员实现利益共赢的有力武器。

（2）商业模式选择的原则。通过对那些具有代表性的成功型企业商业模式的探究，我们能够发现成功者的共性，例如，与竞争对手拥有明显的差别，不容易被竞争对手模仿，不但可以增加企业的核心竞争力，而且可以提高企业的市场竞争力和市场影响力，明显提升企业盈利能力，促进企业持续快速地成长。为了能够使企业商业模式发挥效用、取得成功，我们会根据一定的原则进行选择，以保障所选择实施的商业模式对企业发展最为有利。

1）可操作性原则。企业商业模式必须具有可操作性，才可以最后成功地实行商业模式的创新，一般影响到可操作性的因素主要有以下三个方面。

①企业的战略目标。必须对企业内外与企业的经营管理系统进行有机整合，并与企业自身状况融为一体，形成内外相匹配、行之有效的模式，才能是一个成功的商业模式。因此，只有与企业战略目标相匹配的商业模式，才可以顺利实施。

②企业资源和能力。选择商业模式是为了可以最有效地利用企业资源和能力，使企业发挥最大的利用价值，从而使企业价值最大化。

③企业的实力。企业的实力不但反映在资金的实力方面，更可以反映在经营运作的能力方面。如果资金实力不是很突出，那么企业还可以借助外力来解决资金问题；如果企业的经营运作能力不突出，那么对于商业模式的实施就会有很多的困难。因此，这就需要企业根据自己本身的实力来选择切实可行的创新路径，以此来保证所选商业模式的成功实现。

2）创新性原则。企业商业模式是否有效，还可以反映在这个模式是否有创新性上，也就是能否表现出企业自身的独特优势。创新性主要反映在以下两个方面。

①与竞争对手之间有很明显的差别。众所周知，差异性是企业竞争优势的主要来源，因此企业在选择商业模式时，首先就要考虑如何与竞争对手形成明显的差别，通过这种差异来为企业带来明显的比较竞争优势，并且打造企业自身独具特色的品牌价值，以及为顾客创造新价值。

②不易模仿性。前面所说的差异性是一个相对比较短期、比较静态的概念，随着竞争对手的不断调整，这种差异性容易被竞争对手模仿甚至超越，因此，企业很难长期保持竞争优势。而不易模仿性是一个相对比较长期、动态的概念，企业为了长期保持自己本身的这种独特优势，可以根据内外部环境的变化，适当地优化调整企业的价值活动，使其他竞争对手难以模仿。如果企业商业模式的创新性很弱，或很容易被其他的竞争对手所模仿和赶超，那么竞争对手就可以通过简单的模仿获得同样的竞争优势，然后使企业很难继续保持比较竞争优势，甚至沦落到劣势的竞争地位，至于持续盈利和高速成长更是无从谈起。通过有效的企业商业模式创新，不但能够增强企业的核心竞争力，还可以使企业长期保持比较竞争优势，保证企业的持续盈利和快速发展。也可以说，创新性是评价企业商业模式创新是否有效的最核心的一个方面。

3）盈利性原则。选择商业模式的根本目的是获得更大的价值，这里的价值主要包含以下三个方面。

①为企业带来丰厚的利润。这是企业进行商业模式创新的根本原因，成功的商业创新可以不断加强企业的盈利能力，最后实现企业的这个最终目标。

②为顾客创造更多的价值。顾客是企业一切价值活动的起点，也是企业实现价值的基础，因此，能够为顾客创造更多价值的商业模式创新才是成功的、有效的。

③为其他主要利益相关者创造更大的价值。从企业的长期成长来看，需要企业强化与企业内外部主要利益相关者之间的关系，或建立更加紧密的伙伴关系，如战略联盟，从而使企业在实现自己本身经营目标的同时，也可以为利益相关者创造更多的价值。只有企业与其主要利益相关者之间实行了共赢，才可以保证企业商业模式创新的成功，那些损害主要利益相关者利益的企业商业模式创新不可能有效。

4）竞争性原则。企业通过选择成功的商业模式，一方面可以加强企业的竞争能力，特别是企业核心竞争力，而且企业的市场影响力会持续加强，企业在行业中的地位也会不断提高；另一方面也会相应地加强企业的市场势力，市场势力是企业影响和控制所售产品价格的能力，也称为企业的定价能力，如果企业的市场势力达到一定程度，市场的竞争秩序就会发生根本性变化，甚至产生垄断，市场势力的经济效应能够扭曲资源分配，把收入从消费者向生产者进行转移和再分配，同时降低社会总体经济福利。因此，在挑选企业商业模式时，还需要遵守竞争性原则，如果通过企业商业模式创新，企业迅速成为垄断者，将会造成竞争者的利益、消费者剩余（消费者消费一定数量的某种商品愿意支付的最高价格与这些商品的实际市场价格之间的差额）和社会福利的损失，那么这种创新的有效性也将大打折扣。

5）可持续性原则。一个成功的商业模式不是靠偶然的机会而成功的，把一朝成功的偶然当成必然，是经不起时间考验的。企业的发展存在形成、成长、成熟和衰弱四个阶段，企业生命周期受到众多因素的共同影响，如产业特征（朝阳产业或夕阳产业）、市场结构（垄断市场、寡头垄断市场、垄断竞争市场和完全竞争市场）和产品生命周期等。伴随着竞争的日益激烈，虽然大部分企业的平均寿命只有三到五年，但是仍然有很多成功企业已经存在了几十年甚至上百年，如福特、IBM、通用电气、可口可乐、丰田、索尼和西门子等。商业模式创新也是这样一个动态的概念，伴随着市场竞争的加剧、市场环境的变化及其他各种影响因素的不断变化而成长，因此，评价企业商业模式的创新是否有效，不能静态地看问题，也不能只是看它短期的成功，那些一味追求短期利益（甚至采取损害消费者利益的短期逐利行为）而放弃长期发展的企业商业模式创新，即使它们短期的盈利能力再强、成长速度再快也不可能被认为是有效的，要看商业模式的创新能否使企业在比较长的时间范围内保持持续的成功，这就要看未来模式的走向和对企业远期经营能力的持续影响。

二、商业模式设计的基本方法

每个创业者都想为自己的企业设计一个独特的、全新的商业模式，来覆盖产业内现有的企业。虽然商业模式创新是一件非常困难的事情，但很多企业都在模仿先进商业模式或改进现有商业模式的基础上取得了巨大成功，如腾讯、百度等。即便已经设计了一个独特的商业模式，但是也会面临其他企业快速模仿或利用相似的商业模式开展竞争的不利情况。因此，设计商业模式极为重要。

（1）全盘复制法。全盘复制法比较简单，即对经营状况良好的企业的商业模式进行简单复制，根据自身企业状况稍加修正。全盘复制法主要适合同行业的企业，特别是细分市场、目标客户、主要产品相近的企业,甚至可以直接对竞争对手的商业模式进行复制。

全盘复制优秀企业的商业模式需要注意以下几点:复制不是生搬硬套,需根据企业自身的区域、细分市场和产品特性进行调整;要注重对商业模式细节的观察和分析,不仅在形式上进行复制,更要注重在流程和细节上进行学习;为避免和被复制对象形成正面竞争,可在不同时间和区域对商业模式进行复制。

(2)借鉴提升法。通过学习和研究优秀的商业模式,对商业模式中的核心内容和创新概念予以适当提炼及节选,并对这些创新点进行学习。如果这些创新点比企业现阶段商业模式中的相关内容更符合企业发展需求,企业就应结合实际需要,引用这些创新概念并发挥其价值。通过引用创新点来学习优秀商业模式的方法适用范围最为广泛,对不同行业、不同竞争定位的企业都适用。

(3)逆向思维法。通过对行业领导者商业模式或行业内主流商业模式的研究学习,模仿者有意识地进行反向学习,即行业领导者商业模式或行业内主流商业模式如何做,模仿者则反向设计商业模式,直接切割对行业领导者商业模式或行业内主流商业模式不满意的市场份额,并为它们打造相匹配的商业模式。

采用逆向思维法时有三个关键点要注意:找到行业领导者商业模式或行业内主流商业模式的核心点,并据此制定逆向商业模式;企业在选择用逆向思维法制定商业模式时,不能简单追求反向,需确保能够为消费者提供更高的价值,并能够塑造新的商业模式;防范行业领导者的报复行动,评估行业领导者可能的反制措施,并制定相应的对策。

(4)关键因素法。关键因素法是以关键因素为依据来确定商业模式的设计方法。商业模式中存在多个因素影响设计目标的实现,其中若干个因素是关键的和主要的。关键因素法通过对关键因素的识别,找出实现目标所需的关键因素集合,确定商业模式设计的优先次序。采用关键因素法设计商业模式主要有五个步骤:确定商业模式设计的目标;识别所有关键因素,分析影响商业模式的各种因素及其子因素;确定商业模式设计中不同阶段的关键因素;明确各关键因素的性能指标和评估标准;制订商业模式的实施计划。

(5)价值创新法。对于一些从未出现过的商业模式,往往需要进行创新设计,即通过价值要素的构建、组合等设计出新的商业模式。这一点在互联网企业表现尤为明显。例如,盛大网络最先创建网络游戏全面免费、游戏道具收费的模式,开创了网游行业新的商业模式——CSP(Come Stay Pay)。至今各大网游公司依旧沿用这一商业模式进行运营。Airbnb和Uber创建的通过共享资源而获取收益的模式,也成为现今最流行的一种商业模式。

三、商业模式创新的途径

商业模式创新通常有以下五种途径。

(1)基于价值活动的商业模式创新。这种商业模式创新把关注的焦点主要放在价值活动的定位、设计与匹配上。具体来说,其主要有以下三种创新策略可供选择。

1)价值链上的重新定位。通过专注于价值链上的某些活动(通常是高利润活动),而将其他活动外包出去，可以实现商业模式的创新。一般来说，将非核心业务外包给其他企业，不仅有利于降低经营的不确定性风险和生产成本，还有利于发挥各价值模块的核心优势，从而提高产品质量。例如，印度第三大电信公司——巴帝电信公司将企业的主要活动定位在营销和分销上，将IT及网络职能外包给专业服务供应商，不仅降低了成本，还提高了业务的专业度，从而有效地提高了自身的核心竞争力。

2）重组价值链。重组价值链是指企业对产业价值链进行创造性的重组，进而得出新的商业模式。对价值链进行重组的关键思想，就是围绕顾客的需求确定价值链中重要的部分，并以之为中心，再对非重要部分进行组合或调整，以适应这个中心。例如，戴尔公司在对自身的价值链进行改造的过程中，不仅按照客户的配置要求定制计算机，还砍掉了中间销售环节，以直销的方式与客户和供应商建立了紧密的联系，从而迅速成长为全球著名的计算机跨国集团。

3）构造独特的价值活动体系。构造独特的价值活动体系是指企业通过构建和整合多个价值优势，形成企业所独有的价值活动体系，从而实现商业模式的创新。价值活动体系是对价值链的另一种表述方式，它能够把企业所从事的主要价值活动以一种相互联系的系统图来展示，能够更为直观地展示不同活动的主次及关联关系。

（2）基于价值曲线的商业模式创新。这种商业模式创新聚焦于企业为顾客所提供的价值。对提供服务而非实体产品的企业来说，此种创新尤为重要。企业可以通过创造独特的价值曲线实现服务创新，在为顾客提供更大价值感受的同时自身也获得成功。例如，太阳马戏团是加拿大蒙特利尔的一家表演团体，也是全球最大的戏剧制作公司。该马戏团并不是简单地表演传统马戏，而是将戏剧融入马戏表演中，使表演多元化，再配以华丽的舞台设计，重新定义了马戏团的艺术形态，因此成为当今世界发展最快、收益最高、最受欢迎的马戏团之一。

（3）基于价值网络的商业模式创新。这种商业模式创新的重点在于打造独特的价值网络，设计各种交易机制将企业自身与价值创造伙伴有机联系起来，以形成价值创造的合力。具体来说，采取这种商业模式创新的企业可以选择成为交易的组织者、打造交易的平台或桥梁建者，或是交易的中介者。

1）做交易的组织者。企业创造性地将供应链上各个成员组织起来，可以建立起关键环节的联盟合作关系。例如，美国AutoBytel汽车销售平台通过专业化的组织能力为顾客提供了便利的一站式购车服务。顾客可以在其网站浏览各种汽车的配置、价格等信息。如果选定某款车，公司可以按照顾客的要求（如是否在家试驾、送货上门或是采取信贷等方式）联系不同的合作伙伴（如生产商、物流公司和金融机构等），由其提供相关服务。在这个过程中，AutoBytel汽车销售平台的作用就是把相关专业服务商组织起来，共同服务顾客，创造价值并分享收益。

2）打造交易的平台或桥梁。打造交易的平台或桥梁是现如今很多互联网公司的常用策略，这一策略可以把原来不可能实现的交易变成现实。例如，欧美电商平台eBay为注册用户提供网上拍卖交易服务，让用户能够很方便地从eBay的网络平台购买或销售各种产品。目前国内的阿里巴巴、京东等互联网企业，同样也搭建了一个电商平台，来吸引相关企业和客户在平台上进行交易。

3）成为交易的中介者。中介的功能在于促成某些交易的实现。企业若作为交易过程中的中介者，一是要采取各种机制和流程保证交易的顺利进行；二是要通过多种手段精心发展和维护其价值网络，以显著提高企业的服务能力。

（4）基于资源能力的商业模式创新。这种商业模式创新的重点在于新资源的发掘和利用，或充分挖掘现有资源的潜在价值，从而建立起竞争优势。具体来说，其主要有以下两种创新策略可供选择。

1）围绕新资源构建商业模式。新资源能为企业客户创造新的价值提供潜力。例如，美国的最大的钢铁企业之一——纽柯钢铁公司由于引进了新的炼钢技术，能够利用废钢生产出建筑用钢铁产品，由此填补了低端市场的空白。该公司进一步以低端市场为基础，将产品线延伸到高端产品，最终打败了伯利恒等老牌钢铁公司。

2）创造性地利用现有资源。一些企业可以围绕自身独特的技能、优势，挖掘现有资源的潜能，建立新的商业模式，以实现利润增长。例如，必胜客开发的必胜客宅急送业务就是这方面的典型案例，这一模式整合了消费者的外卖需求，在满足顾客需求的同时，也提高了营业收入。

（5）基于收入模式的商业模式创新。收入模式即企业的盈利模式。这种商业模式创新通过设计各种收入机制来获得收益，并利用一切可能来扩大收入来源。具体来说，其主要有以下几种策略。

1）利用"互补品"。这是一种"此失彼得"的策略，一般有以下两种方式：一是"产品＋产品"的互补，如佳能的"低利润打印机＋高利润墨盒"便采用了该种方式；二是"产品＋服务"的互补，如通用电气从飞机发动机销售中赚钱不多，其主要利润来自维修服务。

2）从"免费"到"收费"。基于互联网提供的便利，消费者对很多信息产品的期待是"免费获取"，因此，一些公司对"免费＋收费"模式的细节进行创新，发掘了赚钱的机制。例如，美国计算机软件公司 Adobe 在中国的销售策略是，先允许用户免费试用软件一段时间，试用期过后，用户若想继续使用，则必须购买正版产品。

3）由第三方付费。这种策略并不需要消费者付费，而是通过让其他利益相关方付费而赚取收入。例如，Google 公司的商业模式是让普通用户免费使用其搜索引擎，同时通过向企业客户收取定向广告费用来获得收益。又如，百度公司率先在国内推出的"竞价排名"搜索引擎商业模式，搜索同一个关键词，哪家企业出钱多，哪家企业的广告或产品就可以排在搜索结果的前头。这种方式使百度由搜索引擎技术提供商转变为一家独立的网络搜索服务商，其盈利模式也由技术服务转变为广告收入。

4）"多收入流"模式。这种策略一般与价值网络构建密切相关，由此企业可以扩大各种可能的收益来源。例如，上海硅谷知识产权交易中心是一家为中国企业提供信息技术产权交易的平台，除向技术需求方收取会费、向技术供应方收取展示费外，还会按一定比例收取交易中介费。

> 【案例】

美国西南航空公司独特的价值活动体系

西南航空公司是美国著名航空公司,以"廉价航空公司"而闻名,是民航业"廉价航空公司"商业模式的鼻祖。自它之后,廉价航空逐渐控制了 1/3 的民航市场。

西南航空公司为旅客提供的服务是低票价、安全可靠、高频度的航班、舒适的客舱、一流的旅客项目、顺畅的候机楼登机流程,以及友善的客户服务。

其商业模式如下。

(1) 采取短程飞行、点对点飞行方式,简化了航线结构,消除了行李转运的时间和烦琐程序。

(2) 采用单一机型,节约了设备采购、维护保养、人员编制和员工培训方面的开支,同时又提高了资源调度的灵活性。

(3) 通过让飞机快速周转(短程飞行尤为重要),同时坚持弹性工作制,来提高飞机的空中飞行时间。

(4) 在二线机场或航班不是很繁忙的机场着陆(让飞机周转更快)。与其他老牌航空公司相比,西南航空的商业模式可将成本降低 40%~50%,再加上高运载能力等因素,票价可降低 60%,很多航线的客运量可增加 2~3 倍。这样一来,乘客就可以享受更加优惠的票价。

【讨论互动】

与竞争对手相比,美国西南航空公司的商业模式创新体现在哪里?

知识点 2　制订市场营销计划

一、市场营销的概念

美国著名的市场营销学者菲利普·科特勒教授对市场营销的概念做了详细的解释,其中主要包含需要、欲望和需求,产品或提供物,价值和满意,交换和交易,市场、关系和网络,营销者和预期顾客等关键概念。

(1) 需要、欲望和需求。进行市场交换活动是为了满足人们的需要、欲望和需求。这里的需要、欲望和需求虽然看起来类似,却是截然不同的概念。

1) 需要。需要(Needs)是指没有得到某种基本满足时的感受状态,如口渴了想喝水,但并未指向是开水还是饮料。

2) 欲望。当需要的指向变得明确,需要就变成了欲望(Wants)。欲望是指想得到基本需要的具体满足物的一种愿望,也是指对满足需要的某特定对象的愿望。

3)需求。需求(Demands)是指愿意购买同时也有能力购买某特定产品的一种欲望。对于企业来说,只有有购买能力的欲望才能构成对企业产品或服务的需求。

(2)产品或提供物。产品不仅包括看得见摸得着的物质产品,还包括能够使人们的需求得到满足的服务或创意。提供物是指所有通过交换来满足人们需求的事物。在激烈的市场竞争中,企业不能仅仅局限于对物质产品的认识,而是要在市场需要的引导下,注重产品的设计与开发,从更广泛的意义上去理解产品或提供物的含义,为消费者提供能够满足他们实际需求的内容。

(3)价值和满意。产品或提供物的效用并不能直接决定人们是否采取购买行为,企业还应该从人们获得效用的代价,即费用方面去引导消费者购买。如果代价高于人们获得的效用,超出了人们的承受底线,即使产品再有吸引力也可能没有人购买;反之,如果代价低于获得的效用,即使是非常昂贵的产品也可能有人购买。调查研究表明,人们只会购买有价值的东西,并根据其满意程度来决定是否再次购买,若十分满意企业的产品或服务,消费者才可能成为企业的忠实顾客。因此,除了提供产品或服务,企业还要让消费者在交易的过程中有超越预期价值的感受,这样才能促使交易的顺利进行,建立稳定的企业市场。

(4)交换和交易。交换是指通过提供自己的某种东西作为回报,从他人那里获得所需物品的一种行为。其中,交换是交易的过程,交易则由双方的价值交换所构成。

需求的产生是交换的前提,价值的认同则是成功实现交换的条件。只有顺利完成交换,达成实现企业和社会经济效益的目的,才能算作形成了交易。交易是达成意向的交换,交易的最终实现需要双方对意向和承诺的完全履行。从这个角度来看,市场营销就是以实现交换对象之间的交易为目的的过程。

(5)市场、关系和网络。广义的市场是指一系列交换关系的总和,主要由"买方"和"卖方"两大群体构成。狭义的市场是指实现交易的场所和环境。市场营销学中一般将企业看作"卖方",将消费群体看作"买方",企业为了维持稳定的市场份额和销售业绩,就会采取措施来维持与消费群体的长期稳定的交易关系。为了做到这一点,企业应该在市场营销中与有价值的消费者、供应商和分销商建立长期互相信任的"互赢"关系,该营销即为关系营销。消费者、供应商和分销商之间的关系直接影响着交易的实现和发展,企业与其经营活动有关的各种群体所形成的一系列长期稳定的交易关系就构成了企业的市场网络。只有保证一定规模的网络的稳定性才能使企业正常经营。

(6)营销者和预期顾客。在市场交易活动中积极主动的一方为市场营销者,市场营销的营销对象又称为预期顾客(顾客泛指到商店或服务行业购买东西的人或要求服务的对象,消费者是指为满足生活需要而购买、使用产品或接受服务的对象,为了便于理解,本书暂取两者同义)。市场营销离不开市场,同时也离不开从事营销活动的人。

拓展阅读:制造热点,营销自己

二、制订市场营销计划

制订市场营销计划时,要考虑市场营销的四个方面,即产品(Product)、价格(Price)、渠道(Place)和促销(Promotion)。由于这四个词的英文字头都是P,再加上策略(Strategy),所以简称为营销"4P"。

4P营销理论(The Marketing Theory of 4Ps)产生于20世纪60年代的美国,随着营销组合理论的提出而出现。1953年,尼尔·博登(Neil Borden)在美国市场营销协会的就职演说中创造了"市场营销组合"(Marketing Mix)这一术语,其意是指市场需求或多或少地在某种程度上受到所谓"营销变量"或"营销要素"的影响。1960年,美国密歇根州立大学的杰罗姆·麦卡锡(Jerome McCarthy)教授在其《基础营销》一书中将这些要素概括为四类,即产品(Product)、价格(Price)、渠道(Place)、促销(Promotion)。1967年,菲利普·科特勒在其畅销书《营销管理:分析、计划、执行和控制》中进一步确认了以4P为核心的营销组合方法。在市场营销中,企业首先应具备产品,再制定有竞争力的价格策略,继而建立销售渠道,最后通过促销,潜在消费者了解产品的价值。

(1)产品策略。产品策略是指企业以向目标市场提供各种适合消费者需求的有形和无形产品的方式来实现其营销目标的营销策略,包括对与产品有关的品种、规格、包装、特色、商标、品牌及各种服务措施等可控因素的组合和运用。

产品策略是市场营销组合策略的基础,从一定意义上讲,企业成功与发展的关键在于产品满足消费者需求的程度,以及产品策略的正确性。

1)产品的整体概念。市场营销中所指的产品是一个整体概念,它包含五个层次,即核心产品、形式产品、期望产品、附加产品和潜在产品,如图7-1所示。

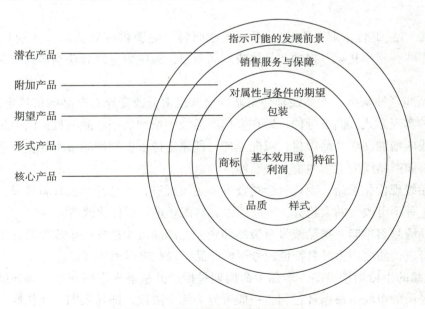

图7-1　产品整体概念的五个层次

①核心产品，也称实质产品，是指产品能向消费者提供的基本效用或利益，是消费者真正要购买的东西。它是产品整体概念中最基本、最主要的部分。例如，消费者购买洗衣机是为了能够省时省力地清洗衣物。

②形式产品是指核心产品借以实现的外在形式，包括产品的品质、样式、特征、商标、包装等。

③期望产品是指消费者在购买产品时，期望得到的与产品密切相关的一整套属性和条件。例如，对于购买洗衣机的消费者来说，在期望能够通过该产品省时省力地清洗衣物的同时，还期望其不会损坏衣物，使用时噪声小、方便进水与排水、外形美观等。

④附加产品是指产品附带的各种利益的总和，包括运送、安装、维修、技术培训等所有服务项目。

⑤潜在产品是指现有产品可能发展成为未来最终产品的潜在状态的产品。它反映了现有产品可能的演变趋势和前景。

2）产品的组合策略。产品组合是指某一企业所生产或销售的全部产品线和产品项目的组合或搭配。产品线是指产品组合中的某一产品大类，是一组密切相关的产品。这组产品都能满足某种需要，或必须一起使用，或售给同一类消费者，或经由相同的渠道，或在同一价格范围内出售。产品项目是指产品大类中各种不同品种、档次、质量和价格的特定产品。

优化产品组合，可依据不同情况采取不同策略。一般来说，主要有以下几种。

①扩大产品组合策略。扩大产品组合策略即在原产品组合中增加产品线，扩大经营范围；或在原有产品线内增加新的产品项目。企业预测现有产品线的销售额和盈利率在未来可能下降时，就必须考虑在现有产品组合中增加新的产品线，或加强其中有发展潜力的产品线。

②缩减产品组合策略。在市场不景气或原料、能源供应紧张时，企业可缩减产品线，剔除那些获利小甚至亏损的产品线或产品项目，集中力量发展获利多的产品线和产品项目。

③产品线延伸策略。产品线延伸策略即全部或部分改变原有产品的市场定位的策略，具体有三种实现方式：向下延伸，即在高档产品线中增加低档产品项目；向上延伸，即在原有产品线内增加高档产品项目；双向延伸，即原定位于中档产品市场的企业掌握了市场优势以后，向产品线的上下两个方向延伸。

④产品线现代化策略。现代社会科技发展突飞猛进，产品开发也日新月异，产品的现代化成为一种不可改变的大趋势，产品线也必然需要进行现代化改造。

⑤产品线号召策略。产品线号召策略即企业在产品线中选择一个或少数几个产品项目加以精心打造，使之成为颇具特色的号召性产品，以此吸引消费者。

3）产品的生命周期策略。产品生命周期是指产品从进入市场开始，直到最终退出市场为止所经历的市场生命循环过程，一般可分为四个阶段，即导入期、成长期、成熟期和衰退期。

①导入期。这一时期,产品刚刚投放市场,产量低,销量增长缓慢,宣传费用高,企业投入较大;同时,由于产品质量和性能还不稳定,以及市场的不确定性因素较多,风险也较大。但这一时期同类产品的生产者少,竞争对手少。因此,在这一时期,企业应把握好产品进入市场的时机,设法把销售力量直接投向潜在消费者,使市场尽快接受该产品。

②成长期。这一时期,产品的市场局面打开,销量迅速增长,企业利润持续增长,但竞争也日益激烈。该时期企业营销策略的重点应放在创立名牌、提高消费者偏爱度上,促使消费者在面对竞争者产品时更喜爱本企业的产品,从而提高市场占有率。

③成熟期。这一时期,产品已为绝大多数潜在消费者接受,销量增长缓慢,甚至到后期,销量开始负增长。由于竞争加剧,企业的各项成本增加,使其利润水平持平甚至开始下降。该时期企业可选择以下三种策略改善这种情况:市场改进策略,即开发新市场、寻求新用户;产品改进策略,即改进产品的品质或服务后再投放市场;营销组合改进策略,即通过改变定价、销售渠道及促销方式来延长产品成熟期。

④衰退期。这一时期,产品的需求量、销量和利润迅速下降,多数竞争者被迫退出市场。因此,在这一时期,企业可将销售维持在一个低水平上,待到适当时机,便停止该产品的经营,退出市场。

(2)价格策略。在营销组合中,价格是能产生收入的因素,其他因素表现为成本。价格也是营销组合中最灵活的因素,它的变化可以是非常迅速的。价格关系着市场对产品的接受程度,影响着市场需求和企业利润的多少,涉及生产者、经营者、消费者等各方面的利益。因此,价格策略是非常重要的创业营销策略。

1)影响定价的因素。产品的定价过程受到成本、需求、竞争和相关政策等因素的影响。

①成本因素。成本是影响产品价格最直接的因素。产品成本是指企业在产品生产过程和流通过程中所消耗的物资及支付劳动报酬的总和,一般包括生产成本、营销成本及储运成本。企业在制定价格时必须先估算成本。

②需求因素。在一般情况下,产品成本决定价格的下限,而市场需求则影响价格的上限。在商品经济中,供需关系与产品价格的形成和变动存在着密切的联系。一般来说,产品价格与市场需求量成反比例关系。但对于不同的商品,价格与需求量的变化幅度不同。

③竞争因素。在最高价格和最低价格之间,企业能把产品价格定得多高,取决于竞争者同类产品的价格水平。一般而言,市场竞争可分为完全竞争、完全垄断和不完全竞争三种情况,企业应采取适当方式了解相关信息,及时作出定价和变价反应。

④政策因素。国家的价格政策、金融政策、税收政策、产业政策等都会直接影响企业的定价。例如,对于一些关系国计民生的重要商品,如电力、石油等,以及一些公共产品和准公共产品,如邮电、交通、自来水等,国家会采取价格管控政策。

2)折扣定价策略。折扣和折让是企业在基本价格的基础上,根据不同情况采用各自不同方式给购买者一定比例的价格减让的价格策略。例如,为了鼓励顾客及早付清货款、大量购买、在淡季购买,可以酌情降低其基本价格。价格折扣包括现金折扣、数量折扣、功能折扣、季节折扣、折让和津贴等。

3）心理定价策略。心理定价策略是针对消费者心理活动变化所使用的定价策略，运用心理学原理，依据不同类型的消费者在购买商品时的不同心理需求来制定价格，以诱导消费者增加购买量。其具体如下。

①尾数定价策略：例如，某商品定价998元，其销路可能远好于定价1 000元的同类商品。

②声望定价策略：即利用品牌知名度制定一个较高的价格。

③招徕定价策略：利用部分消费者求廉的心理，特意将某几款商品价格定得很低，以吸引消费者。

④习惯定价策略：消费者在长期购买实践中，对某些商品已形成心理价位，企业应按照这种习惯定价，不要轻易改变。

4）差别定价策略。差别定价是指企业针对不同消费者群体、不同的时间和地点对市场进行细分，在细分市场之间，需求强度差异较大，且产品不存在由低价市场流向高价市场的可能性时，在法律允许的条件下，对同种产品或劳务采用不同的定价。

①消费者差别定价：例如，公园、展览馆的门票对某些消费群体（学生、军人、老人等）予以优惠价，企业对于新老客户实行不同价格等。

②产品形式差别定价：例如，手机的不同颜色定价不同，这种定价以市场需求状况为依据。

③产品地点差别定价：例如，电影院不同座位因为观影体验和效果不同，所定的价格不同。

④销售时间差别定价：对不同季节、不同时期，甚至不同时刻的产品或服务分别制定不同价格。例如，旅游类产品分平时、周末和节假日定价。

（3）渠道策略。在企业产品生产出来且价格确定后，应当通过一定的销售渠道将产品转移到消费者手中。分销渠道是指当产品从生产者向消费者转移的过程中，取得这种产品所有权或帮助所有权转移的所有企业和个人。

1）分销渠道的类型。按渠道成员结合的紧密程度，可分为传统渠道和整合渠道两大类型（图7-2）。

传统渠道系统是指由各自独立的生产者、批发商、零售商和消费者组成的分销渠道，这种系统结构是松散独立的。整合渠道系统包括垂直渠道系统、水平渠道系统和多渠道系统。除此之外，随着互联网技术的成熟和普及，还出现了电子网络渠道，即企业通过互联网寻找、接近顾客，或者是顾客通过互联网寻找供应商，从而进行交易的渠道。

2）分销渠道的设计。分销渠道的选择和设计受到市场、产品、中间商、竞争者、企业本身和环境等因素的影响，在分析这些影响因素之后，可选择适当的分销渠道方案，主要步骤如下：首先是渠道模式的选择，考虑采用何种类型的分销渠道，即确定渠道的长度；其次是中间商的选择，包括中间商的基本类型、每一分销层次所使用的中间商数量、各中间商的特定市场营销任务等；再次是评估各种可能的渠道交替方案，根据经济性标准、控制性标准和适应性标准进行评估；最后是规定渠道成员彼此的权力和责任，签订合约。

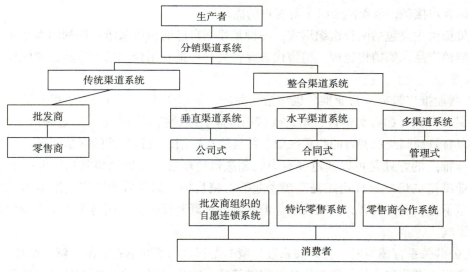

图 7-2 分销渠道系统

3) 分销渠道的管理。选定渠道后,企业需对其进行管理。

①激励渠道成员。激励办法包括提供物美价廉的适销产品、大量刊登广告、提高资金支持及加强售后服务等。

②评估渠道成员。评估内容包括销售定额完成情况、平均存货水平、付款情况、消费者反馈及发展计划等。

③分销渠道的调整。根据市场变化或中间商的具体表现或企业营销目标的改变,企业需要对分销渠道进行局部调整,必要时进行全面调整。

(4) 促销策略。促销策略也称宣传策略,是指企业以利用各种信息传播手段刺激消费者购买欲望,促进产品销售的方式来实现其营销目标的营销策略,包括对与促销有关的广告、人员推销、营业推广及公共关系等可控因素的组合和运用。

1) 广告宣传策略。广告是广告主以促进销售为目的,付出一定的费用,通过特定的媒体传播产品或服务等有关信息的大众传播活动。作为一种传递信息的活动,广告是企业在促销中普遍重视且应用最广的促销方式。

广告宣传一般有塑造企业及其产品、商标信誉和声望的形象广告;展示、介绍、宣传产品特点和优点的产品广告;刺激消费者购买欲望的产品定位广告;等等。广告宣传的关键是在真实性的前提下,迎合消费者的心理和需求,创新意、出奇招,从而给消费者留下美好而深刻的印象。广告宣传策略需要根据不同的产品、不同的消费群体、不同的市场情况及竞争对手的情况等来制定。

2) 人员推销策略。人员推销是人类社会最古老的促销手段之一。随着市场经济的发展,人员推销的内容不断扩充,成为现代营销一种重要的促销方式。

所谓人员推销,是指推销人员与中间商或消费者进行直接沟通,宣传介绍产品,使中间商或消费者购买的促销方式。与其他促销方式相比,人员推销最大的特点是推销人员直接与目标客户接触，因而能及时了解客户的需求。

人员推销主要包括两种组织形式：一种是建立自己的销售队伍，即利用本企业的推销人员来推销产品，如销售经理、销售代表等；另一种是利用合同销售人员，如代理商、经销商等。

3）营业推广策略。营业推广也称销售促进，是指企业在短期内为了提升销量而采取的各种促销方式，如有奖销售、赠送或试用样品、减价折扣销售等。通过采取这些方式，企业可以有效地刺激消费者的购买欲望，并且能在短期内收到显著的促销效果。

营业推广的好处是可以通过强有力的刺激迅速增加企业的销售收入，但必须注意的是，营业推广的最终目标仍然是实现企业的营销目标。如果营业推广使用不当，急功近利，不但不会吸引消费者，反而会引起消费者的怀疑和反感，进而对企业及企业的品牌造成负面影响。

4）公共关系宣传策略。公共关系宣传策略是指争取潜在消费者的了解、信任和支持，以树立良好的企业和产品信誉、形象的促销策略。它通过对公众态度的估量，从公众利益出发确定企业的促销对策，从而与广泛的潜在消费者交流、沟通。

公共关系宣传策略一般包括以下三种：一是通过大众媒介进行新闻报道，获得公众的了解、信任和支持；二是通过庆祝会、纪念会、赞助社会活动等社会性策略，提高企业的知名度和影响力；三是通过舆论调查、民意测验、投诉、听取意见等征询性策略，了解消费者的意见，增进与消费者的交流。

【案例】

OPPO 与 vivo 品牌案例

对于 OPPO 与 vivo 这两个手机品牌，大家并不陌生，这两个品牌避开了当下流行的互联网模式、社交网络模式，从精准目标市场定位出发进行整合营销。从品牌的设计上看，其主要目标客户针对年轻人，下至高中生，上至年轻白领。它们不同于小米偏专业的类型，定位简单精准，能够准确聚焦目标用户群体。在技术层面，基于用户导向的创新是行之有效的，这两个品牌深入探究用户需求，让产品简单、实用。两个品牌主打拍照的广告语——照出你的美，从技术层面明确目标用户群体，精准定位。两个品牌同时抢占高关注度的明星资源，在宣传方面做到高权威媒体广告轰炸，地面人海口碑传播，稳固品牌优势。这两个品牌的价值定位更精准地强调了高品位的体验和社交功能。同时，地推的蓝绿色调宣传拥有植入式的视觉冲击，准确的终端服务与体验加上统一标准的促销，配上敏捷的物流配送服务系统，简单极致地打造了强大的高精准营销模式。

【讨论互动】

列举并分析整理 OPPO 与 vivo 品牌还有哪些针对用户需求开发的营销策略。

实践任务单（表 7-1）

表 7-1 实践任务单

姓名		班级	
实践任务	设计自己项目的商业模式		
实践内容			
请针对自己项目的商业模式做一个 PPT，利用本任务所学知识，通过讲演的方式向大家做 5 分钟的介绍。下列空白区域可列提纲			

知识拓展

【拓展案例——价值引领】

为什么说社会主义核心价值观是凝聚人心、汇聚民力的强大力量？

习近平总书记在党的二十大报告中指出："社会主义核心价值观是凝聚人心、汇聚民力的强大力量。"这一重要论断，深刻阐明了社会主义核心价值观的重要地位和重大意义，为我们广泛践行社会主义核心价值观，不断夯实全民族全社会休戚与共、团结奋进的思想道德基础指明了方向。

核心价值观是一个民族赖以维系的精神纽带，是一个国家共同的思想道德基础。任何一个社会都存在多种多样的价值观念和价值取向，要把全社会意志和力量凝聚起来，必须有一套与经济基础和政治制度相适应，并能形成广泛社会共识的核心价值观。如果没有共同的核心价值观，一个民族、一个国家就会魂无定所、行无依归。培育和弘扬核心价值观，有效整合社会意识，是社会系统得以正常运转、社会秩序得以有效维护的重要途径，也是国家治理体系和治理能力的重要方面。历史和现实都表明，核心价值观是一个国家的重要稳定器，能否构建具有强大感召力的核心价值观，关系社会和谐稳定和国家长治久安。我国是一个有着14亿多人口、56个民族的大国，确立反映全国各族人民共同认同的价值观最大公约数，使全体人民同心同德、团结奋进，关乎国家前途命运，关乎人民幸福安康。

社会主义核心价值观是社会主义先进文化的精髓，昭示着中国特色社会主义发展方向和光明前景。它植根于中华文化沃土，熔铸于我们党领导人民长期奋斗的伟大实践，深刻回答了我们要建设什么样的国家、建设什么样的社会、培育什么样的公民的重大问题，是当代中国精神的集中体现，凝结着全体人民共同的价值追求。正是社会主义核心价值观深厚的民族性、鲜明的时代性、内在的先进性、广泛的包容性，决定了其在我国文化建设中居于主导和引领地位。我们要把培育和践行社会主义核心价值观作为凝魂聚气、强基固本的基础工程，充分发挥社会主义核心价值观的引领作用，更好构筑中国精神、中国价值、中国力量，促进全体人民在思想上精神上紧紧团结在一起。

党的二十大对在全面建设社会主义现代化国家新征程上广泛践行社会主义核心价值观作出了新的重大部署。我们要在工作中全面贯彻落实，重点抓好以下几个方面。一是要着力培养担当民族复兴大任的时代新人。核心价值观建设，说到底是党的思想建设、灵魂建设，聚焦的是造就具有正确世界观、人生观、价值观的社会主义建设者。要弘扬以伟大建党精神为源头的中国共产党人精神谱系，用好红色资源，深入开展社会主义核心价值观宣传教育，深化爱国主义、集体主义、社会主义教育，着力培养在思想水平、政治觉悟、道德品质、文化素养、精神状态等方面同新时代要求相符合的时代新人。二是要以坚定的理想信念筑牢精神之基。人民有信仰，国家有力量，民族有希望。要推动理想信念教育常态化制度化，在全体人民特别是青少年中加强理想信念教育，让理想信念的明灯永远在全国各族人民心中闪亮。要持续抓好党史、新中国史、改革开放史、社会主义发展史宣传教育，引导人民知史爱党、知史爱国，不断坚定中国特色社会主义共同理想。三是要加强思想政治工作。坚持用社会主义核心价值观铸魂育人，完善思想政治工作体系，发挥政治优势，创新群众工作体制机制和方式方法，及时了解群众利益诉求，及时解决群众思想认识问题和现实利益问题。要加强学校思想政治工作，把思想政治工作贯穿教育教学全过程，推进大中小学思想政治教育一体化建设，教育引导广大青少年扣好人生第一粒扣子，培养一代又一代社会主义建设者和接班人。四是要把社会主义核心价值观融入法治建设、融入社会发展、融入日常生活。坚持依法治国和以德治国相结合，善于运用法律来推动社会主义核心价值观建设。强化教育引导、实践养成、制度保障。坚持落细落小落实，把社会主义核心价值观体现到国民教育、精神文明创建、精神文化产品创作生产传播全过程，贯穿到国家治理体系和治理能力现代化建设各领域。

（来源：共产党员网）

知识回顾

本任务从创新设计商业模式、制订市场营销计划等方面，以理论与案例相结合的方式，探索了商业模式的未来发展形势。

在当今竞争激烈的商业环境中，创新设计商业模式和制订市场营销计划是企业成功的关键因素。通过创新的设计和有效的市场营销策略，企业可以吸引更多的客户并提高销售额。

首先，创新设计商业模式是指企业根据市场需求和趋势来调整其产品或服务。这可以通过引入新的技术和功能来实现，如智能家居设备、虚拟现实技术等。通过不断改进和优化产品的设计，企业可以在市场上保持竞争力，并获得更多消费者的青睐。另外，创新还可以帮助企业开拓新市场，如推出针对新兴市场的产品和服务。

其次，制订合理的市场营销计划也是成功的重要一环。市场营销计划应该包括目标市场定位、品牌推广策略及销售渠道选择等方面。通过深入了解目标客户的需求和偏好，企业可以确定最适合自己的市场细分和定位。同时，品牌形象的塑造也非常重要，企业需要建立独特的品牌价值主张，并通过各种媒介和平台进行宣传与推广以提升品牌知名度及美誉度。

最后，销售渠道的选择也需要考虑成本、效率和便利性等因素进行综合评估。

拓展练习

练习 1
1. 简述商业模式的构成要素。
2. 商业模式创新的途径有哪些？
3. 简述 4P 营销理论。

练习 2
结合本任务所学知识，找一家你身边的创业企业进行商业模式相关内容的访谈，要求如下。

（1）认真准备和设计商业模式画布，访谈问题可以来自本任务的主要知识点，分析该企业商业模式的构成要素及相互关系。
（2）重点关注该企业的商业模式的核心价值主张。
（3）收集商业模式方面的执行情况，做好记录。

学习评价（表 7-2）

表 7-2　学习情况评价表

评价课程：　　　　　　　　　评价时间：

姓名		班级		小组	
评价项目	评价内容	分值	学生自评	小组互评	教师评价
学习态度	上课认真听讲，作业完成认真，积极参与课堂讨论	20			
专业能力	达到本任务知识目标、能力目标、素质目标的要求	30			
创新能力	积极参与课堂讨论，具有创新思维，能够提出合理的创新方法	30			
协作能力	善于与人合作，虚心听取别人的意见，能够启发他人思维	20			
评价汇总		100			
总评分数					

任务八
制订创业计划

【学习目标】

知识目标

1. 了解大学生创业的环境、现状及政策。
2. 了解大学生创业计划的概念、作用及主要内容。
3. 了解创业融资的概念、渠道及选择。
4. 了解路演及其本质、基本环节。
5. 掌握创业计划书的撰写原则及步骤。
6. 掌握路演的技巧。

能力目标

能运用所学知识撰写创业计划书。

素质目标

培养学生正确认识创业计划，提升创业综合素养的能力。

【学习导图】

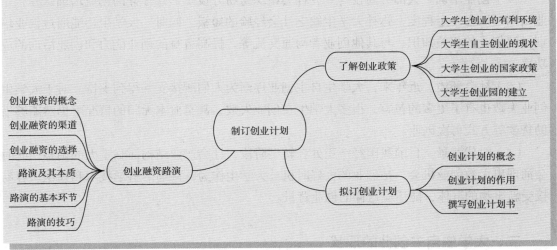

> **实践理论**
>
> 创业计划能够帮助创业者保持清晰的目标和方向，提高效率和创新力，同时也能够吸引投资人和合作伙伴，为创业提供更多的支持和资源。

知识点 1　了解创业政策

大学生创业的成败不仅受制于大学生自身的素质、条件，还受到内外部环境与国家政策的影响。大学生创业前，必须了解当前的创业形势和创业政策，才能作出科学的创业决策，取得最终的成功。

一、大学生创业的有利环境

总体来看，大学生创业的趋势正在逐渐向好，这得益于以下方面的支持。

（1）政策支持。2017年，《政府工作报告》中提到了"大众创业、万众创新"，并将其提升到了促进中国经济转型和稳定经济增长"双引擎"之一的高度。随之而来的是一系列创业优惠政策的施行，这些政策减轻了大学生创业者的负担，节约了大学生创业者的资金和精力支出，切实改善了大学生创业的环境。

（2）创业培训。大部分高校与一些社会组织纷纷开设了形式多样的创业培训课程，创业培训可以在一定程度上弥补大学生缺乏社会经验的短板。同时，大学生还能通过创业培训了解创业的相关知识、与其他创业者沟通交流等，提高自身的创业能力和创业活动的成功率。

（3）社会环境。近年来，大学生自主创业逐渐为人们所接受并得到支持。对于大学生创业失败也有了更多的包容，很多大学生在创业失败，甚至血本无归的情况下仍然能够借助贷款等方式再次创业。

（4）时代背景。目前我国经济正处在转型阶段，社会产业结构面临重大的调整，此时会涌现出无数创业机会，是创业的大好时机。大学生作为掌握前沿科学技术和知识、容易接受新事物的群体，能适应这样的创业背景。

二、大学生自主创业的现状

目前，我国的大学生创业处于逐步发展过程中。一方面，大学生具有创业热情，敢于尝试；另一方面，国家的政策扶持也改善了大学生创业的环境，让更多的大学生投身创业并获得了成功。但是，仍有很多大学生在创业中遭遇了失败，其失败原因主要包括以下几个方面。

（1）缺乏经验和技能。大学生长期处在校园中，对社会缺乏较深入的了解和认识，特别是在市场运作、企业运营等领域缺乏相关的知识和经验。另外，大学生由于缺乏社会经验，对创办企业的各种流程不熟悉，社会交往、沟通能力也不够，对可能遇到的问题缺乏预见性，难以主动发现并解决问题。

（2）市场竞争激烈。服务业是大学生创业的首选领域。近年来，大学生自主创业较为集中的行业主要是互联网、综合餐饮、零售业等。但这些行业的市场饱和度高，竞争比较激烈，大学生又缺乏社会经验，很容易在激烈的市场竞争中败下阵来。

（3）未做好充分的创业准备。现阶段有一部分大学生在加入创业队伍时，只是为了盲目寻求一条就业途径，并非已经有了明确的创业理想和充分的创业准备。在这种情况下踏上创业之路的大学生，独立性不强，抗挫折能力弱；但市场竞争是激烈的，大学生在创业过程中难免会遇到各种挫折和打击。在创业初期，生意惨淡的情况时有发生，这会给未做好创业准备的大学生带来沉重的打击，不少大学生甚至就此悲观消沉，最后选择退出创业，导致创业失败。

（4）资金不足。很多大学生都有不错的创业项目或设想，但由于资金匮乏，难以付诸实践。启动资金及后续经营资金不足也是大学生创业面临的一大难题。

三、大学生创业的国家政策

国家注重为大学生创业提供服务，积极设立大学生创业基地，孵化科技创新创业项目。2004年4月，共青团中央、劳动和社会保障部出台《关于深入实施"中国青年创业行动"促进青年就业工作的意见》，提出普及创业意识，培养创业能力，提供创业服务，优化创业环境，完善对青年的就业服务；2006年和2007年相关政策提出建设大学科技园以及创业孵化机构，加大创业培训力度，建立创业孵化基地；2010年的就业政策和《关于实施大学生创业引领计划的通知》着重提出要为大学生创业提供指导服务和孵化服务，开展大学生创业培训（实训）；2020年颁布的《国务院办公厅关于提升大众创业万众创新示范基地带动作用进一步促改革稳就业强动能的实施意见》（国办发〔2020〕26号），强调支持高校毕业生、返乡农民工等重点群体创业就业，努力把双创示范基地打造成为创业就业的重要载体、融通创新的引领标杆、精益创业的集聚平台、全球化创业的重要节点、全面创新改革的示范样本，推动我国创新创业高质量发展。在政策（表8-1）影响下，各地纷纷建立创业基地和孵化器，为创业活动提供服务，营造良好的创业环境。

表8-1　国务院及相关职能部门发布的创业政策（2000—2022）

时间	文件名称	政策内容	发布部门
2000年1月	《人事部关于做好2000年全国普通高等学校毕业生接收工作的通知》	鼓励和支持毕业生到非公有制单位就业或自主创业	人事部
2002年2月	《关于进一步深化普通高等学校毕业生就业制度改革有关问题的意见》	鼓励和支持高校毕业生自主创业，工商和税收部门要简化审批手续，积极给予支持	教育部、公安部、人事部、劳动保障部

续表

时间	文件名称	政策内容	发布部门
2004年4月	《关于深入实施"中国青年创业行动"促进青年就业工作的意见》	普及创业意识，培养创业能力，提供创业服务，优化创业环境，完善对青年的就业服务	共青团中央、劳动和社会保障部
2008年2月	《国务院关于做好促进就业工作的通知》	建立健全政策扶持、创业服务、创业培训三位一体的工作机制。增加融资渠道，放宽市场准入限制，加强信息服务，加强创业意识教育	国务院
2010年5月	《教育部关于大力推进高等学校创新创业教育和大学生自主创业工作的意见》	大力推进高等学校创新创业教育工作，加强创业基地建设，打造全方位创业支撑平台。进一步落实和完善大学生自主创业扶持政策，加强创业指导和服务工作。加强领导，形成推进高校创业教育和大学生自主创业的工作合力	教育部
2015年5月	《国务院办公厅关于深化高等学校创新创业教育改革的实施意见》	落实各项扶持政策和服务措施，重点支持大学生到新兴产业创业。鼓励社会组织、公益团体、企业事业单位和个人设立大学生创业风险基金	国务院办公厅
2019年12月	《国务院关于进一步做好稳就业工作的意见》	促进劳动者多渠道就业创业，大规模开展职业技能培训，做实就业创业服务，做好基本生活保障	国务院
2021年3月	《人力资源社会保障部关于做好2021年全国高校毕业生就业创业工作的通知》	落实政策拓宽渠道，引导扶持创业创新。各地要结合创新驱动、新兴产业发展，积极支持有意愿、有潜能的毕业生投身创业创新	人力资源和社会保障部
2022年11月	《教育部关于做好2023届全国普通高校毕业生就业创业工作的通知》	实施"2023届全国普通高校毕业生就业创业促进行动"，各地各高校要切实增强责任感使命感，紧密结合实际，创新思路举措，千方百计促进高校毕业生多渠道就业创业，奋力开创高校毕业生就业创业工作新局面	教育部

四、大学生创业园的建立

在国家的帮助和扶持下，众多大学生创业园纷纷建立。大学生创业园可以为大学生提供良好的办公场所、办公设备，还能为大学生提供创业项目咨询、创业培训、融资咨询等一系列服务，有助于大学生创业成功。

> 【案例】

以青年创新之力 为实体经济赋能 党的二十大报告让青年创业者备受鼓舞

"实体经济是立国之本，是中国经济的基石。我们扎根实业，也更加坚定了继续为之奋斗的决心。"听到党的二十大报告里强调坚持把发展经济的着力点放在实体经济上,"爸爸的选择"创始人兼CEO王胜地感到十分振奋,"实体企业市场发展空间广阔,动力强劲,未来可期。"

"建设现代化产业体系。坚持把发展经济的着力点放在实体经济上""全面推进乡村振兴""坚持农业农村优先发展""创新是第一动力"……连日来,党的二十大报告中的诸多表述在青年创业者群体中引发热议。他们备受鼓舞、信心十足,纷纷表示党的二十大报告对实业企业做了充分肯定,为企业高质量发展指明了前进方向,将以青年创新创业之力,继续在现代化新进程中砥砺奋进。

2015年,互联网创新创业浪潮正盛,王胜地却转身投向制造业,做起了纸尿裤研发生产。"那时希望新国货品牌能够崛起,并销往全球。"由于原材料短缺,他顶着压力建立了位于安徽滁州的原材料生产基地,与山东临邑的研发生产基地一同,形成了全产业链的高速运转,销售网络还搭建到了海外。

这些年来,王胜地最关心的是实体经济。"从国家政策到金融投资,都在大力支持、引导实体企业高质量发展。我们在筑牢产业根基的同时,也将发力创新新材料研发,把科研成果写在祖国大地上。"他说,希望越来越多的青年创业者投身实业,用科技与知识的力量共同创造更大的社会价值,"我们一直相信年轻人奋斗的力量"。

我国经济是靠实体经济起步的,也要靠实体经济走向未来。劲霸男装创始人洪肇明曾说:"一个人一辈子能把一件事情做好就不得了。"自1980年创业以来,他们的发展伴随着时代的浪潮。

在"90后""劲三代"、劲霸男装CEO兼创意总监洪伯明看来,"企业40多年发展的沉淀,也是对国家实力增强和市场需求变化的呼应"。

学习党的二十大报告后,洪伯明说:"我们要以中国品牌讲述中国故事,展现中国文化自信和大国风貌。我们将深刻领会、紧密结合实际,既持续探索创新,保持企业活力,也要以消费者为中心,携手国人一起打造高端新国货。"

壮大实体经济,离不开科技创新支撑,也离不开人才保障。近年来,中国广袤田地上吹响了"乡村振兴"的号角,吸引了大批返乡创业青年扎根土地,围绕传统农业产业升级做文章。北京老栗树聚源德农业科技发展有限公司创始人李思鹏就是其中一员。他返乡创办的"老栗树"品牌,如今已发展成为集种植、农产品加工、电子商务、休闲观光和文化创意产业于一体的板栗产业。

听到党的二十大报告内容,李思鹏非常激动,他说:"传统农业有很强的实体属性,在农业现代化之路上,我们聚焦家乡特产板栗进行加工,开办合作社和工厂,既串联起了产业,又促进了当地就业。实业兴邦,也希望通过返乡创业青年的力量和视角,鼓励和影响更多年轻人重新认识家乡,重新认识产业,把更多年轻力量和活力注入乡村。"

实体经济产业体系庞大,小微企业在其中发挥着重要作用。随着时代的发展,科技创新含量不断融入产业升级转型和高质量发展中,新一代青年创业者贡献了强大的创新创造力。

"95后"褟俊鹏是简从科技创始人,在广东东莞松山湖国际机器人产业基地注册公司之前，就已瞄准了建筑行业的智能化升级。"建筑行业还处在自动化程度很低的阶段，但市场规模又很大。"他们推出的防水粘接砂浆铺设机器人，因在屋顶施工过程中铺设精度高、美观且高效而得到了好评，另一款智能施工机器人也正在进行工艺验证。

"长期以来我们都在思考，公司未来的发展应该往哪个方向走。党的二十大报告让我们感到十分振奋，更加坚定了我们初创公司的发展方向，要坚持把智能建造的赛道走下去。人们追求美好幸福的品质生活，也会强调建筑的品质，这是我们擅长的，也将在未来迎来大好机遇。"禤俊鹏说，2022年，他们开始探索研发道路标线自动化绘制、道路安全监测等道路建设自动化设备。

"在党的二十大报告对实体经济重点强调下，相信实体经济将会继续蓬勃发展，数字化赋能实体经济也将是大势所趋。"中国青年五四奖章获得者、九尾科技创始人兼CEO王锐旭说，"在数字经济的带动下，人力资源市场呈现出以数字化赋能帮助企业降本增效的趋势。实体经济相关行业将成为未来人才供需的新高地。"

近年来，九尾科技相继推出了三大招聘平台，为超过147万家企业和4 400万用户提供就业服务。王锐旭说："在服务实体经济企业的过程中，我们感受到实体经济强劲的经济发展潜力和广阔的发展空间。为加快数字中国建设，激发数字经济活力，企业的未来发展需要更关注数字化发展。未来，我也将继续带领公司做好就业帮扶服务，以数字化赋能就业，助力人力资源行业发展，为支撑实体经济的高质量发展贡献一份力量。"

（来源：中国青年网）

【讨论互动】

学习党的二十大报告，对指导大学生创业就业有什么重要意义？

知识点2　拟订创业计划

创业不是喊喊口号就可以实现的，它需要理性的思维、严密的逻辑、严谨的发展方案来将梦想逐渐变为现实。实现梦想的第一步就是从制订创业计划书开始的。有了创业的想法和项目之后，通过制订创业计划书，把项目中的利与弊写下来，加以推敲琢磨，才能够更深刻地认识到创业的具体内容，从而决定是否真正地投入这个过程中。

一、创业计划的概念

所谓创业计划，是对与创业项目有关的所有事项进行总体安排的文件，包括商业前景展望，人员、资金、物质等各种资源的整合，以及经营思想、战略的确定等，是为创业项目制订的一份完整、具体、深入的行动指南。一份创业计划应该能够有理有据地说明企业的发展目标，实现目标的时间、方式及所需资源。创业计划又称商业计划，是创业者在初创企业成立之前就已经准备好的一份书面计划，用来描述创办一个新的风险企业时所有的内部和外部要素。创业计划通常是各项职能（如市场营销计划、生产和销售计划、财务计划、人力资源计划等）的集成，同时也是提出创业的前三年内所有中期和短期决策的依据。

创业计划的基本目标在于：分析商机，说明创业者的基本思想和预期目标；分析并阐述创业者如何利用这一创业机遇进行发展；分析说明影响创业成败的关键因素；分析并确定创业企业筹集资金的办法。

实质上，创业计划是将创业者的理想和希望进一步具体化，它一般要考虑公司未来3～5年的发展情况。

创业计划书是创业者就某一项具有市场前景的新产品或服务，向潜在投资者、风险投资公司、合作伙伴等游说以取得合作支持或风险投资的可行性商业报告，又称商业计划书。创业计划书的编写一般按照相对标准的文本格式进行，是全面介绍公司或项目发展前景，阐述产品、市场、竞争、风险及投资收益和融资要求的书面材料。

二、创业计划的作用

（1）知己知彼，百战不殆。在制订创业计划书的过程中，创业者需要冷静并谨慎地对自己的创业活动进行全面审核，包括政治、经济、文化、产品、服务等是否能够符合市场的需求，以及企业将来的发展方向等。对自己的创业环境及发展前景具备深刻的了解与认识是创业成功的大前提。

（2）抛砖引玉，获得风投。当企业尚在创办期间，甚至还在规划酝酿中时，因为没有足够的商业数据可以给风险投资者以参考和借鉴，所以风险投资者只能通过创业计划书来了解企业的主要项目和发展方向，并以此来判断此投资是否有发展潜力和利益回报。因此，创业计划书在很大程度上决定了投资者是否愿意对项目进行风险投资。

（3）群英荟萃，百舸争流。展示创业计划书的同时也是在展示创业者的思想和才华。一份优秀的创业计划书，不仅能让风险投资者看到创业者的潜力、决心，而且能让风险投资者看到新的发展，甚至感染更多的人加入这个团队，共同实现人生理想。

创业计划书也是一个严谨的书面承诺工具。创业者在制订计划书时必须慎重部署企业的发展战略，确保创业的可行性，为企业在创业初期确定发展方向和发展目标。员工在有了方向和目标之后，就能为之奋斗和努力。

（4）整合资源，运筹帷幄。制订创业计划书之前，创业者必须对创业过程进行全面的思考，完成自我评估、市场调研、产品研发、市场定位、销售策略制定、人事安排、财务规划等。创业计划书其实也是对创业过程中凌乱、分散的信息和要素进行充分的研究，找出它们的内在联系，对它们进行调整和重组，从而确保后续具体工作的展开。

三、撰写创业计划书

（1）创业计划书的撰写原则。创业计划书如果不完善或漏洞百出，很容易让投资者猜测创业项目本身也不完善或有缺陷。创业者要把创业计划书的撰写过程看作一个完善反思的过程，其撰写的原则如下。

1）客观严谨，用数据说话。创业计划书的内容应保证真实性，所有数据具有合理的出处，支撑论据要合理。不要有任何的数据修饰或造假行为，一旦被发现就会失去企业经营中最重要的诚信。

2）内容完整，结构合理。创业计划书在形式上要条理清楚，一般必须遵循一定的常规结构。创业计划书的读者时间有限，期待看到自己感兴趣的关键信息，如果在应该看到关键信息的地方没有看到预想中的内容，会影响读者的阅读体验，甚至会使读者放弃继续阅读。

3）表达准确，突出重点。撰写创业计划书时应尽可能使用通俗易懂的语言，尽量少用专业领域术语，适当地配合数字、图表辅助文字描述。创业的目的不仅是追求企业的发展，还要有创造利润的可能，要突出经济效益。切勿凭主观意愿高估市场潜力或报酬，低估经营成本，夸大其词。

4）优势竞争性。创业计划书中应呈现创业团队在资源、经验、产品、市场及经营管理能力方面的优势，展现组建经营团队的思路和人员的互补作用，尽可能突出专家的作用、高管人员的优势、专业人才队伍的水平；明确市场导向的观点，指出企业的市场机会与竞争威胁，把握并充分显示对于市场现状的掌握与对未来发展进行预测的能力。

拓展阅读：撰写创业计划书常见的错误

5）格式清晰，装帧简洁大方。创业计划书应避免过分装饰，避免表达和语法的错误，确保不遗漏关键信息。

（2）创业计划书的撰写步骤。

1）明确创业计划书的形式。不同的阅读者对创业计划书有不同的兴趣和侧重点，因此，创业者撰写创业计划书的第一步就是确定读者是谁，他们想要的是什么，哪些问题必须有针对性地呈现给他们，进而明确创业计划书的形式。

2）确定创业计划书大纲。拟定创业执行纲要，主要是创业的各个项目的概要。大纲应该确定创业计划的目标和战略，制订创业计划书的编写计划，确定创业计划书的总体框架和主要内容。

3）收集创业计划书所需要的信息。根据创业计划书大纲，创业者需要收集撰写创业计划书要用而目前尚不清楚的信息。创业计划书的内容涉及面很广，因此需要收集的信息也非常多。具体来说，创业者需要收集行业信息、生产与技术信息、市场信息、财务信息等。信息的收集是一个十分重要的过程，信息的质量直接关系到创业计划书的质量，创业者可以通过现有资料的检索、实地调查、互联网查找等方式来收集信息。

4）起草创业计划书。依据创业执行纲要，对新创企业的市场竞争及销售、组织与管理、技术与工艺、财务计划、融资方案、风险分析等内容进行全面编写，形成较为完整的创业计划书初稿。

5）修改并完善创业计划书。创业计划书的初稿完成以后，创业者必须从目标读者的角度来检查创业计划书的客观性、实践性、条理性和创新性，看其是否能够打动目标读者。创业计划小组在这一阶段对创业计划进行广泛调查并征求多方意见，进而提出一份较为满意的创业计划方案。

6）创业计划书定稿。创业计划书经修改完善后，应进行定稿，并印制成正式创业计划文本。因为创业计划书编写的目的是为创业融资、宣传提供依据，同时作为创业实施的规划方案。因此，创业计划书的编写除尽可能地展现创业项目的前景及收益水平外，还要展现出创业项目的可实现性。

（3）创业计划书的主要内容。创业计划书一般包括计划摘要、产品或服务、市场调查和分析、竞争策略、营销策略、生产运作、人员及组织结构、财务预测八个方面。

1）计划摘要。计划摘要一般要包括以下内容：公司介绍、主要产品和业务范围、市场概貌、营销策略、销售计划、生产管理计划、管理者及其组织、财务计划和资金需求状况等。

计划摘要列在创业计划书的最前面，它是浓缩的创业计划的精华。计划摘要涵盖了计划的要点，以求一目了然，以便读者能在最短的时间内评审计划并作出判断。在介绍企业时，首先要说明创办新企业的思路、新思想的形成过程，以及企业的目标和发展战略；还要介绍一下创业者自己的背景、经历、经验和特长等。创业者的素质对企业的成绩往往起关键性的作用，在这里，创业者应尽量突出自己的优点并表示自己强烈的进取精神，以给投资者留下一个好印象。

2）产品或服务。通常，产品介绍应包括以下内容：产品介绍、产品的市场竞争力、产品的研究和开发过程、发展新产品的计划和成本分析、产品的市场前景预测、产品的品牌和专利。在进行投资项目评估时，投资人最关心的问题之一就是风险企业的产品、技术或服务能否及在多大程度上解决现实生活中的问题，或者风险企业的产品（服务）能否帮助顾客节约开支、增加收入。因此，产品（服务）介绍是创业计划书中必不可少的一项内容。在产品（服务）介绍部分，企业家要对产品（服务）作出详细的说明，说明要准确，也要通俗易懂，让即使不是专业人员的投资者也能明白。通常产品介绍都要附上产品原型、照片或其他介绍。

3）市场调查和分析。市场调查和分析应包括以下内容：市场状况、变化趋势及潜力、竞争厂商概览、本企业产品（服务）的市场定位、市场细分和特征、目标顾客和目标市场等。当企业要开发一种新产品（服务）或向新的市场扩展时，首先需要进行市场预测。如果预测的结果并不乐观，或者预测的可信度让人怀疑，那么投资者要承担更大的风险，这对大多数风险投资家来说都是不可接受的。

市场预测首先要对需求进行预测：市场是否存在对这种产品的需求？需求程度是否可以给企业带来所期望的利益？新的市场规模有多大？需求发展的未来趋势及其状态如何？影响需求都有哪些因素？

其次，市场预测还要包括对市场竞争的情况及企业所面对的竞争格局进行分析：市场中主要的竞争者有哪些？是否存在有利于本企业产品的市场空当？本企业预计的市场占有率是多少？本企业进入市场会引起竞争者怎样的反应，这些反应对企业会有什么影响等。

4）竞争策略。竞争策略应包括以下内容：对现有和潜在的竞争者及替代产品进行分析、找到合作伙伴、扫清产品或服务进入市场的障碍、划出竞争空间、分析当前的角逐者、给出竞争方案和战胜对手的方法。应着重说明竞争者给本企业带来的风险，以及本企业所采取的策略。

5）营销策略。营销策略应包括以下内容：市场机构和营销渠道的选择、营销队伍管理、促销计划和广告策略、价格决策等。

营销是企业经营中最富挑战性的环节，影响营销策略的主要因素有消费者的特点、产品的特性、企业自身的状况、市场环境方面的因素，而最终影响营销策略的则是营销和营销效益因素。

对创业企业来说，由于产品和企业的知名度低，很难进入其他企业已经稳定的销售渠道。因此，企业不得不暂时采取高成本低效益的营销战略，如上门推销，大打商品广告、向批发商和零售商让利，或交给任何愿意经销的企业销售。

6）生产运作。生产运作计划应包括以下内容：产品制造和技术设备现状，原材料、工艺、人力等安排，新产品投产计划，技术提升和设备更新的要求，质量控制和质量改进计划等环节。在寻求资金的过程中，为了增大企业在投资前的评估价值，创业企业的生产制造计划应尽量更加详细、可靠。一般情况下，生产制造计划应明确以下问题：企业生产制造所需的厂房、设备情况如何？怎样保证新产品在进入规模生产时的稳定性和可靠性？谁是供应商？生产线的设计与产品组装是怎样的？还有供应商前置期和资源需求量，生产周期标准的制定，以及生产作业计划的编制，物料需求计划及其保证措施，质量控制的方法，以及相关的其他问题。

7）人员及组织结构。人员及组织结构计划应包括以下内容：对主要管理人员加以阐明、介绍他们所具有的能力、他们在本企业中的职务和责任、他们过去的详细经历及背景。应对公司结构做简要介绍，包括以下内容：公司的组织结构图；各部门的功能与责任；各部门的负责人及主要成员；公司的薪资体系；公司的股东名单，包括认股权、比例和特权；公司的董事会成员；各位董事的背景资料。

企业管理的好坏，直接决定了企业经营风险的大小，而高素质的管理人员和良好的组织结构则是管理好企业的重要保证。因此，风险投资家会特别注重对管理队伍的评估。

企业的管理人员应该是互补型的，要有团队精神。一个企业必须具备负责产品设计与开发、市场营销、生产作业管理、企业理财等方面的专门人才。

8）财务预测。财务预测一般要包括以下内容：经营计划的条件假设、预计的资产负债表、预计的损益表、现金收支分析、资金的来源和使用等。可以这样说，一份经营计划概括地提出了在筹资过程中创业者需要做的事情。而财务规划是对经营计划的支持和说明。因此，一份好的财务规划对评估创业企业所需的资金数量，提高风险企业取得资金的可能性是十分关键的。如果财务规划准备得不好，会给投资者及企业管理人员留下缺乏经验的印象，降低创业企业的评估价值，同时也会增加企业的经营风险。那么如何制订好财务规划呢？这首先要取决于创业企业的远景规划是为一个新市场创造一个新产品，还是进入一个财务信息较多的已有市场。

【案例】

张某是一位室内设计专业的学生，凭着自身扎实的专业功底和对艺术的热爱，在大学时期就拿下了多个室内设计比赛的大奖。大学毕业前，张某仔细分析了自己学习的专业，发现目前的就业环境并不理想，于是想到了创业。在决定创业之前，张某首先对装饰行业进行了简单的市场调查，主要包括调查目标消费者、目标市场需求、市场规模及市场未来的发展趋势等。她发现，在自己所在的城市，室内装修所用的装饰品并没有形成特定的行业和规模，市面上使用的装饰品大多是一些装饰公司的附属产品，或其他类型的批发产品。张某认为，装饰品是室内装修的重要组成部分，其风格应该与室内装修风格相匹配，是增强室内装修整体效果的关键。于是，张某创办了一家装饰工艺品公司，主要从事装饰品和工艺品的创作与生产，并可以根据消费者的需求"量身打造"。另外，张某在创作产品时还将当下最流行的时尚潮流元素融入其中，打造了一批极具个性和特色的产品，产品首次推出就受到了广大消费者的青睐。

【讨论互动】

（1）张某在创业前期做了哪些重要准备？你认为她还可以做哪些准备？

（2）假设张某计划通过编写创业计划书寻求投资，你觉得她应该如何编写？她的创业计划书应该包含哪些内容？根据以下提示，完成创业计划书的撰写。

_____（撰写创业计划书的标题）

1. 计划摘要

_____

_____

_____

_____

_____

（主要阐述创办新企业的思路、新思想的形成过程，以及企业的目标和发展战略，同时要注意突出创业者自身的创业优势）

2. 产品或服务

_____

_____

_____

_____

_____

（对产品做详细的说明，可通过照片、数据阐明产品的市场竞争力）

3. 市场调查和分析
_____
_____
_____

(介绍市场调查的结果,并进行市场预测)

4. 竞争策略
_____
_____
_____

(说明竞争者给本企业带来的风险,以及本企业所采取的策略)

5. 营销策略
_____
_____
_____

(说明拟采取的营销策略)

6. 生产运作
_____
_____
_____

(说明生产运作计划)

7. 人员及组织结构
_____
_____
_____

(说明企业人员组成和组织结构,强调团队人员的优势)

8. 财务预测
_____
_____
_____

(阐述财务规划)

知识点 3　创业融资路演

一、创业融资的概念

从狭义上看，一个企业在创业中资金筹集的过程和方式称为融资。公司往往根据自身产品的市场前景、现有的资金资源，以及公司未来发展的需要，经过客观的分析和冷静的决策后，向公司的投资者和债权人筹集资金，安排资金的供应，以此保证公司的正常运营及发展，以及管理公司的日常开销。公司筹备资金都按照一定的准则，采用自己公司特有的渠道和方式去进行。一般情况下，企业筹集资金主要出自以下三个目的：企业发展扩大规模的需要、企业还债的需要和企业周转的需要。

从广义上看，融资也是金融，就是货币资金的融通，即当事人通过各种方式到金融市场上筹措或贷放资金的行为。企业没有资金就好像人没有血液，创业者要成功运营一个企业，融资是不可避免的问题。

二、创业融资的渠道

具体来说，创业融资的渠道主要有私人资本融资、机构融资、风险投资、天使投资和政府扶持。

1. 私人资本融资

（1）个人积蓄。一般创业者的个人积蓄都是创业融资最初的来源，几乎所有的创业者都会向他们新创办的企业投入个人积蓄。当然，个人积蓄虽然是企业融资的一种途径，但并不是根本性的解决方案。因为个人积蓄对于企业来说是十分有限的，特别是对于资本密集型企业来说，几乎是杯水车薪。

（2）向亲友融资。向亲友融资也是创业融资的重要渠道。以创业者为中心形成的亲缘、地缘、商缘等社会关系网络，对包括创业融资在内的许多创业活动产生着重要影响。

2. 机构融资

（1）向银行贷款。适合创业者的银行借款形式主要有抵押贷款和担保贷款两种。

1）抵押贷款是指借款人以其所拥有的财产作抵押，来获得银行贷款的一种借款方式。在抵押期间，借款人可以继续使用其用于抵押的财产。

2）担保贷款是指借款人向银行提供符合法定条件的第三方保证人作为还款保证的借款方式。当借款方不能履约还款时，银行有权按照约定要求保证人承担清偿贷款的连带责任。

担保贷款分为自然人担保贷款和专业公司担保贷款两种。自然人担保贷款是指通过自然人提供担保来取得贷款的方式；专业公司担保贷款是指通过担保公司提供担保来取得贷款的方式。

（2）担保机构融资。担保机构融资是指企业根据合同约定，由依法设立的担保机构以保证的方式为债务人提供担保，在债务人不能依约履行债务时，由担保机构承担合同约定的偿还责任，从而保障银行债权实现的一种金融支持方式。担保机构主要解决中小企业融资困难。

担保机构融资的程序与要求如下。

1）担保融资的程序。有担保的企业应首先选择担保公司并提出担保申请，担保公司对申请企业进行调查后，会要求企业提供反担保。经担保公司审批同意后，企业即可按正常程序向商业银行申请贷款，而由担保公司提供担保。

2）担保融资的条件。担保公司对客户的一般要求：在行业内具有比较优势（只要能领先别人一步就行）；健康、稳健、诚信、有持续经营能力；有还本付息能力。

3）担保融资注意事项。担保公司是经营信用的企业，担保公司所面临的风险中，最突出、最不可控制的是企业的信用风险，因此，担保公司非常看重企业及其老板以往的信用记录。所以，创业者应当未雨绸缪，在创业起步时就要注重诚信建设和企业声誉，并尽早与担保公司建立联系，加强沟通，增进了解，使创业企业在担保公司有初步信用资料，一旦有担保需求，就可以大幅缩短担保公司的工作时间，不至于耽误企业的商机。

3. 风险投资

风险投资（Venture Capital，VC）是一个舶来概念。风险投资主要由以下三个关键的部分构成。

（1）权益资本。风险投资是一种股权投资，一般不以贷款等债权投资形式体现。

（2）职业风险投资家。风险投资的整个投资过程是由专业的风险投资家负责，包括做投资决定、管理投资等。

（3）创业公司。风险投资一般投资那些处于发展期的，或者处于快速成长期的，在未来有可能成为大企业的公司，它不一定是高科技公司，也可以是创新型企业。

以投资行为的层面而言，风险投资是对创新型企业进行资本投入，帮助实现高新科技的商品化和产业化，从中获得收益的投资方法。而在资本投入过程中，失败风险时刻存在。创新型企业既包括科技创新企业，也包括商业模式创新企业。以运作方式的层面而言，风险投资是由专业的风险投资机构对具有高速发展潜力的企业进行资本投入的一种方式。简而言之，风险投资就是投资公司将资本投入具有潜力的创新型企业，从而获得投资收益的过程。

风险投资一般要经过3～8年才能通过IPO等推出取得收益，在此期间通常需要不断地对有成功希望的项目进行增资。一般而言，为了分散风险，风险投资通常是投资10个以上的项目群，利用成功项目所取得的高回报来补偿失败项目损失。

4. 天使投资

天使投资是自由投资者或非正式风险投资机构对处于构思状态的原创项目或小型初创企业进行的一次性的前期投资。天使投资虽是风险投资的一种，但两者有着较大差别：天使投资是一种非组织化的创业投资形式，其资金来源大多是民间资本，而非专业的风险投资商；天使投资的门槛较低，有时即便是一个创业构思，只要有发展潜力，就能获得资金，而风险投资一般对这些尚未诞生或嗷嗷待哺的"婴儿"兴趣不大。在风险投资领域，"天使"这个词指的是企业的第一批投资人，这些投资人在公司产品和业务成型之前就把资金投入进来。天使投资人通常是创业者的朋友、亲戚或商业伙伴，他们对该创业者的能力和创意深信不疑，因而愿意在业务尚未开展之时就投入大笔资金。

5. 政府扶持

由政府主导的创业扶持基金不但能为企业带来现金流，更是企业壮大无形资产的利器。

近年来，政府充分意识到创业对促进经济增长、扩大就业容量和推动科技创新有着非常重要的作用。为此，各级政府相继设立了一些政府基金予以支持，主要包括科技创新基金、政府创业基金、专项基金和地方性优惠政策，如税收优惠、财政补贴、贷款援助等。

政府提供的创业基金通常被所有创业者高度关注，其优势在于利用政府资金不用担心投资方的信用问题，而且，政府的投资一般都是免费的，进而降低或免除了筹资成本。但申请创业基金有严格的申报要求。同时，政府每年的投入有限，筹资者须面对其他筹资者的竞争。

三、创业融资的选择

在创业融资的过程中，创业者在企业建立之初，必须筹备足够的运营资金，但是当面对各种融资渠道时，创业者不知道如何选择。天使投资界有位人士曾说："你的钱，我的钱，都是钱，但是用谁的钱这是一个问题。问题在于，在哪个时间点，用谁的钱更有优势，在于你的项目是否允许你对用谁的钱有所选择。"因此，在创业融资的过程中，要根据自身的情况合理选择融资方式，这样才能让企业更好地发展。创业者在做融资计划时，需要着重关注以下事项。

（1）选择风险较低的融资方式。不同的融资方式风险大小往往不同，有的融资采取可变利率计算，当市场利率上升时，创业者就需要支付更多的利息。利用外资方式融资，汇率的波动也可能使创业者偿付更多的资金；或者是出资人发生违约，不按合同出资或提前抽回资金，都会给创业者造成重大的损失。

商业融资必须选择那些风险较小的方式，努力降低融资的风险。例如，目前利率较高，而预测不远的将来利率要下落，这时融资，应要求按照浮动利率计息；如果情况相反，则应按固定利率计息；再如，利用外资，应避免硬货币来偿还本息，而应该争取以软货币偿付，避免由于汇率上升、软货币贬值带来的损失。同时，在融资过程中，创业者还应选择那些信誉良好、实力较大的出资人，以减少违约现象的发生。

（2）增强融资渠道的可转换性。由于各种融资方式的风险大小不同，在筹集资金时，创业者应注意各种融资方式之间的转换，即从这一种方式转换为另一种方式的能力，以避免或减轻风险。通常情况下，短期融资方式变换较为困难，在长期融资中，如果合同中规定可以通过一定手续进行转换，如利用外资的币种转换，则风险小一些。除此之外，创业者融资应广开渠道，不能过分地依赖一个或几个资金渠道，进行多元化和分散化融资，也可以增强转换能力，降低风险，提高创业成功的概率。

四、路演及其本质

1. 路演的概念

"路演"最初是国际上广泛采用的证券发行推广方式，是指证券发行商通过投资银行家或支付承诺商的帮助，在初级市场上发行证券前针对机构投资者进行的推介活动。后来，路演被广泛应用于初创企业的融资环节中。

路演是创业项目获得社会和投资人认可的重要方式，路演不仅仅是演讲，更是初创项目的全方位展示。融资路演有三个目的：使人理解，吸引关注，促使行动。路演材料的筹备还有一个十分重要的作用，就是帮助创始人完整、系统、有逻辑地梳理自己的创业想法。当我们萌生一个创业想法时，可能会非常激动，希望能够将想法与其他人分享并获得认可，但在这种情况下产生的想法往往是不完善或是欠考虑的，这时就可以用筹备项目路演的方式来清楚地梳理创业的想法。

2. 路演的本质

创业项目路演的本质是在有限的时间里传递最有效、最有价值的信息。有效与否的关键，其实是你能否得到评委或投资人的青睐，让他们"刻骨铭心"，想要认可你，或者直接用钱"砸"你。因此，你需要用提问思维来做好项目路演。

路演的本质其实是一场营销，而所有营销的本质最终营销的是"人"。用简洁精练的话语讲清楚自己作为创始人的专业背景、工作经历，以及团队成员尤其是关键人物的经历，让评委或投资人感受到人与项目有一种纯天然的契合，没有丝毫的违和感，这会让他们踏实些。

五、路演的基本环节

路演是一项重要的商业性活动，企业决定参加路演活动后便应该做好充分的准备，以使路演效果能够达到理想状态。一般情况下，参加商业路演需要经过以下7个环节。

（1）明确路演的情境。不同的路演情境对路演内容和形式设计有着不同的要求。例如，推介性路演更侧重于介绍产品，产品优劣势分析、竞争产品比较分析、产品性价比分析等是讲演的重点。而融资性路演则更侧重于介绍企业的现实基础、发展规划、融资需求、股权出让等情况。因此,企业代表在参加商业路演前,首先需要明确路演所在的情境,及时了解参加路演的具体流程、展现形式、相关要求等,以便为后续的准备工作提供指向。

(2)选择路演的人员。商业路演从本质上看属于一种宣讲活动,重点还是侧重于"讲"字,这便对上台讲话的人有所要求。一般情况下,能够代表企业在台上进行路演的人应该是组织内部的核心成员,对企业相关情况足够熟悉,对企业产品足够了解,能够就企业运营发展的方向性问题和细节性问题都做出明确回答。从这一要求来看,企业的负责人或项目的创始人是最为合适的,这也是一些路演活动会指定企业创始人或负责人参会的主要原因。当然,企业也可以根据不同的路演情境需要派出更加合适的人选,或派出路演团队参加。

(3)设计路演的文案。在明确路演情境、选择路演人员后,便需要开始设计路演的文案了。路演文案也就是演讲过程中演讲人使用的讲稿,它涵盖了需要表述的全部信息。演讲者应该根据企业参加路演的主要目标、通知要求,以及个人的表达习惯进行文案的编写和设计,并且文案应该主题明确、内容充实、逻辑清晰、重点突出、高度凝练、朗朗上口。

(4)准备路演的材料。除路演文案外,参加路演还需要做好其他材料的准备,主要包括与文案相对应的电子演示文稿即路演 PPT、企业商业计划书、企业宣传片或产品介绍片、产品(实物、模型或试用装等)、企业产品的技术专利及权威机构的相关证明材料,以及具有重要价值的销售资质证明材料或销售授权证明材料,能够体现企业文化或社会影响力的报纸或期刊,能够体现企业核心竞争力的奖项和荣誉,观众可能提问的问题和准备的回答内容等。这些材料是企业运营发展和产品质量保证的强有力说明性材料,能够有效增强企业和产品的说服力,提升观众对企业的好感和信任度。

(5)排练路演的环节。在路演文案、路演 PPT 及其他相关材料准备就绪后,演讲者需要进行路演环节的推演。推演过程不仅包括根据时间要求确定每一张 PPT 文稿对应的演讲内容,还包括确定企业宣传片或产品介绍片的播放时间、明确参加路演全部人员的登台顺序和站台位置、确定企业产品实物的呈现方式或样品发放的时间节点及形式、思考可能面临的问题及回答内容(如果有多人登台,需要做好问题回答的分工,避免人员没有演说任务空站台的尴尬)、防范演讲台上可能发生的意外情况和解决方案等。当然,最重要的还是演讲人对演讲内容做到足够熟悉,牢牢把握每一项内容和每一个环节。

(6)进入路演的状态。在路演现场,演讲人需要提前候场,在后台做好演示文稿的存储和试播工作,并注意调整呼吸节奏,做好心理准备,进入演讲状态。在演讲过程中,表情应该自然得体,说话应该注意抑扬顿挫,表述应该注重情感投入,时刻牵引观众的注意力,带动观众进入演讲情境中,以达到加深印象、赢得好感的实际效果。同时,还应注意是否有问答环节,面对观众提问注意听清问题,对于表述不清楚或不明确的问题需有礼貌进行复述确定,给人一种沉着冷静、处变不惊的印象,也会为路演增色。

（7）做好路演的跟进。商业路演特别是融资性路演和推介性路演结束后，企业应该及时进行情况跟进。对于融资性路演，企业需要及时联系有意向的投资人，洽谈相关事宜，把握融资机会，集聚外部资源，为企业的进一步发展奠定基础。对于推介性路演，企业需要及时与目标客户沟通，搭建人脉网络，表达合作诚意，进一步扩展企业产品的销售渠道。当然，针对路演环节中出现的瑕疵，还需要查找原因、进行总结，为下一次商业路演积累经验。

六、路演的技巧

（1）做什么事。一句话讲清楚你在做什么事，通常的格式是：为某个精细群体，提供某种服务或解决方案或产品。有很多创业者在10分钟的路演时间里一直喋喋不休地分析创业所在的领域，全球上万亿市场空间、全国上千亿空间，最后口头禅是："今天时间不够，所以想要了解更多详情，可以去我们公司看看。"一个连时间都无法掌控的人，是无法掌控好创业的。西方创新创业教育界流行的一种方式是60秒电梯演讲。假设你在电梯里遇到投资人，60秒内你就得说服他为你投资。这个训练很极端，却有效地表明：在最短的时间里，回答清楚你做什么事至关重要。值得学习的是，有很多项目能清楚表达在做什么事，例如：Facebook，让世界连接起来；OFO，提供单车出行的智能解决方案。

（2）卖什么产品。这个世界永远不缺情怀，这个世界也永远不缺想法，这个世界缺的是极致的产品。现实中，或许有的人驾驶理论知识能考满分，但实际操作需要调动整个身体，达到人车融合的过程，便是一个发掘"微观体感"的过程。大学生创业者不缺乏宏观战略的表达、中观套路的演绎，但缺的是战略的细化、套路的落地，最终聚焦到你卖的产品到底是什么。从某种程度上说：项目路演甚至可以一句话都不说，展示你的产品，标上价格，评委和投资人便已心中有数、了然于胸。例如，大学生如果是从事无人机制造的创新创业项目，最好直接在路演中展示你的无人机，并清晰描述它与市场上其他类别的无人机相比，最大的优势在哪里。产品是大学生在项目路演中最佳的沟通利器。

（3）卖得怎么样。各类路演的评委及投资人早已看过无数项目，练就"火眼金睛"。大学生创新创业的故事很动人，但最终他们想知道，产品卖得怎么样？在哪些渠道现在有哪些数据？用事实说话。如果大学生已经开始产生销售数据，尽管不怎么样，但也表明已经是在接受市场检验的过程中。当然，任何一个评委或投资人不可能了解每一个行业，必然存在知识盲区。这时说服他们最好的方式就是告诉他们"现在卖得怎么样"。不要大谈特谈市场有多大，投资人想知道的是：市场再大，跟你有什么关系？你已经占据了多大的市场？回答"卖得怎么样"这个问题，最忌讳的是基本的财务数据都很模糊，基本的销售渠道都理不清，核心的盈利点都搞不明白。创业应该具备基本的成本意识，清楚掌握基础数据，才有可能清晰地评估自己的项目能否持续卖下去。

大学生创新创业毕竟不是一次大赛、一次融资能够铸就成功。评委或投资人也一定会评估项目的可持续发展和项目的竞争壁垒。如果是一个好的创意、产品、模式，但是别人能够轻易抄袭，那就说明创业项目本身就是在"裸泳"：没有任何衣物来抵御别人的觊觎，这样的项目势必难以持久。例如，有的大学生是做少儿编程的创业项目，如果课程能轻易被别人模仿、抄袭，那必定无法持续经营下去。因此，在做路演时，一定要展示清楚项目的核心竞争力，以及竞争壁垒所在，告诉评委及投资人，或者依托专利发明，或者依托独特的服务体系，或者依托专业知识技术，已经建成了"永恒的护城河"，能够保证项目，可持续发展。

视频：路演项目

【案例】

"蹲点"早餐路演

大家好！我是罗先可，我来自重庆，现在经营一家连锁企业。

"你吃了吗？"以前作为问候用语，现在我们不用这个，为什么呢？我就在想，是因为我们吃得饱、吃得好吗？如果认真想，我觉得在早餐这件事上，还真的做得不够好。

据权威调查显示，在中国有35.2%的人不能够每天坚持吃早餐。但是有些朋友说："在公司附近不就可以吃早餐吗？"

的确有，但是我们这代人啊，哪怕是多睡1分钟，就绝对不会少睡60秒的，每天早上匆匆忙忙地起床去公司，哪有时间做饭，是吧？我觉得很多人生下来就根本没有做饭的天赋。这个时候，我们的"蹲点"早餐服务出现了。"蹲点"早餐是基于微信预订解决写字楼上班族的早餐服务。哦，这就是传说中的高频多次的O2O项目啊！

前一天晚上通过微信平台预定并支付，第二天早上8:20—9:00准时在相应的写字楼下恭候，我们还有VIP服务，"有钱任性"，加2块钱就能送到你的桌子上，9:00—9:40，迟到10分钟保证全部免费，我们的标配是每个"小二"负责一栋楼，每栋楼限购100份。

我们会根据营养标准配备套餐，我们的目标是要做全中国最好的公司三明治！

这个时候我就在想啊，怎么能够将做早餐这个事情做得越来越大？

智能终端箱！我想到的智能终端箱是集恒温、Wi-Fi、电子显示屏、自动售卖机等为一体的。在我看来，中国有千千万万栋写字楼，每一栋写字楼都是我们的机会。

然后我又在想啊，当我们在卖早餐的时候我们真的只是在卖早餐吗？

于是我想到了社群活动。

最近一个月，我们组织过我们的用户爬山、钓鱼、看电影，进行过线下的以物换物，甚至还举行过一次相亲活动，成了一对。

在这里，我，小罗，给我的衣食父母鞠躬了。

【讨论互动】

对案例进行分析，通过对案例的分析，你对创业路演有何启发？

实践任务单（表8-2）

表8-2　实践任务单

姓名		班级	
实践任务	我的创业计划		
实践内容			
1. 请为你的创业团队取名。 2. 创业团队的主营业务是什么？ 3. 创业团队的目标客户都有哪些？ 4. 参照知识点2中的"创业计划书的主要内容"，写出你的创业计划书的内容			

知识拓展

【拓展案例1——民族自信】

如何理解推进文化自信自强？

习近平总书记在党的二十大报告中指出："推进文化自信自强，铸就社会主义文化新辉煌。"这是着眼全面建设社会主义现代化国家、全面推进中华民族伟大复兴提出的重大论断和重要任务，体现了我党高度的文化自觉，彰显了我党鲜明的文化立场，进一步凸显了文化建设在中国特色社会主义事业全局中的重要地位，把我党对文化作用和文化发展规律的认识提升到一个新的境界。

文化在全面建设社会主义现代化国家中具有不可替代的重要地位和作用。文化兴国运兴，文化强民族强。党的十八大以来，以习近平同志为核心的党中央把文化建设提升到一个新的历史高度，把文化自信纳入中国特色社会主义"四个自信"，把坚持马克思主义在意识形态领域指导地位的制度确立为中国特色社会主义制度体系的一项根本制度，把坚持社会主义核心价值体系纳入新时代坚持和发展中国特色社会主义的基本方略，推动我国文化建设正本清源、守正创新，推动意识形态领域形势发生全局性、根本性转变，为开创党和国家事业全新局面提供了强大正能量。全面建设社会主义现代化国家，文化的地位不可替代，文化的作用更加凸显。统筹推进"五位一体"总体布局、协调推进"四个全面"战略布局，文化是重要内容；推动高质量发展，文化是重要支点；满足人民日益增长的美好生活需要，文化是重要因素；战胜前进道路上的各种风险挑战，文化是重要力量源泉。我们要从历史长河中看待文化推动人类文明进步的重要地位，在时代大潮中把握文化引领社会变革的重要作用，在全球风云中认识文化塑造综合国力的重要影响，在人的全面发展中发挥文化创造美好生活的重要价值，把文化建设摆在党和国家全局工作更加突出的位置，以强烈的历史主动精神，加快建设社会主义文化强国，为实现中华民族伟大复兴提供强大思想引领力、价值引导力、文化凝聚力、精神推动力。

坚定文化自信，是事关国运兴衰、事关文化安全、事关民族精神独立性的大问题。文化自信是更基础、更广泛、更深厚的自信，是一个国家、一个民族发展中最基本、最深沉、最持久的力量。只有对自己的文化有坚定信心，才能获得坚守正道的定力、砥砺前行的动力、变革创新的活力。坚定文化自信，我们有充分的理由和充足的底气。中华民族5 000多年文明历史所孕育的中华优秀传统文化，是党领导人民在革命、建设、改革中创造的革命文化和社会主义先进文化，积淀着中华民族最深层的精神追求，代表着中华民族独特的精神标识，铸就了中华民族持久而强大的凝聚力向心力，滋养着当代中国的发展进步，是必须坚守的精神高地，是我们保持文化自信的深厚基础和坚强基石。我们的文化自信，不仅来自文化的积淀、传承与创新、发展，更来自中国特色社会主义的伟大实践，来自实现中华民族伟大复兴的光明前景。实践充分证明，当今世界，要说哪个政党、哪个国家、哪个民族能够自信的话，那中国共产党、中华人民共和国、中华民族是最有理由自信的。新的征程上，我们要更加自觉地增强文化自信，更加自觉地担负起新的文化使命，在实践创造中进行文化创造，在历史进步中实现文化进步。

坚定文化自信，从根本上来说是为了实现文化自强，建设社会主义文化强国。要坚持中国特色社会主义文化发展道路，坚持马克思主义在意识形态领域指导地位的根本制度，坚持为人民服务、为社会主义服务，坚持百花齐放、百家争鸣，坚持创造性转化、创新性发展，以社会主义核心价值观为引领，发展社会主义先进文化，弘扬革命文化，传承中华优秀传统文化，满足人民日益增长的精神文化需求，巩固全党全国各族人民团结奋斗的共同思想基础，不断提升国家文化软实力和中华文化影响力，把建设社会主义文化强国推向前进。

（来源：共产党员网）

【拓展案例2——企业开办准备】

开办企业没那么难

（来源：中国政府网）

实践反思

知识回顾

本任务从了解创业政策、拟订创业计划、创业融资路演三个方面，以理论与案例相结合的方式，阐述了如何制订创业计划。

从了解创业政策到创业计划的制订，再到成功获得资金支持的路演过程，是每一个想要开始创业的人都必须经历的。

首先，在了解创业政策方面，需要对当地的政府政策和法规有全面的了解。这包括税收优惠、贷款支持、补贴等各种形式的扶持措施和政策。通过查阅相关资料，可以了解到这些政策的适用范围和申请条件，以便更好地规划创业项目。另外，还可以关注当地政府的创新孵化器或创业园区的信息,这些机构通常提供免费的办公空间和支持服务,帮助初创企业顺利起步。

其次,在拟订创业计划方面,应该明确自己的商业模式和目标市场定位。创业是一个充满风险和不确定性的过程,因此,必须制订一个清晰的计划来指导我们的行动。这个计划应该包含市场调研、产品设计、营销策略等方面的内容;同时,我们还应该考虑团队建设和资源配置等问题,以确保我们的创业能够取得成功。

最后,在创业融资路演方面,需要准备一份精美的商业计划书,向投资者展示项目优势和发展潜力。商业计划书应包括详细的财务预测和分析及市场分析,以证明项目的可行性和盈利能力。另外,还需要准备好演示文稿和演讲技巧,以便在路演过程中吸引投资者的注意力和兴趣。

拓展练习

练习1

1. 大学生创业的有利环境有哪些?
2. 简述创业计划书的撰写原则与步骤。
3. 创业计划书的主要内容有哪些?
4. 根据现在的状况,你觉得你创业融资的渠道是什么?
5. 路演的技巧有哪些?

练习2

某高校准备一次创业路演,邀请校内创业团队参加,并邀请了3位校内专家和3位校外创业导师作为评审。每个创业队伍的发言时间为5分钟。小王的团队排在全部12个队伍的第10名发言,你认为小王的路演要考虑哪些因素呢?

学习评价(表 8-3)

表 8-3 学习情况评价表

评价课程: 评价时间:

姓名		班级		小组	
评价项目	评价内容	分值	学生自评	小组互评	教师评价
学习态度	上课认真听讲,作业完成认真,积极参与课堂讨论	20			
专业能力	达到本任务知识目标、能力目标、素质目标的要求	30			
创新能力	积极参与课堂讨论,具有创新思维,能够提出合理的创新方法	30			
协作能力	善于与人合作,虚心听取别人的意见,能够启发他人思维	20			
评价汇总		100			
总评分数					

参 考 文 献

[1] 杨兆辉，陈晨，夏静.大学生创新创业基本能力训导[M].2版.北京：电子工业出版社，2023.

[2] 刘延，高万里.大学生创新创业基础[M].武汉：华中科技大学出版社，2020.

[3] 陈星，程烨，傅德泉.互联网企业商业模式："互联网+"创新创业案例分析[M].北京：清华大学出版社，2022.

[4] 张敏华，李栋.大学生创新创业基础：微课版[M].北京：人民邮电出版社，2021.

[5] 郭丰，谢凌云.大学生创新创业基础[M].杭州：浙江大学出版社，2022.

[6] 郭玉莲，马凤祥.大学生创新创业教育[M].北京：中国人民大学出版社，2022.

[7] 陈永，石锦澎.大学生就业与创新创业教程[M].2版.北京：人民邮电出版社，2022.

[8] 何雪利，王晓燕，王永祥.从零到卓越——创新与创业导论[M].上海：上海交通大学出版社，2019.

[9] 王思敏，宋婷.创新创业实训[M].北京：九州出版社，2021.

[10] 苗雨君.创新创业实训教程[M].哈尔滨：哈尔滨工程大学出版社，2021.

[11] 赵君，谢妮，陈键.大学生创新创业教程[M].北京：北京理工大学出版社，2021.

[12] 蔡柏良.创新创业实训[M].南京：南京大学出版社，2019.

[13] 吴亚梅，龚丽萍.大学生创新创业教程[M].重庆：重庆大学出版社，2018.

[14] 方法林.大学生创新创业实训教程[M].北京：中国旅游出版社，2018.

[15] 周晓蓉，蒋侃.大学生创新创业实训教程[M].武汉：华中科技大学出版社，2018.

[16] 胡楠，郭勇.大学生创新创业指导[M].北京：人民邮电出版社，2017.

[17] 张兵.大学生创新创业基础[M].北京：高等教育出版社，2016.

[18] 葛海燕.大学生创业教育与指导[M].北京：清华大学出版社，2013.

[19] 李纲，张胜前.大学生创业指导[M].北京：国防工业出版社，2010.